셉테드 원리와 운영 관리

한국셉테드학회 편찬위원회

최근 '안전사회'가 한국사회에서 가장 중요한 화두가 되고 국민들의 안전에 대한 욕구가 급증하면서 효과적인 범죄예방 전략으로서의 CPTED(셉테드)에 대한 관심이 정부 부처는 물론, 각 지방자치단체, 민간 기관·기구 및 기업에 이르기까지 사회 전반으로 확산되면서 이제는 정책화 혹은 법제화의 단계로 나타나고 있습니다. 한국에서도 1990년대부터 셉테드와 관련한 정책적 연구가 본격적으로 시작된 이래 범죄로부터의 두려움을 저감시키고 주민들의 안전을 위협하는 요소들을 예방적 차원에서 차단하기 위한 효율적인 접근방법으로서 셉테드가 매우 활성화되고 있는 추세입니다.

사단법인 한국셉테드학회는 범죄예방 환경설계(CPTED)를 통해 범죄 발생의 위험성 및 범죄로 인한 주민의 불안감을 저감시킴으로써 안전한 지역사회를 구축하고 공동체를 활성화하여 국민의 생활의 질 향상과 국가 경쟁력 제고에 기여하려는 목표 하에 2010년에 설립되었습니다. 한국셉테드학회는 창립 이후 다양한 학제 간 융·복합적 교류를 근간으로 셉테드 관련 학술 연구를 비롯, 한국형 셉테드 전략과 표준체계의 정립, 셉테드 인증, 범죄예방 환경설계의 중요성 확산, 그리고 지속적인 학술 시너지 효과의 강화 등을 통해 안전하고 행복한 사회의 구현을 위해 한결같은 노력을 기울여 왔습니다.

이번에 출간되는 "CPTED(셉테드) 원리와 운영 관리" 교재는 셉테드의 핵심 원리와 전략들이 한국사회에서 실제로 적용되는 사례 및 현상을 분석하고, 특히 지방자치단체와 지역사회 주민들을 중심으로 바람직한 셉테드 운영·관리 및 실천 방안에 대해서 조망하고자 하였습니다. 이를 통해 한국사회를 보다 안전하고 행복하게 만들기 위하여 셉테드를 활용하려는 중앙정부 및 지방자치단체의 노력이 더욱 가시적인 성과를 거양하고 향후 정책 대안 제시에도 기여하기를 바랍니다.

아무쪼록 이 교재가 셉테드 관련 기본적인 내용들을 쉽게 이해하도록 하는 한편, 실제로 지역사회에서 셉테드 프로그램을 기획하고 적용하는 데 있어서 바람직한 지침을 제공하고 현안 문제의 해결을 위한 안내서로도 활용될 수 있기를 기대합니다. 끝으로 이번 "CPTED(셉테드) 원리와 운영 관리" 발간을 위해 바쁘신 와중에도 열정으로 애써주신 한국셉테드학회 편찬위원회와 집필진, 적극적인 관심과 협조로 지원해주신 법무부 범죄예방정책국 법질서선진화과, 그리고 출판을 위해 최선을 다해주신 박영사 관계자 여러분께도 깊은 감사를 드립니다. 한국셉테드학회는 그간의 안정적이고 괄목할 성장을 바탕으로 앞으로도 사회 안전망 강화와 국민의 삶의 질 향상을 위해 더욱 더 기여할 수 있도록 최선의 노력을 경주하겠습니다. 감사합니다!

2015년 9월

사단법인 한국셉테드학회
회장 최 진 혁

  국내외 다양한 기관에서 조사하고 있는 도시경쟁력 관련 지표를 2012년을 기준으로 비교해 보면 서울특별시의 경우 모리 기념재단 도시전략연구소의 '글로벌 파워도시 지수(GPCI)'에서 6위, 영국의 FDI 매거진 미래도시평가의 'FDI 지수'에서는 3위라는 높은 순위를 차지한 반면, Mercer Human Resource Consulting에서 실시한 '머서의 삶의 질 지수'라든가 영국 EIU의 '세계에서 가장 살기 좋은 도시 순위'에서는 각각 75위, 58위라는 낮은 순위를 차지하여 큰 차이를 보이고 있습니다. 이러한 편차는 앞 두 기관의 평가지수가 대부분 경제적 잠재력, 인적 자원, 기업친화도 등을 주요 평가지표로 하고 있지만 뒤의 두 기관의 지수는 주로 사회 안전, 의료서비스, 주거환경 등 삶의 질 등을 주요 평가지표로 하고 있기 때문에 나타나는 차이입니다. 그런 점에서 볼 때 국민이 스스로 체감하는 삶의 질에 있어서 한국이 매우 실망스러운 평가를 받고 있다는 사실은 범죄문제를 포함한 한국에서의 사회문제가 그다지 긍정적이지 못하다는 것을 말해 줍니다.

  한편으로 한국을 방문하는 외국인들의 체감 위험도와 한국 국민이 느끼는 체감 위험도 사이에는 상당한 괴리가 존재하는 것으로 보입니다. 매 2년마다 통계청에서 실시하는 사회조사에서 한국 국민들이 사회불안의 주요 요인으로 꼽는 1순위가 항상 범죄문제였으며 40% 이상이 '향후 5년 후 범죄문제는 더욱 심각해질 것이다'라고 응답하고 있는 사실은 한국 국민들의 범죄에 대한 불안감이 실제 범죄 발생률과는 상관없이 매우 높은 수준이라는 사실을 말해 줍니다. 실제 범죄 발생률과 범죄에 대한 불안감이 반드시 비례하지 않는다는 것은 여러 국내외 연구에서 이미 밝혀진 사실입니다. 그러나 범죄 불안감이 실제 범죄 발생 가능성보다 필요 이상으로 왜곡되었다고 해서 그 문제를 가볍게 생각해서는 안 되며 오히려 범죄 발생 자체보다도 범죄불안감이 더 큰 사회문제가 될 수 있으므로 이에 대한 적극적 대처가 반드시 필요한 것입니다.

그런 측면에서 셉테드는 좋은 해결책이라고 할 수 있습니다. 최근 들어 셉테드는 부쩍 사회문제 해결을 위한 대안으로서 주목 받고 있습니다. 셉테드의 기본 원리는 CCTV 설치 등을 통해 도시를 요새화하고 게이티드 커뮤니티화(Gated Community) 하자는 것이 아니라 적절한 디자인을 통해 범죄예방 뿐만 아니라 쾌적한 생활환경 조성과 공동체 활성화에 기여하자는 것이며, 궁극적으로는 경관 개선, 사용자 편의 향상, 지역 활성화를 통한 브랜드 가치 및 삶의 질 향상에 기여하자는 것입니다. 그러기에 셉테드는 단지 범죄예방 뿐 아니라 동시에 범죄불안감을 현저하게 완화시켜 줄 수 있다는 점에서 범죄 발생률에 비해 상대적으로 범죄불안감이 기형적으로 높은 한국의 현실에서 매우 효과성 있는 대안책이라고 할 수 있겠습니다.

현 정부도 국정과제로서 '범죄로부터의 안전'을 최우선적으로 강조하고 있으며, 이에 따라 다양한 시범사업, 정책 및 제도화를 추진하고 있습니다. 2013년 안전행정부의 '안심마을 만들기 사업'을 비롯하여 2014년에는 500세대 이상의 공동주택과 오피스텔 등에서 범죄예방 환경설계를 의무화하도록 건축법 제53조 2항이 개정되었고 또 범죄예방 설계기준이 2015년에 고시됨에 따라 대부분의 건축물에서 셉테드가 의무화되는 단계에까지 이르렀습니다. 뿐만 아니라 법무부의 '법질서 실천운동'이나 교육부의 '학교 셉테드 사업' 등 정부 부처나 광역 지방자치단체들이 추진하는 셉테드 시범사업도 활발하게 진행되고 있어서 셉테드가 국내에 도입된 후 불과 20여년이라는 짧은 시간 안에 빠르게 확산되는 모습을 보이고 있습니다.

그러나 이러한 제도화 및 시범사업의 전개과정에서 한편으로는 사뭇 염려스러운 측면도 같이 나타나고 있어서 전문가들의 우려를 사고 있는 것 또한 사실입니다. 예컨대, 단기적 성과에 치중함으로써 전시 행정적 사업으로 전이되는 사례, 셉테드의 본질에 대한 이해나 예산의 부족함으로 인해 벽화 그리기, CCTV 등의 방범시설물이나 가로시설물 설치 일변도의 일차원적으로 전개되는 사업, 새롭고 창의적인 디자인이나 지역적 특성과 맥락에 맞는 맞춤형 해결책을 제시하지 못하고 원론적이고 모방하는 수준의 사업 진행에 머물러 있는 경우 등의 현실은 우려할 만한 것이라고 하겠습니다.

이러한 상황에서 관련 법령을 집행하고 시범사업을 기획, 관리해야 하는 지방자치단체 공무원들의 셉테드 본질에 대한 충실하고 적확한 이해는 향후 국내 셉테드의 건전한 정착과 활성화를 위해 필수적이며 매우 중요한 과제라는 데 인식을 같이 하고 법질서 실천운동의 일환으로서 지방자치단체 공무원을 대상으로 셉테드 교육사업을 시작한 법무부의 시도는 매우 의미 있는 일이었다고 생각합니다. 첫 해인 2014년에만 해도 무려 2천여 명 이상의 지자체 공무원이 셉테드 교육과정을 이수함으로써 한국에서의 셉테드 정착 기반 구축이라는 큰 성과를 거두었다고 판단됩니다.

이에 2차 연도인 2015년에는 전년도 교육과정을 토대로 기초과정의 이론적 난이도 조정과 업무 연계성 제고를 추구함과 더불어 실제 셉테드 시범사업을 수행해 본 지방자치단체를 대상으로 셉테드 사업관리에 대한 심화과정을 보강하기 위한 지침서로서 "CPTED(셉테드) 원리와 운영 관리" 교재를 편찬하게 되었습니다. 그러나 2015년 지방자치단체 공무원 셉테드 교육을 이수하는 분들에게 하루라도 빨리 도움이 되고자 발간 시기를 최대한 앞당기다 보니 아직 미흡한 부분이나 미처 담지 못한 내용도 적지 않을 것입니다. 이러한 아쉬움은 개정판 혹은 후속판을 위해 남겨두는 것으로 하겠습니다.

"CPTED(셉테드) 원리와 운영 관리"는 아직까지는 척박하기만 한 한국의 셉테드 환경에서 외롭게, 그러나 열정적으로 연구와 프로젝트를 수행해 온 13분의 집필진께서 결코 긴 준비 기간이 아니었음에도 불구하고 이 교재의 발간을 위해 평생의 연구 성과와 업적, 그리고 모든 지식을 아낌없이 쏟아 부은 결과를 집대성한 것이기에 이 분들에게 가장 먼저 깊은 감사를 드립니다. 또한 각종 지원을 아끼지 않으신 법무부 범죄예방정책국장님과 법질서선진화과 관계자 여러분, 그리고 보다 훌륭한 저서 편찬을 위해 적지 않은 학회 예산을 과감하게 투자하고 격려해준 한국셉테드학회 최 진혁 회장님께도 매우 감사드립니다. 그리고 흔쾌히 출판을 결정해 주신 박영사의 결단과 더불어 발간이 끝나기까지 노고를 아끼지 않으신 편집팀의 헌신적 노력이 있어서 출간이 가능했기에 이 분들께도 진심으로 고마운 마음을 전합니다.

셉테드와 관련된 체계적 교육 자료가 거의 없는 국내 현실에서 "CPTED(셉테드) 원리와 운영 관리"가 비록 지방자치단체 공무원들을 최우선의 독자로 삼았으나 관련 전문가와 유관 업계의 실무자, 셉테드를 공부하는 학생, 그리고 범죄예방과 안전에 관심 있는 분 누구라도 이 교재를 통해 셉테드를 더 잘 이해하는데 도움을 얻을 수 있기를 기대합니다. 앞으로도 지속적인 보완과 개편의 노력을 통해 보다 완성된 내용으로 발전시켜 갈 것을 약속드립니다. 감사합니다.

2015년 9월

안암동 애기능 연구실에서
편찬위원장

CHAPTER 01 셉테드(CPTED) 개관

CHAPTER 02 셉테드 이론과 법·제도

CHAPTER 03 셉테드의 원리와 적용 사례

CHAPTER 04　**셉테드와 지역공동체**

CHAPTER 05 　셉테드 사업의 기획 및 운영

CHAPTER 06 지방자치단체 셉테드 사업 실제

CHAPTER

01

셉테드(CPTED) 개관

하미경 · 최진혁

하미경 · 최진혁

셉테드(CPTED) 개관

한국 사회는 고도의 산업사회로 진입하면서 급속하게 도시화가 진행되었고, 그로 인해서 한국 고유의 전통적인 가치관과 사회규범도 빠르게 붕괴되었다. 이처럼 초고속의 도시화 과정에서 발생한 사회문제들은 매우 다양하고 복잡한 양상을 보이면서 빠르게 증가하고 있다. 도시의 집중화와 과밀에 따른 인간성 상실, 가치관 혼란, 빈부 차에 의한 상대적 박탈감 등에 의해 발생되는 범죄의 급증 현상은 도시 전반에서 생활의 질을 악화시키고 삶을 파괴하는 등 사회적 위협이 되고 있다. 특히 도시 범죄는 낙후된 기존 도시에서 뿐만 아니라 신도시에서도 급증하는 추세이고 그 범죄의 양상도 다양하고 흉포해지고 있다. 도시의 여러 문제들 가운데 범죄율 혹은 범죄불안감 같은 사회 안전과 관련된 문제는 도시생활의 질을 위협하는 중요한 요인이기 때문에 최근 국내에서도 이에 대한 관심이 높아가고 있으며 사회 여러 분야에서 이를 해결하기 위해 노력하고 있다. 도시민들이 일상생활에서 범죄에 대한 두려움을 갖게 된다면 심리적으로 극도의 불안감, 불신감, 소외감 등이 나타나게 된다. 불신감 등이 팽배하게 되면 커뮤니티의 유대감이 파괴되고, 그 결과 공동체의 규범을 유지하려는 자발적·사회적 통제가 약화된다. 이러한 자발적·사회적 통제의 약화는 쓰레기 투기, 낙서, 공공시설물의 훼손 등의 일탈적인 행위를 유도하고, 이러한 무질서가 범죄를 야기해 해당 지역을 더욱 쇠퇴하게 만든다. 윌슨과 켈링(Wilson & Kelling, 1982)이 '깨진 유리창 이론(Broken Windows Theory)'으로 이러한 현상을 설명하고 있는데, 이는 하나의 깨진 유리창을 곧바로 수리하지 않고 방치하면 그러한 무질서(incivility)가 잠재적 범죄자에게는 커뮤니티가 자발적 사회 통제를 행사할 능력을 상실했다는 징후로 보여 더 많은 범죄가 초래되고, 나아가 도시 전체의 커뮤니티 붕괴 현상을 가져온다는 것이다.[1] 이와 같은 사회적 문제를 해소하기 위하여 학문적 이해를 바탕으로 실질적인 해결 방안을 찾아내는데 본서의 의의가 있다.

제1절 현대사회와 범죄

1.1 현대사회의 특징

오늘날 현대인들은 기술문명의 발달에 힘입어 '편리함'이라는 가치를 획득하기 위해서 하루에도 수없이 많은 변화가 일어나는 소용돌이 속에서 살아가고 있다. 하지만 이러한 문명의 이로움과는 별개로 매일 발생하는 사건과 사고가 다양한 미디어를 통해서 시시각각 전해지고, 이로 인해 '불안의 시대'를 동시에 경험하고 있다.

현대사회의 특징은 다양한 관점에서 정의할 수 있다. 복잡하고 다양한 현대사회에서 단일한 시각으로 사회를 정의하는 것이 불가능하다. 그렇기 때문에 현대사회의 특징을 정의하는데 있어서 생산양식, 경제체제, 인문환경, 기술수준 등을 고려하여 각 분야에서 바라보는 현재의 사회 모습을 규정하는 것이 필요하다.[2]

---

[1] Wilson, J. Q., & Kelling, G. L.(1982). Broken windows. Atlantic monthly, 249(3), pp. 29-38.

[2] 현대사회의 특징을 정의하는데 있어서 분야에 따른 다양한 시각이 존재한다. 여기에서는 이순래 외(2010)와 이보영(2015)의 저서에서 제시된 현대사회의 특징인 후기산업사회, 위험사회, 정보화사회, 포스트모던사회를 기초로 현재 우리 사회에 많은 영향을 미친다고 판단되는 사회적 특징을 추가적으로 제시하였다.

첫째, 산업적 관점에서 현대사회는 '후기산업사회(Post-industrial Society)'에 해당한다. 후기산업사회는 1960년대에 다니엘 벨(Daniel Bell)에 의해 제시된 '탈산업사회' 개념의 연장선상에서 나타난 용어이다.[3] 인류의 역사에서 산업적 측면에서의 변화를 크게 세 시기로 구분할 수 있다. 일차적으로 산업혁명 이전 시기에는 1차 산업인 농업이 생산 활동의 주를 이루던 사회였다. 하지만 산업혁명을 시작으로 눈부신 속도로 진행된 과학발전으로 인하여 기존에 전통적 생산 활동인 농업생산의 비중이 줄어들고 2차 산업인 제조업을 중심으로 대량생산이 가능한 공업사회로의 전환이 이루어졌다. 이후 오랜 기간 유지되어온 공업사회(전기산업사회)는 1960년대~1970년대에 접어들면서 새로운 변화가 시작되었다. 기존의 2차 산업의 비중이 줄어들고 3차, 4차, 5차 산업의 비중이 크게 증가하여 산업구조, 고용관계, 소비경향 등에 있어서 기존과는 다른 변화가 동반되고 있다.[4] 둘째, 현대사회는 경제적 관점에서는 '신자유주의(Neoliberalism) 사회'라고 할 수 있다.[5] 신자유주의는 1930년대 대공황 이후 경제학의 주류를 점하고 있던 케인즈주의가 1970년대를 기점으로 그 효용성에 의문이 제기되면서 등장하게 되었다. 즉, 국가권력의 시장개입을 부정적인 시각으로 바라보는 전문가들이 나타나게 되었다. 이러한 신자유주의 경제론자들은 국제적으로 자본이 자유롭게 이동할 수 있도록 국제금융을 활성화시키고, 공공복지에 대한 사회적 요구의 증가가 정부의 재정 팽창을 야기하여 재정건전성에 타격을 주기 때문에 공적 영역 또한 시장에 개방해야 한다고 주장하였다. 이후로 신자유주의는 서구선진국을 중심으로 주요한 경제 원리로 작용하였고, 전 세계적으로 보편적인 경제체제로 받아들여졌다. 하지만 2008년에 발생한 세계 금융위기를 기점으로 사회 양극화라는 신자유주

3 다니엘 벨(Daniel Bell)은 1973년에 출간한 'The Coming of Post-Industrial Society'를 통해서 농업과 산업사회를 지나서 과학의 발전에 의한 '정보사회'의 등장을 예고하며 이를 후기산업사회 또는 탈산업사회로 칭하였다. Bell. D.(2006). 탈산업사회의 도래(김원동, 박형신). 아카넷(원서출판, 1973).
4 산업의 차수 구분에 따른 각 차수의 세부적인 산업의 구분은 명확하지 않다. 하지만 통상적으로 1차 산업은 농업, 2차 산업은 제조업으로 구분하고, 3차 산업을 상업·금융·보험·수송 등에 한정하고 4차 산업으로서 정보·의료·교육서비스산업 등 지식집약형 산업을 묶고 5차 산업으로서 취미·오락·패션산업 등으로 구분하고 있다.
5 '신자유주의(Neoliberalism)'라는 용어는 원래 프라이부르크학파에서 자유경쟁을 촉진하기 위해 국가의 시장개입이 필요하다고 주장하면서 등장하였다. 하지만 최근에 사용되는 '신자유주의'의 의미는 정부가 시장에 개입하거나 관여하는 것을 최소화해야 한다는 의미로 사용된다. 이는 1980년대에 영국의 대처 총리와 미국의 레이건 대통령의 정책으로 대변되는 전 세계적 경제정책 경향으로 이해할 수 있다(윤선구, 2003).

의의 부정적 측면이 부각되면서 그 효용성에 의문이 제기되고 있다. 셋째, 지리적 관점에서 현대사회는 과거에 비해서 거리 개념이 소멸된 '글로벌사회'라고 할 수 있다.[6] 물론 현재도 세계 각국의 오지를 경험하기 위해서는 장시간의 이동이 불가피한 측면이 있지만, 각국의 주요 도시를 기준으로 할 경우에 24시간 내 이동이 가능한 교통수단들이 갖추어져 있다. 또한 각 국가 내에서도 고속열차나 저가항공이 보편화되는 추세이기 때문에 시간-거리의 개념이 빠르게 변화하고 있다. 특히 글로벌화가 가속화되면서 인력구조의 재편도 빠르게 이루어지고 있다. 신자유주의에 따라 '자본에는 국가도 국경도 없다'는 것이 보편화된 것과 마찬가지로 노동인력에도 국경의 의미는 점차 퇴색되고 있다. 자본이 이동하는 곳에 새로운 일자리가 창출되고 이를 쫓아서 노동력도 자연스럽게 이동하게 된다. 그리고 단일 국가 내에서의 양극화뿐만 아니라 국가 간의 양극화가 가속화되면서 자연스럽게 육체노동이 수반된 산업으로 저소득국가의 인구가 급격하게 이동하고 있다. 이러한 이주노동자들이 해당 국가에 정착하면서 다문화가정이 지속적으로 증가하여 국가 내 사회적 갈등을 야기하기도 한다. 넷째, 기술적 관점에서 현대사회는 '정보화사회'로 규정할 수 있다. 현대사회의 다양한 기술적 진보[7] 중에서 인간사회를 가장 폭넓게 변화시키는 것이 정보통신기술이라고 할 수 있다. 최근에는 생산 현장이나 업무환경에서 뿐만 아니라 일상생활에서도 대부분 컴퓨터나 통신매체를 이용하는 것이 당연시되고 있다. 특히 모바일 사용이 급속도로 확산되면서 그 변화는 통제가 불가능할 정도로 빠르게 일어나고 있다. 다섯째, 인문학적 관점에서 현대사회는 '포스트모던사회'이다. 포스트모던 개념은 그 범위가 단순히 철학적 언명에 그치지 않고 사회의 전반적인 환경에 영향을 미치고 있기 때문에 단순하게 정의하기는 쉽지 않다. 하지만 포스트모던사회의 특징으로 거론되는 탈중심화, 탈주체화 등의 개념이 개인 간의 관계에 적용되어 과거의 공동체중심의 성향이 대부분 사라지고, 파편화된 인간관계가 폭넓게 자리 잡아

6　글로벌(global)이란 용어는 마샬 맥루한(Marshall McLuhan)이 'the global village'라는 용어를 사용한 것에서 유래한다. 즉, 1960년대에 발전하던 전기응용과학을 활용하여 지구를 하나의 마을형태로 축소시켜나갈 수 있는지에 대한 논의과정에서 등장한 용어이다.

7　현대사회의 미래 성장동력으로 NBIC가 거론된다. 이는 Nano Techology, Bio Techology, Information Techology, Cognitive Techology를 이르는 말로, 특히 이러한 기술들을 융합하여 과거에 존재하지 않았던 새로운 기술, 공법, 제품들을 창조함으로써 발전적 기술시대를 도모하고 있다.

가고 있다. 특히 정보화사회의 단면인 SNS(Social Network Service)의 확대로 인해 역설적으로 개인의 분자화가 더 빠르게 고착화되고 있다는 의견도 개진되고 있다(송혜진, 2011).[8] 마지막으로 사회학적 관점에서는 현대사회를 '위험사회'로 규정하고 있다. '위험사회'라는 용어는 독일의 울리히 벡(Ulrich Beck, 1986)의 저서인 'Risikogesellschaft – Auf dem Weg in eine andere Moderne'을 통해서 알려진 개념으로, 성찰과 반성이 없이 근대화를 이룬 현대사회를 말하는 것이다.[9] 그에 따르면 우리 사회가 산업화를 거치면서 눈부신 과학기술의 성장이 근대화를 촉진시켰고, 그 결과 현대인들은 과거에 상상할 수 없었던 물질적 풍요를 이루었다. 하지만 그는 이러한 성장에서 양적 성장의 긍정적 측면만을 강조하고 더불어 증가한 부정적 측면은 외면했다고 비판하고 있다. 특히 울리히 벡은 현대사회에서의 위험은 과거와 달리 후진국이나 개발도상국만의 문제가 아니라 전 지구적인 문제이고, 예외적 위험이 아니라 일상적 위험이라는 데 문제의 심각성이 존재한다고 말하고 있다. 그에 따르면 성공한 근대 안에 내재된 일상적 위험은 그 원인과 범위가 광범위하고, 파급과 결과를 완전히 예측하는 것이 불가능하며, 위험이 현실화되었을 경우 피해가 막대할 뿐 아니라 복구하기도 어렵다. 또한 이러한 위험은 국지적 위험에 그치지 않고 전 지구적 위험으로 확대되기 때문에 그에 대한 대처나 처치가 더 어려워진다고 지적하고 있다.[10]

현대사회를 규정하는데 있어서 다양한 시선이 존재하고 이러한 시선들은 서로 복잡하게 얽혀서 사회의 발전 동력으로 작용하고 있다. 하지만 이러한 새로운 사회현상들에 의해서 근대 이전의 사회에서 경험할 수 없었던 문제점들도 야기되고 있다. 먼저 양극화의 심화는 단순히 가진 것의 많고 적음의 문제를 넘어 이로 인한 사회적 소외와 경제적 고통으로 인한 자살, 생계형 범죄를 증가시키면서 서민의 삶에 직접적으로 영향을 주고 있다. 그리고 사회의 정보화 수준이 높아지면

---

8 송혜진(2011). 스마트폰 이용을 통한 SNS 중독에 관한 연구. 한국중독범죄학회보, 제1권 제2호, pp. 31-49.

9 울리히 벡은 특히 글로벌화된 사회에서 자본이 집중되는 것과는 다르게 위험은 전 지구적으로 분배되고 있다고 지적하고 있다. 이는 초기 산업사회와는 다르게 현대사회에서는 위험의 생산자와 소비자가 불일치하고 있고, 더욱 위험한 것은 발생한 위험의 생산자를 특정 하는 것이 어렵기 때문에 소비자가 위험을 감당해야하는 불합리함이 증가하고 있다고 지적하고 있다. 그리고 위험 노출의 직접성이나 가능성을 예측하는 것이 더욱 어려워지고 있다고 말하고 있다.

10 Beck, U.(1997). 위험사회: 새로운 근대(성)를 향하여(홍성태 역). 서울: 새물결(원서 출판, 1986).

서 새로운 범죄 유형이 등장하고 있다. 즉, 기술 발달이 새로운 양상의 범죄를 양산하는데 일조하고 있다. 소형화된 영상기기를 활용하여 개인의 동의 없이 촬영한 영상들이 무단으로 배포되는 범죄는 이제 흔한 일이 되어 버렸다. 그리고 인간의 심리적 불안감을 자극하여 경제적 이익을 취하고자 하는 피싱,[11] 스미싱,[12] 파밍[13] 등이 일상의 범죄로 자리 잡고 있다. 또한 인터넷을 활용한 네트워크가 보편화된 사회에서 해킹에 의한 피해가 심각한 수준으로 증가하고 있다. 이러한 사건이 발생하였을 경우에 그 피해가 단순히 개인에게 한정되지 않고 공공적 사회 시스템까지 마비시킬 수도 있다는 점에 그 심각성이 크다.[14] 그리고 포스트모던 사회에서의 개인화, 파편화는 사회의 존립 근거를 해치는 위험성을 지니고 있다. 포스트모던이 사회의 집단화를 지양하고 개성과 차별성을 존중한다는 측면에서 사회구성원의 다양성을 통한 건전한 사회로의 이행을 돕는 측면도 있지만, 언급한 사회적 문제들을 개인 문제로 여기는 경향도 보인다. 사회는 한 개인이 아닌 많은 개인들이 모여서 집단을 이룬다는 전제에서 출발한다. 따라서 발생한 문제를 단순히 개인의 문제로만 볼 수 없는 경우가 많다. 하지만 모든 문제를 개인의 선택에 따른 결과로 치부함으로써 공동체의 해체로 이어지는 부정적 결과가 초래되기도 한다. 최근에 '공동체 회복', '더불어 살기' 등의 구호가 사회적 반향을 일으키는 것은 이러한 현상을 극복하기 위한 움직임이라고 볼 수 있을 것이다. 이러한 시각에서 울리히 벡이 제시한 '위험사회'에 대한 인식과 대처에는 공동체라는 개념이 필요하다. 특히 단순히 지역적 기반을 토대로 하는 공동체를 넘어서 더 확장된 관점에서의 공동체적 의식을 가질 필요가 있다.

---

11 피싱(phishing)은 금융기관 등으로부터 개인정보를 불법적으로 알아내서 이를 불법적으로 활용하는 사기수법으로 주로 통신기기를 활용한 보이스 피싱이 이에 해당한다.

12 스미싱(smishing)은 문자메시지(SMS)와 피싱의 합성어로 휴대폰이 대중화되면서 생겨난 범죄 유형으로 문자메시지를 통해 소액결제를 유도하는 사기수법이다.

13 파밍(pharming)이란 특정한 DNS 또는 프락시 서버의 주소를 변조하여 접속자로 하여금 정상적인 사이트로 오인하도록 한 후에 개인정보를 탈취하는 수법이다.

14 최근에 우리나라에서는 다양한 분야에서 해킹으로 인한 피해가 보고되고 있다. 통신이나 인터넷 관련 기업의 해킹으로 인해 다량의 개인정보가 유출되기도 하고, 은행이나 공공기관의 해킹으로 인해서 산업, 금융, 공공 시스템의 일시적 마비를 초래하기도 한다. 특히 원자력발전소와 관련된 자료의 유출 등과 같이 국가의 존립 자체를 위협할 수도 있는 피해들이 지속적으로 발생한다는 점에서 해킹으로 인한 문제점은 심각한 수준이라 할 수 있다.

1.2 범죄 및 범죄불안감

현대사회를 하나의 특징으로 규정짓는 것은 불가능하다. 복잡하고 다양한 특성을 가지고 있으며, 이러한 경향은 지속될 것이다. 또한 새롭게 등장하는 사회적 현상에 따라 새로운 사회적 문제(법적 문제나 윤리적 문제 등)도 등장하고 있다. 그렇다면 이렇게 복잡한 사회에서 범죄(crime)는 어떻게 규정될 수 있을까? 범죄의 개념을 정의하기 위해서 많은 학자들이 노력하였지만 명확하게 하나의 개념으로 정의하는 것은 쉽지 않다. 범죄의 개념은 복합적인 성격을 띠고 있어서 접근 방법에 따라 다양하게 규정될 수 있다. 범죄 개념은 크게 '형식적 범죄 개념'과 '실질적 범죄 개념'으로 구분할 수 있다. 먼저 '형식적 범죄 개념'으로서의 범죄는 법으로 보호되는 이익인 법익을 침해하고, 사회의 안전과 질서를 문란하게 만드는 반사회적 행위 중 이를 처벌하기 위해 법에 규정되어 있는 행위를 말한다. 아무리 반사회적 행위라고 하더라도 이것이 법에 규정되어 있지 않으면 죄형법정주의 원칙상 범죄가 성립하지 않는다. 하지만 법률로 규정된 범죄행위는 해당 사회에 따라 상대적인 의미를 갖는다. 즉, 사회구조의 변화나 사회 구성원의 의식변화, 시대변화에 따른 윤리관의 변화 등과 맞물려 해석하여 다른 의미로 받아들여진다. 예로 최근에 위헌판결을 받은 '간통죄'[15]의 경우에 동일한 행위에 대해서 과거에 불법으로 규정된 법률에 근거하여 범죄로서의 처벌이 행해진 것과 달리 현재는 적어도 형법상에서는 간통이라는 행위가 범죄로서 성립되지는 않는다. 이러한 변화는 단순히 법률의 적합성을 판단하는 재판관의 순간적인 판단에 기인한 것이 아니라 사회적 변화에 따른 일반 시민들의 의식 변화를 고려하여 시간적 차이를 두고 법률이 변화한 단적인 사례이다. 이와는 달리 '실질적 범

---

15 간통죄는 1953년 형법으로 규정된 법 조항으로, 이후 4차례의 위헌법률심판−1990년, 1993년, 2001년, 2008년−에서 합헌결정을 통해 법률로서 유지되어 오다가 최근 2015년 2월 26일 헌법재판소 전원합의부에 의해 위헌으로 판결되었다. 하지만 이러한 위헌판결의 이면에는 사회적인 변화에 따른 법률 변화를 이끈 측면이 있다. 이는 간통죄에 대한 헌법재판관의 의견 변화를 살펴보면 알 수 있다. 즉, 1990년과 1993년의 판결에서는 합헌 6명, 위헌 3명으로 합헌으로 결정되었다. 그리고 2001년에는 합헌 8명, 위헌 1명으로 합헌판정이 내려졌고, 2008년에는 합헌 4명, 위헌 4명, 헌법불합치 1명으로 2/3인 6명의 위헌 동의를 얻지 못해서 합헌판결이 이루어졌다. 이와는 달리 2015년에는 합헌 2명, 위헌 7명으로 최종적으로 간통죄가 형법에서 사라지게 되었다. 하지만 여전히 민법상에는 존재하고 있다. 이처럼 사회적 의식 및 요구의 변화에 따라 범죄에 대한 규정도 바뀌게 된다.

죄 개념'으로서의 범죄는 사회적 행동규범의 위반으로서 일반적으로 기대되는 행위와 모범적 행위에서 벗어나는 행위나 일탈행위를 의미하는 것으로 사회학적 정의에 해당한다. 이재상(1997)은 범죄를 '사회적 유해성' 내지 '법익을 침해하는 반사회적 행위'로 정의하고 있다. 그러나 '사회적 유해성'은 시간적·공간적으로 다양한 관점에서 이해될 수 있는 개념이기 때문에 불분명한 측면이 있고, '법익'의 개념적 모호성과 '반사회적 행위'에 대한 사회적 합의의 어려움 등으로 인해서 명확한 정의가 어려운 측면이 있다.[16] 하지만 범죄가 사회에 미치는 다양한 영향을 파악하기 위해서는 단순히 법에 규정된 내용으로 한정짓는 '형식적 범죄 개념'보다 폭넓은 시각에서 범죄를 해석하는 '실질적 범죄 개념'으로 범죄를 정의할 필요가 있다. 따라서 본서에서 사용하는 범죄의 개념은 우선적으로 법적인 관점에서 정의할 수 있으며 사회구성체 간에 발생하는 행위에 대해서 범죄 여부를 따진다는 측면에서는 사회적인 관점에서 그 의미를 살펴볼 필요가 있다.

범죄를 다루는데 있어서 간과해서는 안 되는 측면이 있다. 그것은 바로 범죄불안감(fear of crime)이다. 범죄는 반드시 범행대상이 있게 마련이다. 그 대상이 사람일 수도 있고 물건일 수도 있지만, 그 대상물 또한 소유자가 있다는 측면에서 범죄에는 반드시 피해자가 발생하게 된다. 따라서 개인의 인적·물적 피해를 최소화할 수 있는 방안에 대한 연구와 제도의 개선 등을 요한다. 하지만 범죄불안감은 범죄에 의해 발생하는 유·무형의 피해와는 별도로 시민들의 일상생활에 폭넓은 영향을 미친다고 할 수 있다. 일반인들이 범죄를 흔하게 경험하지 않는다는 점을 고려하면 오히려 범죄불안감이 사회구성원 개개인에게 미치는 영향이 크다고 할 수 있다.

최근에는 '삶의 질'을 평가하는데 있어서 범죄불안감이 중요한 지표로 활용되고 있다.[17] 범죄불안감에 대한 정의는 연구자에 따라 조금씩 차이를 보인다. 가로팔로와 라웁(Garofalo & Laub, 1978)은 범죄불안감이 발생하는 원인을 두 가

---

16 김두식(2008). 무엇이 범죄인가-범죄 개념에 대한 비판적 검토. 法曹, 제57권 제3호, pp. 144-168.

17 세계보건기구(WHO)에서 '삶의 질'을 측정하기 위해서 제시하고 있는 WHOQOL(The World Health Organization Quality of Life)의 세부항목에 'How safe do you feel in your daily life?', 'Do you feel you are living in a safe and secure environment?', 'How much do you worry about your safety and security?' 등이 포함되어 있다. 그리고 서울시에서 매년 실시하고 있는 '서울 서베이 도시정책지표조사'의 항목으로 '범죄 피해에 대한 두려움'을 평가하여 삶의 질을 평가하고 있다.

지 상황으로 설정하고 있다. 첫째는 범죄행위가 발생함으로 인해서 느끼는 범죄에 대한 실제적 불안감이다. 그리고 둘째는 특정한 환경조건, 특히 물리적 환경에서 느낄 수 있는 잠재적 불안감이다.[18] 따라서 범죄불안감에 대한 평가는 정량적인 측면과 정성적인 측면을 동시에 고려해야 한다. 특히 발생한 범죄를 인지할 수 있는 사회적 환경에 따라 실제적 불안감은 달라질 수 있다. 푸스텐부르그(Furstenburg, 1971)는 신문, 방송 등과 같은 대중매체를 통해서 범죄 발생 상황을 접할 기회가 증가하면서 일반적인 우려(general concern)가 증가할 수 있다고 보고 있다.[19] 이러한 현상은 SNS와 같이 전파력이 강한 새로운 매체가 발달한 현 시점에서는 더욱 확대될 수 있다. 한라한, 깁스와 짐머맨(Hanrahan, Gibbs, & Zimmerman, 2005)에 따르면 범죄불안감은 1960년대에 미국에서 범죄율이 급증하면서 시민들이 범죄에 노출될 가능성에 대한 염려가 증가하는 것에 원인을 두고 있다.[20] 그리고 포스터와 질 코티(Foster & Giles-Corti, 2008)는 범죄불안감을 범죄발생 및 범죄피해에 대하여 개인이 느끼는 생명의 위협이나 두려움, 또는 그것으로 인한 감정적 반응이라고 말하였다.[21] 따라서 범죄불안감은 객관적으로 평가가 가능한 범죄발생과는 달리 개인의 심리 상태에 따라 영향을 받는 주관적인 평가이며 실제 범죄 피해와는 무관하게 느끼는 막연한 불안감이기도 하다. 서울시에서는 매년 시민들이 일상에서 느끼는 도시위험도를 평가하기 위해서 네 가지의 지표를 활용하여 의식조사를 실시하고 있다. 조사에 활용되는 도시위험도 세부지표는 '자연재해 위험도', '야간보행에 대한 두려움', '범죄 피해에 대한 두려움', '건축물 사고 위험도'이다. 서울시에서 실시한 '2014년 서울 서베이 도시정책지표조사'결과를 활용하여 도시위험에 대한 서울시민의 인식을 살펴보면, '범죄 피해에 대한 두려움'이 5점 만점을 기준으로 3.22, '야간보행에 대한 두려움'이 3.21로 나타났으며, '건축물 사고 위험도'가 2.92, '자연재해 위험도' 2.82 로 나

---

18 Garofalo, J., & Laub, J.(1978). The fear of crime: Broadening our perspective. Victimology, 3(3-4), pp. 242-253.

19 Furstenberg, F. F.(1971). Public reaction to crime in the streets. The American Scholar, pp. 601-610.

20 Hanrahan, K., Gibbs, J. J., & Zimmerman, S. E.(2005). Parole and revocation: Perspectives of young adult offenders. The Prison Journal, 85(3), pp. 251-269.

21 Foster, S., & Giles-Corti, B.(2008). The built environment. neighborhood crime and constrained physical activity: an exploration of inconsistent findings. Preventive Medicine, 47(3), pp. 241-251.

타났다.[22] 이를 통해서 현재를 살아가는 많은 사람들이 실제적인 위험뿐만 아니라 발생할지도 모를 위험에 대한 막연한 두려움을 갖고 살고 있다는 것을 알 수 있다. 또한 범죄발생의 빈도와 범죄불안감의 발생빈도가 무관하다는 실증적인 연구들도 있다. 즉, 실제로 범죄발생이 많지 않은 장소나 지역에서도 환경적 특성에 따라 범죄불안감이 높게 나타나기도 한다(DuBow et al., 1979; Lee. S. et al., 2012; 변기동 외, 2014).[23] 따라서 우리 삶의 질을 높이기 위해 '범죄'를 감소시키기 위한 노력과 함께 일상적으로 삶을 위협하는 불안감, 특히 '범죄불안감'을 줄이기 위한 노력을 해야 할 것이다.

제2절 셉테드와 범죄

2.1 셉테드의 정의

범죄학[24]은 범죄를 바라보는 시각에 따라 범죄의 발생원인과 해결방안을 다르게 제시해왔다. 과거에는 범죄를 종교적 또는 도덕적 관점[25]에서 인식했지만 18세기부터는 학문적인 접근이 이루어졌다. 18세기에는 계몽주의에 영향을 받은 고전주의 범죄학(Classicism Criminology)[26]이 발달하였으며, 19세기부터는 범죄

---

22 '서울서베이 도시정책지표조사'에서는 도시위험도를 평가하기 위해서 항목별 지수를 5점 만점으로 측정하고 높은 지수를 보일수록 체감위험도가 큰 것을 의미한다.

23 DuBow, F., McCabe, E., & Kaplan, G.(1980). Reactions to crime: a critical review of the literature: US Dept. of Justice, Law Enforcement Assistance Administration, National Institute of Law Enforcement and Criminal Justice: for sale by the Supt. of Docs., US Govt. Print. Off.
Lee, S., Ryu, H., & Ha, M.(2012). Criminal spots on the way home from school a case study of middle schools in the Gangseo district. Journal of Asian Architecture and Building Engineering, 11(1), pp. 63−70.
변기동, 박세연, 하미경(2014). 초등학교 입지유형에 따른 범죄안전 환경디자인 연구. 디자인지식저널, 제29권, pp. 167−177.

24 범죄학이라는 용어는 1885년 라파엘 가로팔로(Raffaele Garofalo)가 그의 저서인 'Climinologia'를 출판하면서부터 사용되기 시작하였다(정영석, 1986; 전돈수, 2005).

25 서양에서는 기독교 교리를 기초로 하여 범죄를 종교적인 죄와 동일시하여 처벌하였으며, 동양에서는 유학에 근거해서 도덕적인 관점에서 범죄를 규정하였다.

26 고전주의 범죄학(Classicism Criminology)은 범죄의 발생 원인을 개인의 자유의지로 보고 범죄를 예방하기 위해서는 개인의 범죄선택을 억제할 수 있도록 죄형법정주의

12

및 범죄자에 대한 과학적 · 실증적 연구를 강조하는 실증주의 범죄학(Positivism Criminology)[27]이 자리 잡았다. 하지만 1970년대부터 실증주의 범죄학의 실효성에 문제가 제기되며 신고전주의 범죄학(Neo-Classicism Criminology)[28]이 등장하였고, 이를 바탕으로 발전한 환경범죄학(Environmental Criminology)[29]이 주요한 범죄이론으로 작용하고 있다. 환경범죄학이 기존의 범죄학과 다른 점은 건축이나 도시계획과 같이 물리적 환경을 다루는 전문가를 중심으로 연구가 이루어지고 있다는 점이다. 기존의 범죄학은 주로 사회학 분야에서 진행되었다. 하지만 하나의 사회현상이 발생하는 이유를 설명하기 위해서 하나의 원인을 명시적으로 제시하는 것은 쉽지 않다. 사회현상은 다양한 사회적 요소들이 서로 영향을 주며 새로운 현상으로 변화하기 때문이다. 범죄도 이와 동일한 관점에서 이해될 수 있다. 범죄 발생에 영향을 미치는 요인은 범죄자의 정신적, 신체적 요인 등 인적 요인과 사회경제적, 인구학적, 물리적 요인 등 환경적 요인으로 나눌 수 있다. 하지만 이중 인적 요인은 개인의 프라이버시와 인권을 침해할 수 있기 때문에 예방적 차원에서 접근하기가 쉽지 않다. 인적 요인은 장기간에 걸쳐 형성되는 문화적 · 도덕적 가치관과도 관계가 있으므로, 교육을 통해 개선방안을 세울 필요가 있다. 따라서 환경적 요인의 범죄 영향관계를 밝히고 이를 개선하는 것이 현실적

에 입각해서 범죄에 상응하는 형벌을 제정해야 한다고 주장하였다(Vold, Bernard & Snipes, 1998; 전돈수, 2005).

27 실증주의 범죄학(Positivism Criminology)은 범죄발생이 인간의 이성적 판단에 의한 것이라기보다 인간의 내적 · 외적 요인에 기인하는 것이라고 설명하며 범죄발생의 생물학적 · 심리적 · 사회적 요인을 밝혀 이를 교정 · 교화하여 범죄를 예방하고자 하였다(Akers & Sellers, 2008; Peak & Glensor, 2008). 실증주의 범죄학은 다양한 방향에서 전개되었다. 게리(Guerry, 1833)와 케틀레(Quetelet, 1842)는 사회통계와 범죄통계를 활용한 생태주의적 연구를 진행하였고, 롬브로소(Lombroso), 페리(Ferri), 가로팔로(Garofalo) 등은 죄수의 두개골 형태, 외모, 체형 등을 통해서 범죄자를 판별하는 '범죄인론'을 주장하였다(Lilly, Cullen & Ball, 1989). 또한 쇼와 맥케이(Shaw & McKay, 1942) 등의 시카고학파(Chicago School)에 의해서 진행된 사회 · 생태주의적 관점의 범죄학이 있다.

28 신고전주의 범죄학(Neo-Classicism Criminology)은 범죄자의 이성 및 합리성에 주목하여 범죄발생을 설명하였으며, 범죄행위와 실행의지에 대한 엄중한 처벌을 주장하였다. 이에는 범죄 기회이론(Criminal Opportunity Theory, Meithe & Meier, 1994)과 합리적 선택이론(Rational Choice Theory, Clarke, 1983) 등이 해당된다.

29 환경범죄학(Environmental Criminology)이 구체적으로 언급된 것은 브랜팅햄 부부(Brantingham & Brantingham)의 저서인 'environmental criminology'(1981)를 통해서다. 이들은 범죄가 일어나려면 법, 범죄자, 범죄대상, 장소의 4가지가 필요하다고 주장하였다. 특히 시간과 공간으로 이루어진 장소와 범죄와의 관계를 밝히는 것이 환경범죄학이라고 말하고 있다.

으로 필요한 방안이라 할 수 있다. 특히 물리적 환경은 불특정 다수에 고르게 그 영향을 미치고 가시적 효과가 크다는 면에서 그 가치가 높다. 따라서 과거 범죄 연구가 다양한 사회환경변수(사회·경제적 요인, 인구학적 요인)를 중심으로 진행되었던 것과 달리 최근에는 범죄와 물리적 공간과의 관계에 관한 연구들이 증가하고 있다.

환경범죄학 여러 이론[30] 중에서 현재 가장 넓게 사용되고 지속적으로 발전하고 있는 것이 범죄예방 환경설계의 가능성을 주장하는 셉테드 이론이다. 셉테드 이론은 방어공간이론과 합리적 선택이론 등에 기초하여 발전하였으며, 제프리 (Jeffery, 1971)가 동일한 제목의 저서를 통해 체계적으로 정리하여 소개한 범죄예방 전략이다. 제프리는 범죄 예방과 처벌에 관련된 사회시스템에 인간 행태와 환경적 요인에 대한 고려가 부족함을 지적하였으며, 범죄관련 행태 및 성향에 기초한 물리적 환경설계를 통하여 범죄를 예방할 수 있다고 주장하였다.[31] 이후 제프리는 1990년대까지 셉테드를 지속적으로 연구하면서 출간하였고 학문적 발전에 기여하였다. 셉테드 이론에서는 물리적 환경, 주택설계 및 환경설계, 주민의 참여, 행정적 지원 등과 같이 주거지 형성과 관련된 다양한 사항의 종합적 고려를 강조한다. 이를 통하여 주택 같은 미시적 구성단위에서부터 도시가로, 지역사회 등 거시적 구성단위에 이르기까지 각 영역에서 범죄를 예방하고 범죄두려움이 적은 도시를 구성할 수 있다고 주장한다. 셉테드 이론은 1972년 뉴만이 '방어공간(Defensible Space)' 개념을 사용하면서 실질적인 발전을 이루었다.[32] 사려 깊은 도시디자인을 통해 도시범죄를 줄일 수 있다는 뉴만의 생각은 좋은 반향을 일으키고 많은 관심을 끌게 되었다. 최근까지 환경과 범죄와의 관계를 연구·적용함에 있어서 지속적으로 인용되는 이론으로 다각도의 관점이 복합적으로 작용하여 현대도시의 복잡한 공간구조에 적용하도록 변화·발전해 가고 있다. 셉테드 이론에서는 인간환경 및 사회·물리적 환경이 인간의 행태에 영향을 미치기 때문

---

30 환경범죄학에서 언급되는 주요한 이론으로는 뉴만(Newman, 1972)의 'Defensible Space Theory', 클라크(Clarke, 1983)의 'Situational Crime Prevention', 윌슨과 켈링(Wilson & Kelling, 1982)의 'Broken Windows Theory', Brantingham & Brantingham(1981)의 'Crime Pattern Theory', 제이콥스(Jacobs, 1961), 제프리(Jeffery, 1971), 사빌과 클리브랜드(Saville & Cleveland, 1997), 클로우(Crowe, 2000)가 주장한 'Crime Prevention Through Environmental Design' 등이 있다.

31 Jeffery, C. R.(1971). Crime Prevention Through Environmental Design. Sage.

32 Newman, O.(1972). Defensible space: Macmillan New York.

에 범죄발생 및 범죄에 대한 두려움을 줄일 수 있도록 물리적 환경을 설계하는 것은 물론, 주민참여와 경찰활동 등을 종합적으로 계획할 필요가 있다고 주장한다. 이에 따라 셉테드는 1) 자연적 감시(Natural Surveillance) 2) 접근통제(Access Control) 3) 영역성 강화(Territorial Reinforcement) 등의 3가지 주요 전략을 제시하고, 4) 활동성 지원(Activity Support) 5) 유지 및 관리(Maintenance & Management) 등의 부가적인 실천전략을 제시하고 있다.[33]

위에 언급된 셉테드 이론을 실제적으로 적용하면서 미비점들을 보완하는 연구가 지속적으로 진행되었다. 제프리에 의해 제시된 이론을 1세대 셉테드 이론이라고 한다면, 2세대 셉테드 이론은 사빌과 클리브랜드(Saville & Cleveland)에 의해 제시되었다. 1세대 셉테드 이론은 물리적 환경을 개선하여 공간의 방어적 성격을 증진시키고 범죄자들의 범행 성공가능성을 낮춤으로써 범죄를 억제하고자 하는 범죄예방활동을 말한다. 하지만 1세대 셉테드 이론은 지나치게 물리적 측면을 강조하여 복잡해지는 사회구조나 사회 내의 다양한 구성체에 의한 사회적, 경제적, 문화적인 측면을 담아내는데 한계가 있었다. 따라서 건강하고 지속가능한 공동체를 형성하기 위해서는 물리적 측면뿐만 아니라 사회 · 문화적인 측면을 종합적으로 고려할 수 있는 범죄예방대책이 필요하게 되었다. 사빌과 클리브랜드는 1997년에 '2nd Generation CPTED: An Antidote to the Social Y2K Virus of Urban Design'을 통해서 발전된 셉테드 이론을 처음 주창하였다.[34] 그 후 이들은 2008년 'Second-Generation CPTED: The Rise and Fall of Opportunity'를 통해서 기존의 셉테드 이론을 사회 · 문화적 측면을 고려한 이론으로 발전시켰다.[35] 이들은 기존의 5가지 셉테드 전략에 '사회적 응집(social cohesion)', '연계성(connectivity)', '지역공동체 문화(community culture)', '한계 역량(threshold capacity)' 등을 추가하였다. 이를 통하여 각 지역마다 존재하는 사회문화적 특성을 기반으로 범죄예방전략을 수립하도록 유도한다. 1세대 셉테드 이론이 물리적

33 박준휘, 강경연, 강석진, 강용길, 강은영, 강효진, 권은선, 김도우, 김태민, 박수진, 박형민, 성기호, 신의기, 이경훈, 이제선, 최민영, 최인섭, 홍영오(2014). 셉테드 이론과 실무. 서울: 법무부, pp. 67-68.

34 Saville, G., & Cleveland, G.(1997). 2nd generation CPTED: an antidote to the social Y2K virus of urban design. Paper presented at the 2nd Annual International CPTED Conference, Orlando, FL.

35 Saville, G., & Cleveland, G.(2008). Second-generation CPTED: The rise and fall of opportunity theory. 21st Century Security and CPTED, pp. 79-90.

환경 변화를 중심으로 영역성을 강화하고 이를 통하여 잠재적 범죄자의 범죄 욕구를 줄이고, 사용자들의 불안감을 감소하는데 초점을 두었던 것에 비하여 2세대 셉테드 이론은 행위주체와 물리적 상황과의 관계를 고려하였다. 장소적, 지역적 상황에 적합한 실질적 범죄예방의 전략적 접근 가능성을 제시했다고 할 수 있다. 이러한 변화는 범죄의 사회적 복합성을 반영하고 사회적 관계를 통한 범죄예방 가능성을 언급했다는 측면에서 의미가 있다.

2.2 범죄 현황

우리나라 대도시가 가지고 있는 특징으로 인구의 도시집중과 과밀화로 인한 사회구조 및 생활양식의 변화, 가치관의 변화, 주택난, 교통난, 빈곤 및 실업문제, 그리고 범죄발생 등으로 정리할 수 있다. 이 중 특히 범죄는 최근에 가장 큰 사회불안요인으로 인식되고 있다. 통계청에 의해 실시된 '2012 사회조사'에 따르면 국민 10명 중 3명(29.3%)이 범죄를 한국사회의 가장 주된 불안요인으로 여기고 있다.[36] 우리나라에서 발생하는 범죄의 변화 추이를 살펴보기 위해서 검찰청에서 발간되는 '범죄분석' 자료를 활용하여 2000년부터 2013년까지의 발생범죄 건수를 비교하였다([그림 1-1]).[37] 전체 범죄건수는 연도에 따라 약간의 등락이 있지만 연평균 약 이백만 건 정도로 나타났다. 약 10년 간의 변화추이를 살펴보면, 2000년에는 총 1,867,882건이 발생하였고 2013년에는 2,006,682건이 발생하여 107.43% 정도 증가한 것으로 나타났다. 이를 범죄유형별로 살펴보면 형법범죄는 2000년에 523,609건이 발생했던 것에 비해서 2013년에는 1,057,855건이 발생하여 약 2배 이상의 증가세를 보이고 있다. 이에 비해서 특별법범죄는 2000년에 1,344,273건이 발생하였지만 2013년에는 948,827건이 발생하여 30%정도 감소한 것으로 나타났다. 형법범죄가 크게 늘었다는 것은 범죄발생에 의해 우리의 삶이 상당한 영향을 받고 있다는 것으로 해석될 수 있다. 왜냐하면 형법범죄에 속하는

---

36 http://www.diodeo.com/comuser/news/news_view.asp?news_code=110421
37 우리나라의 법적 범죄유형은 크게 형법범과 특별법범으로 나뉜다. 형법범은 재산범죄, 강력범죄(흉악, 폭력), 위조범죄, 공무원범죄, 풍속범죄, 과실범죄, 기타 형법범죄로 구분된다. 재산범죄에는 절도, 장물, 사기, 횡령, 배임, 손괴로 구성되며, 강력범죄는 살인, 강도, 방화, 강간, 폭행, 상해, 협박, 공갈, 약취와 유인, 체포와 감금 등으로 구성되어 있다. 그리고 특별법범은 도로교통법, 교통사고처리특례법, 도로교통법(음주), 식품위생법, 부정수표단속법, 기타로 구분된다.

절도, 상해, 폭행, 강도, 강간과 같은 범죄는 우리의 일상 속에서 경험할 가능성이 있고, 피해자에게 직접적으로 신체적 · 경제적 손실이 가해질 수 있기 때문이다. 더욱이 피해 대상자의 연령이나 신체적 상황에 따라 단순히 일회적 영향으로 그치지 않고 생사에 영향을 미치거나 장기간에 걸쳐서 그 피해가 지속될 수 있기 때문에 이에 대한 대비가 필요하다.

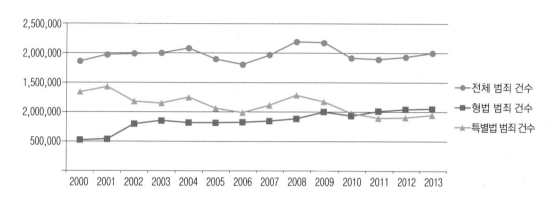

| 그림 1-1 | 범죄 발생 변화 추이 (출처: 검찰청 자료 활용, 하미경 작성)

범죄는 지리적인 속성을 가지고 있다. '깨진 유리창 이론'에 따르면 쓰레기 투기, 낙서, 공공시설물의 훼손 등의 물리적 · 사회적 무질서(physical and social incivility)가 범죄 발생을 더욱 증가시키고, 결과적으로 해당 지역을 더욱 쇠퇴하게 만드는 악순환의 고리로 작용하게 된다. 따라서 범죄와 물리적 환경과의 관계를 중시하는 범죄예방 연구에서는 지리학적인 관점을 견지할 필요가 있다. 최근 범죄 장소에 대한 관심은 지속적으로 증가하고 있다(Anselin et al., 2000).[38] 브랜팅햄 부부(Brantingham & Brantingham, 1981)는 범죄 및 불안감은 특정 장소나 공간에 집중되는 패턴으로 나타나는 경향이 있으며 이는 공간의 환경적 속성과 밀접한 관련이 있는 것을 의미한다고 주장했다. 따라서 범죄발생 추이나 패턴 분석을 통해서 영향요인들을 도출할 수 있다면 범죄예방 대책 수립이 용이하다는 것이 범죄패턴이론(Crime Pattern Theory)의 핵심개념이라고 말했다.[39] 셔먼, 가틴과 버거(Sherman, Gartin, & Buerger, 1989)는 도시범죄는 상대적으로 좁은 특

---

38 Anselin, L., Cohen, J., Cook, D., Gorr, W., & Tita, G.(2000). Spatial analyses of crime. Criminal justice, 4(2), pp. 213−262.

39 Brantingham, P. J., & Brantingham, P. L.(1981). Environmental criminology: Sage Publications Beverly Hills. CA.

정지역에 매우 집중되고 있다고 말했다.[40] 이 패턴은 다른 도시에서도 유사하게 나타났다(Pierce, Spaar, & Briggs, 1988; Sherman, 1992; Weisburd, Green, & Ross, 1994).[41] 최근에는 공간적 특성을 반영하여 범죄분석을 가능하게 해주는 컴퓨터 프로그램들이 발달하면서 이런 연구가 가속화되고 있다. 특히 발생한 범죄가 가지고 있는 공간적 속성과 비공간적 속성을 데이터로 변화하여 분석할 수 있는 GIS(Geographic Information System) 관련 프로그램과 공간의 형상적 특성을 바탕으로 공간의 배치 상황을 정량적 데이터로 변화하여 분석하는 공간구문론(Space Syntax)이 범죄분석에 있어서 활발하게 활용되고 있다.

국내에서 발생한 범죄 중에서 장소를 특정할 수 있는 범죄만을 대상으로 공간에 따른 범죄의 변화추이를 살펴보았다([그림 1-2]). 범죄가 발생하는 장소의 특성에 따라 주거지역, 상업·유흥시설, 다중이용시설, 노상, 기타 등으로 구분하였다.[42] 먼저 주거지역은 2000년에는 152,816건이 발생하였고 2013년에는 183,691건이 발생하여 약 120% 정도 증가한 것으로 나타났고, 상업·유흥시설은 2000년에는 201,401건이 발생하였고 2013년에는 300,008건이 발생하여 약 148% 정도 증가한 것으로 나타났다. 그리고 다중이용시설은 2000년에는 54,259건이 발생하였고 2013년에는 98,519건이 발생하여 약 181% 정도 증가한 것으로 나타났

---

40 Sherman, L. W., Gartin, P. R., & Buerger, M. E.(1989). Hot spots of predatory crime: Routine activities and the criminology of place*. Criminology, 27(1), pp. 27-56.

41 Pierce, G. L., Spaar, S., & Briggs, L. R.(1988). The character of police work: Strategic and tactical implications: Center for Applied Social Research. Northeastern University.
Sherman, L. W.(1992). Attacking crime: police and crime control. Crime and justice, pp. 159-230.
Weisburd, D., Green, L., & Ross, D.(1994). Crime in street level drug markets: A spatial analysis. Criminology, 27, pp. 49-67.

42 검찰청에서는「범죄분석」자료를 통해서 범죄가 발생한 장소를 34개(2011년을 기준으로 백화점, 슈퍼마켓, 편의점, 대형할인매장, 피씨방, 주차장, 공중화장실 등이 추가되었다.)로 세분화하여 제시하고 있다. 셉테드 이론과 실무(I)(박준휘 외, 2014: 52-54)를 참조하여 다음과 같이 범죄발생 장소를 구분하였다.
• 주거지역: 단독주택, 다세대·연립주택, 아파트
• 상업·유흥시설: 백화점, 슈퍼마켓, 편의점, 대형할인매장, 상점, 시장·노점, 숙박업소·목욕탕, 유흥접객업소, 금융기관, 의료기관, 피시방
• 다중이용시설: 역대합실, 지하철, 기타교통수단, 흥행장, 유원지, 학교, 종교기관, 주차장, 공중화장실
• 노상: 고속도로, 노상
• 기타: 사무실, 공장, 공사장·광산, 창고, 산야, 해상, 부대, 구금장소, 공지, 기타

고, 노상은 2000년에는 881,178건이 발생하였고 2013년에는 831,0548건이 발생하여 약 94% 정도로 감소한 것으로 나타났다. 이러한 결과를 종합적으로 살펴보면 노상에서 발생하는 범죄건수가 아직도 압도적으로 많지만 과거에 비해 줄어드는 추세이고, 시설 내에서 발생하는 범죄는 오히려 점차 증가하는 모양새를 보이고 있다.

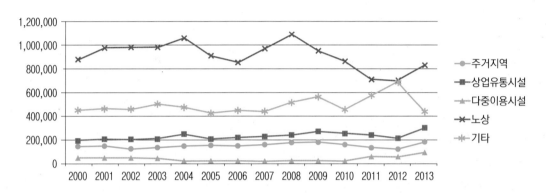

| 그림 1-2 | 장소별 범죄 발생 변화 추이 (출처: 검찰청 자료 활용, 하미경 작성)

[그림 1-2]에서 살펴본 것과 같이 특정한 장소에서 범죄발생이 증가하고 있다. 따라서 우리가 주변에서 쉽게 접하는 시설에 발생하는 범죄의 경향을 살펴보았다([그림 1-3]). 최근 2013년 기준으로 시설별 발생 건수를 살펴보면 사무실 142,511건, 유흥접객업소 123,372건, 단독주택 106,024건, 공동주택 77,667건 순으로 높게 나타났다. 증감률(2000년 대비 2013년 범죄발생 증감률)을 기준으로 보면 학교 206.96%(2000년 4,251건, 2013년 8,798건), 사무실 184.49%(2000년 77,247건, 2013년 142,511건), 시장 및 노점 184.12%(2000년 8,933건, 2013년 16,447건), 유흥접객업소 163.78%(2000년 75,330건, 2013년 123,372건) 순으로 높은 증가세를 보이고 있다. 범죄발생 건수를 기준으로 보면 주택(단독주택 및 공동주택 포함)에게서 가장 많이 발생했고, 사무실과 같은 일상적 활동이 이루어지는 공간에서 다수의 범죄가 발생하는 것을 알 수 있다. 그러나 각 시설들이 서로 연계되어 있다는 측면에서 공간적 연관성을 심도 있게 살필 필요가 있다. 특히 교육공간인 학교에서 범죄의 증가율이 두드러지게 높다는 점은 주목할 필요가 있다. 학교의 특성상 암수범죄가 많다는 측면에서 보고된 범죄수를 기반으로 한 범죄증가율만으로 판단할 수도 없다. 청소년들이 학교 내에서 뿐 아니라 등하교 길

에서 피해자가 되는 것을 고려하면, 청소년 유해시설로 인식되는 유흥접객업소나 숙박업소를 비롯하여 주변도로, 공원 등 주변 환경과의 관계도 면밀히 살펴봐야 할 것이다.

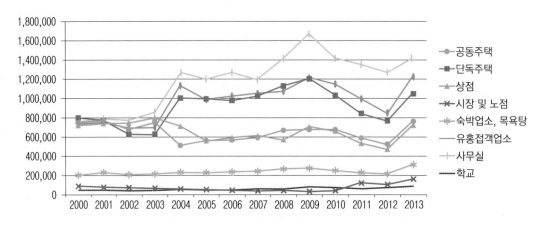

│ 그림 1-3 │ 시설별 범죄 발생 변화 추이 (출처: 검찰청 자료 활용, 하미경 작성)

2.3 셉테드 적용의 의의 및 시사점

　범죄는 다양한 변수에 의해서 발생하므로 모든 범죄를 막아낼 수 있는 만병통치약은 없다. 그럼에도 불구하고 우리의 '삶의 질'을 저해하는 범죄를 줄이기 위한 다양한 노력이 필요하다. 이러한 측면에서 최근 학문적인 연구와 현실적 적용이 활발하게 이루어지고 있는 셉테드는 여러 관점에서 의미를 찾을 수 있다.

　첫째, 시·공간적으로 예측이 어려운 범죄에 대해서 예방적인 조치를 취한다는 측면에서 의의가 있다. 범죄는 우리 주위 어느 곳에서나 그리고 하루 24시간 중 어느 때나 일어날 수 있다. 셉테드 전략은 이미 국내외 여러 도시에서 채택되어 왔고, 그 결과가 성공적이었으며, 범죄율이 줄어들었다고 보고되었다. 일단 범죄가 발생하면 반드시 물적 또는 인적 피해가 발생한다. 한국형사정책연구원에 따르면 2008년에 국내 범죄로 인한 사회적인 비용이 약 158조 정도 발생한 것으로 추산되었다. 부분별로 살펴보면 범죄예방비용으로 약 19조, 범죄결과 처리비용으로 약 133조, 범죄대응비용으로 약 6조가 지출되었다. 이를 통해서 범죄 발생 후 사후처리를 위한 비용이 전체 비용의 84%를 차지할 정도로 많다는 것을 알 수 있다.[43] 따라서 셉테드 전략을 활용하여 선제적이고 예방적인 조치를 취해 범죄 발생을 감소시킨다면 이는 범죄발생수의 감소 측면에서 뿐만 아니라 국가의 경제적인 측면에서도 의미 있는 접근이라 할 수 있다.

둘째, 셉테드 이론은 환경개선을 주요한 목표로 삼고 있다. 따라서 사회적 파급효과가 크다. 환경의 범위와 대상은 매우 광범위하다. 초기의 셉테드 적용이 주로 물리적 환경에 치중해서 물리적 환경정비를 통한 범죄예방에 집중했던 것에 비해 최근에는 지역사회와의 연계를 통해 지역사회에서 발생할 수 있는 불미스러운 상황을 줄여나가고자 하는 방안이 병행되고 있다. 루이스와 세일럼(Lewis & Salem, 1986)은 주민 간의 결속력이 강한 지역사회의 거주자들이 그렇지 못한 지역의 거주자들에 비해서 상대적으로 범죄불안감을 적게 느낀다고 하였으며,[44] 바바와 오스틴(Baba & Austin, 1989)은 사회결속모델(social integration model)을 통해 사회적 결속과 범죄불안감 간에 상관관계가 있음을 밝혔다.[45] 최근 우리사회에서 이슈화되고 있는 도심재생사업, 마을 만들기, 안전마을, 안심마을, 마을녹화 등 일련의 지역 공동체 참여사업도 이런 맥락에서 추진되는 것으로 볼 수 있다. 그러나 이러한 운동들이 내실없는 표피적 업적을 추구하는 보여주기 식의 행정으로 진행될 경우 그 본질에서 벗어날 수 있으며, 예산투자에 비해 그 실효를 거두기 어려울 것이다.

셋째, 셉테드의 적용은 다양한 분야와의 협업을 통해서 사회적 · 산업적 상승효과를 가져올 수 있다. 과거에 범죄처리나 범죄예방은 형사정책이나 경찰행정 분야에 국한된 문제로 인식되어 왔다. 현재도 이러한 시각에 큰 변화는 없다. 하지만 공공행정 분야뿐만 아니라 산업분야, 학술분야, 시민사회분야 등과 같은 우리 사회를 구성하고 있는 다양한 분야가 함께 참여할 때 셉테드 적용의 목적을 더 효과적으로 달성할 수 있을 것이다. 셉테드를 실현하기 위한 노력은 일차적으로 건축 · 도시 등의 환경계획분야와 관계가 있다. 새로운 물리적 환경을 조성하거나 수정할 때 계획가는 본능적으로 셉테드를 생각하여야 한다. 그러나 환경계

---

43 박경래, 김수동, 최성락, 이종한(2010). 범죄 및 형사정책에 대한 법경제학적 접근. 서울: 한국형사정책연구원.

44 Lewis, D. A., & Salem, G.(1986). Fear of crime: Incivility and the production of a social problem: Transaction Books New Brunswick. NJ.

45 Baba, Y., & Austin, D. M.(1989). Neighborhood environmental satisfaction, victimization, and social participation as determinants of perceived neighborhood safety. Environment and Behavior, 21(6), pp. 763-780.

획 측면에서도 셉테드 적용은 신중하게 검토될 필요가 있다. 범죄안전 측면에서의 환경개선이 최근 화두가 되고 있는 빛공해 환경 측면 혹은 화재안전 측면에서 검토될 때 오히려 불리할 수도 있다. 셉테드 프로세스에서 이러한 관련 분야 간의 이해 충돌을 적절하게 조정하고 풀어나가야 할 의무가 있다.

넷째, 현대에 발달된 산업기술에 의해 셉테드의 성과를 더욱 효과적으로 향상시킬 수 있다. 특히 우리나라와 같이 정보통신기술이 보편화되어 있는 상황에서는 이를 활용하는 방안이 적극적으로 고려되어야 한다. 최근에 이러한 범죄예방이 신 성장산업의 중요한 분야로 부각되고 있다. 정보통신기술 분야에서 뿐 아니라, 물리적 환경시설 분야 산업에서도 그 가능성은 크다고 본다.

이 책에서는 앞서 개괄한 셉테드 관련 이론과 이를 적용하기 위한 법·제도, 전략 및 적용사례 등의 내용을 포괄한다. 특히 셉테드의 일차적인 범죄예방 전략인 물리적 환경 개선을 중심으로 전략의 효과적인 적용 방안과 그에 대한 실제적인 적용 사례를 통해서 셉테드의 효용성과 필요성을 살펴나갈 것이다. 즉, 셉테드의 실천전략으로 가장 주요하게 활용되고 있는 자연적 감시, 접근통제, 영역성 강화, 활동성 지원, 유지 및 관리를 중심으로 각 실천 전략의 의미와 적용 방법 및 사례를 살펴보고, 그에 따른 효과를 검토할 것이다. 그와 더불어 물리적 환경 개선을 통한 범죄예방의 한계를 인식하고 지역공동체와의 협력을 통한 범죄예방의 가능성에 대해서 논의를 확대하고자 한다. 이를 통해서 우리 삶을 위협하는 범죄를 근절하고 삶의 질을 저해하는 범죄불안감을 줄일 수 있도록 형사사법기관, 행정기관, 관련 학계, 지역주민과 지역공동체가 협력해 나갈 수 있는 방향 및 토대를 제시할 수 있으리라 기대한다.

1. 김두식(2008). 무엇이 범죄인가: 범죄 개념에 대한 비판적 검토. Articles : What is Crime: A Critical Reiview on the Definition of Crime. 法曹, 제57권 제3호, pp. 144—168.

2. 박경래, 김수동, 최성락, 이종한, 한국형사정책연구원, 산업연구원, 동양미래대학교, 한국행정연구원(2010). 범죄 및 형사정책에 대한 법경제학적 접근. 서울: 한국형사정책연구원.

3. 박준휘, 강경연, 강석진, 강용길, 강은영, 강효진, 권은선, 김도우, 김태민, 박수진, 박형민, 성기호, 신의기, 이경훈, 이제선, 최민영, 최인섭, 홍영오(2014). 셉테드 이론과 실무 (I). 서울: 법무부.

4. 박형민, 황지태, 황정인, 황의갑, 박경돈(2009). 범죄예방을 위한 환경설계(CPTED)의 제도화 방안(II). 한국형사정책연구원, pp. 27—405.

5. 변기동, 박세연, 하미경(2014). 초등학교 입지유형에 따른 범죄안전 환경디자인 연구. 디자인지식저널, 제29권, pp. 167—177.

6. 송혜진(2011). 스마트폰 이용을 통한 SNS 중독에 관한 연구. 한국중독범죄학회보, 제1권 제2호, pp. 31—49.

7. 윤선구(2003). 신자유주의적 세계화의 원인과 대안. 사회와 철학, 제5호, pp. 155—188.

8. 이보영(2015). 현대사회와 범죄의 이해. 서울: 동방문화사.

9. 이순래, 곽대경, 기광도, 김상원, 류준혁, 박정선, 박철현, 연성진, 이성식, 최응렬(2010). 현대사회와 범죄. 서울: 청목.

10. 이재상(2003). 형법총론(제5판). 서울: 박영사.

11. 전돈수(2005). 범죄학 개론. 파주: 21세기사.

12. 정영석(1986). 형사정책. 서울: 법문사.

13. Anselin, L., Cohen, J., Cook, D., Gorr, W., & Tita, G.(2000). Spatial analyses of crime. Criminal justice, 4(2), pp. 213—262.

14. Baba, Y., & Austin, D. M.(1989). Neighborhood environmental satisfaction, victimization, and social participation as determinants of perceived neighborhood safety. Environment and Behavior, 21(6), pp. 763—780.

15. Beck, U.(1997). 위험사회: 새로운 근대(성)를 향하여(홍성태 역). 서울: 새물결(원서출판, 1986).

16. Brantingham, P. J., & Brantingham, P. L.(1981). Environmental criminology: Sage Publications Beverly Hills. CA.

17. Clarke, R. V.(1983). Situational crime prevention: Its theoretical basis and practical scope. Crime and justice, pp. 225—256.

18. Crowe, T. D.(2000). Crime prevention through environmental design: Applications of architectural design and space management concepts: Butterworth—Heinemann.

19. DuBow, F., McCabe, E., & Kaplan, G.(1980). Reactions to crime: a critical review of the literature:

US Dept. of Justice, Law Enforcement Assistance Administration, National Institute of Law Enforcement and Criminal Justice: for sale by the Supt. of Docs., US Govt. Print. Off.

20. Ferraro, K. F.(1995). Fear of crime: Interpreting victimization risk: SUNY press.

21. Foster, S., & Giles-Corti, B.(2008). The built environment, neighborhood crime and constrained physical activity: an exploration of inconsistent findings. Preventive Medicine, 47(3), pp. 241–251.

22. Furstenberg, F. F.(1971). Public reaction to crime in the streets. The American Scholar, pp. 601–610.

23. Furstenburg, F. F.(1972). Attitudes toward abortion among young blacks. Studies in family planning, 3(4), pp. 66–69.

24. Garofalo, J., & Laub, J.(1978). The fear of crime: Broadening our perspective. Victimology, 3(3–4), pp. 242–253.

25. Hanrahan, K., Gibbs, J. J., & Zimmerman, S. E.(2005). Parole and revocation: Perspectives of young adult offenders. The Prison Journal, 85(3), pp. 251–269.

26. Jacobs, J.(1961). The life and death of great American cities: New York: Random House.

27. Lee, S., Ryu, H., & Ha, M.(2012). Criminal spots on the way home from school a case study of middle schools in the Gangseo district. Journal of Asian Architecture and Building Engineering, 11(1), pp. 63–70.

28. Lewis, D. A., & Salem, G.(1986). Fear of crime: Incivility and the production of a social problem: Transaction Books New Brunswick, NJ.

29. Lilly, J. R., Cullen, F. T., & Ball, R. A.(1989). Criminological Theory: Causes and Consequences: Newbury Park: Sage.

30. Miethe, T. D., & Meier, R. F.(1994). Crime and its social context: Toward an integrated theory of offenders, victims, and situations: Suny Press.

31. Newman, O.(1972). Defensible space: Macmillan New York.

32. Pierce, G. L., Spaar, S., & Briggs, L. R.(1988). The character of police work: Strategic and tactical implications: Center for Applied Social Research, Northeastern Unviersity.

33. Saville, G., & Cleveland, G.(1997). 2nd generation CPTED: an antidote to the social Y2K virus of urban design. Paper presented at the 2nd Annual International CPTED Conference, Orlando, FL.

34. Saville, G., & Cleveland, G.(2008). Second-generation CPTED: The rise and fall of opportunity theory. 21st Century Security and CPTED, pp. 79–90.

35. Shaw, C. R., & McKay, H. D.(1942). Juvenile delinquency and urban areas. Chicago, Ill.

36. Sherman, L. W.(1992). Attacking crime: police and crime control. Crime and justice, pp. 159–230.

37. Sherman, L. W., Gartin, P. R., & Buerger, M. E.(1989). Hot spots of predatory crime: Routine activities and the criminology of place*. Criminology, 27(1), 27–56.

38. Weisburd, D., Green, L., & Ross, D.(1994). Crime in street level drug markets: A spatial analysis. Criminology, 27, pp. 49–67.

39. Wilson, J. Q., & Kelling, G. L.(1982). Broken windows. Atlantic monthly, 249(3), pp. 29–38.

셉테드 이론과 법·제도

김도우 · 박노섭

셉테드 이론과 법·제도

제1절 셉테드 관련 이론

1.1 개관

역사적으로 셉테드 이론의 발전은 근대도시의 발달과 관련이 있다. 제이콥스(Jacobs)는 1961년 '미국 거대 도시의 삶과 죽음(The Death and Life of Great American Cities)'이라는 저서를 통해 도시재생이 어떻게 범죄문제를 발생시키는지를 설명하고 물리적 환경개선을 통해 범죄를 통제할 수 있다고 주장하였다. 제이콥스의 도시재생에 관한 연구에 영향을 받아 제프리(Jeffery)는 1971년 '범죄예방 환경설계(Crime Prevention Through Environmental Design)'라는 책을 발간하였고, 그의 책 제목이 현재 셉테드라는 용어로 사용되고 있다.

일각에서는 셉테드 관련 이론들이 범죄자의 범인성(criminality)에 중점을 두었던 전통적인 범죄학과는 다른 새로운 패러다임이라는 논의도 있다(Brantingham

& Brantingham, 1981; Wortley, Mazerolle, 2007). 하지만 이 이론은 인간을 자유의 지를 가진 합리적이고 주관적인 존재로 가정하는 결정론적 관점(determinism)과 범죄예방을 궁극적인 목적으로 한다는 점에서 억제이론(deterrence theory)을 포함한 고전주의 범죄학의 철학과 소위 범죄생태학(ecology of crime)으로 분류되는 시카고학파의 '사회해체론(social diorganization theory)'를 계승하였다고 볼 수 있다. 다만, 셉테드 이론들은 전통적인 범죄이론들과는 달리 시ㆍ공간적으로 구체적이고 제한적인 규모와 범위에 대한 연구분석을 통해 다소 실질적인 처방을 제시하고 있다는 점에서 구분된다.[1]

한편, 환경범죄학(environmental criminology)을 주창한 브랜팅햄 부부(Brantingham & Brantingham, 1981)는 법률, 범죄자, 피해자, 그리고 장소와 같은 관점으로 범죄원인을 구분하였다.[2] 법률적 관점이란 법제정과 법집행 등에 관심을 가지고 형벌을 통한 범죄억제를 의미하고, 현대 범죄학의 지배적인 관점인 범죄자적 관점은 사람들이 범죄를 일으키는 이유에 대해 관심을 가지고 그 원인을 제거하는 대책을 마련하고 있다. 반대로 피해자적 관점은 왜 어떤 사람이 특정 범죄의 목표(희생)가 되는가에 관심을 가지고 범죄자적 관점과 마찬가지로 그 원인을 제거하는 대책을 제시한다. 장소적 관점은 범죄의 시ㆍ공간적 구성요소에 관심을 가지고 범죄를 유발하는 환경을 개선하는 방법으로 대책을 마련하고 있다. 이 구분방법에 따르면 나머지 세 관점들(법률, 범죄자, 피해자)과 비교할 때 장소적 관점은 다소 차이가 있음을 알 수 있다. 우선 다른 세 관점들은 필연적으로 범죄사건의 발생을 동반하고 있고, 이러한 범죄사건의 발생 원인을 이해하려고 한다. 하지만 장소적 관점은 범죄발생의 시ㆍ공간적 특성들을 예측하여 범죄현상을 설명하고 있다. 즉, 장소적 관점은 언제, 어디서, 어떻게 범죄가 발생했고, 누가, 무엇을 하여 범죄사건과 연루되었으며, 또한 범죄자들이 왜 그것을 하였는지 등과 같은 당시의 상황을 설명하고 있다.

이처럼 셉테드 관련 이론들은 전통적인 범죄이론의 기본가정과 함께 시ㆍ공간과 관련된 범죄이론의 체계를 정립하고 그 이론에 대한 검증을 통하여 범죄자의 처벌 또는 교화개선 등 전통적인 범죄대책보다는 물리적 환경개선을 통한 범죄

---

1 박현호(2014). CPTED와 범죄과학(범죄예방환경설계). 서울: 박영사, p. 46.

2 Brantingham, P. L. & Brantingham, P. J.(1981). Introduction: The dimensions of crime. In P. J. Brantingham & P. L. Brantingham(Eds), Environmental Criminology, Prospect Heights, IL: Waveland Press, pp. 7-26.

취약성 제거와 범죄기회의 차단을 범죄예방 대책으로는 더욱 효과적이라고 주장하였다.

오늘날 셉테드 관련 이론들은 범죄발생의 원인을 설명하는 전통 범죄학적 관점과 이와 더불어 범죄예방을 궁극적인 목적으로 하는 현대 환경범죄학적 관점으로 구분하고 설명하고 있다.

1.2 전통적인 범죄학 관점에서의 셉테드 이론

1) 고전주의 범죄이론(Classical Criminology)

고전학파의 범죄관은 인간을 자유의사를 가진 합리적 존재이며 동시에 모든 인간은 일탈할 잠재성을 가진 존재라는 가정에서 시작한다. 이들의 범죄관은 모든 사람은 법 앞에 평등하고 국가는 시민의 생명, 재산 및 자유를 보호할 의무가 있다는 로크(Locke), 루소(Rousseau)와 몽테스키외(Montesquieu)의 철학에 그 뿌리를 두고 있다.

고전주의 범죄학은 왜 사람들이 범죄를 저지르는가를 설명하기 보다는 가혹한 형법의 불합리성, 특히 범죄자 처벌 방식의 개선에 주된 관심을 가졌다. 따라서 이들은 처벌에 대한 보다 합리적인 접근을 주장하며, 범죄와 그에 대한 처벌의 관계는 공정하고 형평을 이룰 수 있어야 한다고 보았다. 또한 고전학파들은 범죄를 합리적 쾌락주의의 결과로 보았다. 그들은 인간의 자유의지를 강조했으며 범죄 행위도 다른 행위와 마찬가지로 합리적 선택의 결과로 파악했다. 즉, 사람들이 범죄로 얻을 수 있는 물질적, 정신적 보상이 처벌보다 크면 범죄를 저지를 가능성이 높아진다는 것이다. 따라서 고전학파는 사회계약, 공리주의 그리고 쾌락주의에 기초한 형사사법의 합리적 운영에 그 중요성을 두었다.

고전학파의 대표적 철학자는 베카리아(Beccaria)로 1764년 '범죄와 형벌(Crime and Punishment)'이라는 책을 저술하였다. 이 책에서 그는 사회가 법을 제정하는 이유는 소수의 범죄자를 처벌함으로써 다수의 시민이 좀 더 큰 행복을 얻기 위함이라고 하였다. 그는 범죄를 예방하기 위해서는 범죄행위를 통한 잠재적인 이익보다는 처벌의 고통이 보다 더 커야 되며 이를 위해서 범죄행위에 대한 형벌은 그것이 사회에 끼친 해악만큼 비례해야 한다고 주장하였다.[3] 베카리아는 범죄

---

3   McLaughlin, E. & Muncie, J.(2006). The sage dictionary of criminology, (2nd ed),

행위를 억제하기 위한 효과적인 처벌에는 세 가지 요인이 있다고 하는데 이것이 훗날 신고전학파 억제이론의 기초가 되는 신속성(swiftness), 확실성(certainty), 엄격성(severity) 요인이다. 신속성이란 범죄행위가 이루어진 후 처벌이 신속히 뒤따라야 범죄자가 형벌과 범죄행위를 연관 지을 수 있다는 것이다. 베카리아가 가장 중요하게 여긴 확실성은 범죄행위를 하면 확실히 처벌을 받는다는 인식을 가지면 범죄자는 처벌에 대한 공포감을 느낀다는 것이다. 마지막으로 엄격성은 범죄행위에 대한 처벌이 범죄행위에 대한 이득보다 커야 한다는 것이다.[4]

고전주의의 또 다른 대표적인 철학자인 제레미 벤담(Jeremy Bentham)은 1789년 '도덕 및 입법의 원리서설(An Introduction to the Principles of Morals and Legislation)'이라는 책을 저술하였다. 이 책에서는 베카리아를 비롯한 선대 고전학파 학자들의 합리적 선택 개념을 개선하여 합리적 쾌락주의(hedonistic calculus)를 제시한다(Tibbetts & Hemmens, 2010: 65). 그가 제시한 합리적 쾌락주의란 범죄행위를 포함한 모든 인간의 행동을 결정하는 요소에는 고통과 쾌락이 있고 인간은 이 두 요인들을 합리적으로 계산하여 가장 쾌락적인 결과를 가져올 행동을 선택한다는 것이다.[5]

고전학파는 형벌에 있어서 분명하고도 공정한 철학을 제공하였다. 이러한 철학은 자유의지를 강조하는 반(反)실증주의와 같은 새로운 패러다임의 토대를 만들어 주었고, 다른 이론들이 벤치마킹할 수 있도록 도와주었다(MaLaughlin & Muncie, 2006: 41). 이 새로운 패러다임은 미국을 비롯한 거의 모든 현대국가들의 형사사법체계에 기초가 된다.[6] 그리고 훗날 도래될 억제이론, 합리적 선택이론, 일상활동이론 등 신고전주의 범죄학의 발판을 마련해주었다.[7]

Sage Publication, p. 40.

4 Tibbetts, S. G. & Hemmerns, C.(2010). Criminological Theory. Thousand Oaks, CA: Sage Publication, pp. 58-60.

5 Bentham, J.(2004). An Introduction to the Principles of Morals and Leglislation. In Jacoby, J. E.(Ed), Classics of Criminology(2nd ed.). Long Grove, IL: Waveland Press, pp. 105-108.

6 Bernard, T. J., Snipes, J. B. & Gerould, A. L.(2010). Vold's Theoretical Criminology (6th ed.). New York, New York: Oxford University Press. p. 16; Tibbetts, S. G. & Hemmerns, C.(2010). ibid. p. 64.

7 Bernard, T. J., Snipes, J. B. & Gerould, A. L.(2010). ibid. p. 14.

2) 신고전주의 범죄이론(Neo-Classical Theory)

1960년대 이후에 대두된 현대적인 신고전주의는 크게 '억제이론'과 '범죄경제학'[8]이라는 서로 다른 견해로 발전하였다. 억제이론은 주로 범죄자를 대상으로 연구한 초기 고전주의 범죄관과는 달리 일반인을 중점적인 그 대상으로 하고 있다. 범죄경제학적 이론은 베커(Becker)에 의해 정립되었으며, 클라크(Clarke)와 코니쉬(Cornish)의 합리적 선택이론(rational choice theory, 1986)에 의해 정교화되었다. 또한 코헨(Cohen)과 펠슨(Felson)의 일상활동이론(routine activities theory, 1979)이나 생활양식-노출이론(lifestyle-exposure theories)도 범죄경제학 이론의 범주에 속한다.

(1) 억제이론

억제의 개념은 베카리아와 벤담의 사상에 뿌리를 두고 있는데, 이들의 사상가는 범죄를 처벌의 확실성, 엄격성, 신속성에 의한 부의 함수로 보았다. 다르게 표현하면, 이 세 가지 맥락에서 범죄에 대한 처벌적 반응이 강화되면 범죄빈도는 줄어들 것이라고 예상할 수 있다. 이는 범죄자에게 가혹한 처벌을 내림으로써 다시는 범죄를 하지 못하게 할 수 있고, 또한 처벌의 고통을 일반인들에게 알림으로써 잠재적 범죄자의 범죄를 사전에 억제 및 예방 할 수 있다고 보는 것이다.[9]

이 억제이론은 일반억제(general deterrence)와 특별억제(specific deterrence)로 나누어진다. 일반억제는 범죄자에 대한 처벌이 처벌받지 않은 사람들(일반대중)에게 범죄를 저지르면 손해를 본다는 정보를 제공함으로써 일반사람들의 범죄를 감소시키는 과정에 관한 것이다. 특별억제는 처벌을 함으로써 처벌된 사람들의 재범을 감소시키는 과정에 관한 것이다.[10]

---

8 경제학자들이 고전학파의 견해를 발전시킨 것이 범죄경제학(Econometrics)이다. 범죄경제학자들은 고전주의의 쾌락주의와 공리주의적 인간관을 수용하여 경제학적인 측면에서 범죄비용과 이익을 상정하고, 범죄행위도 다른 인간행위와 마찬가지로 범죄이익이 비용보다 큰가 작은가를 합리적으로 계산하여 선택되는 것이므로, 형벌의 신속성, 확실성, 엄격성을 강화해야 범죄를 억제할 수 있다고 주장했다.

9 Exum, M. L.(2002). "The Application and Robustness of the Rational Choice Perspectives in the study of Intoxicated and Angry Intentions to Aggress." Criminology, 40, pp. 933-966.

10 Liska, Allen E. & Messner, Steven F.(1991). Perspectives on Crime and Deviance, New Jersey: Prentice-Hall, p. 123.

이때 억제이론의 요소로써 엄격성은 수감기간이나 벌금액의 정도와 같은 처벌의 가혹성 또는 처벌의 강도에 관한 것이다. 확실성은 체포, 기소, 선고 및 판결을 받을 가능성과 같은 처벌의 경험가능성을 가리키며, 신속성은 즉각적인 처벌을 의미한다. 억제이론의 핵심적인 주장은 법적 처벌의 엄격성, 확실성 및 신속성이 높을 때, 범죄율이 낮아진다는 것이다.

억제이론은 아직 경험적 연구결과를 통해 완벽하게 입증되지는 못했으나, 인간의 합리성이라는 것을 주목하게끔 만들었고, 특정상황에서 이루어지는 구체적인 범죄원인을 규명하고자 노력하였다는데 있어 매우 가치있는 이론이다. 아울러 형사사법기관의 정책을 제시하는 유용한 기제이므로 오늘날 사형제도가 살인을 억제할 수 있는지와 가정폭력을 통제하는데 공식적인 경찰체포가 도움이 되는지와 같은 경험적 연구가 계속 이루어지고 있는데서 그 의의를 찾을 수 있다.

(2) 합리적 선택이론

합리적 선택이론의 시발점은 범죄자가 범죄행위를 통하여 그들의 이익을 추구하는 것에서 비롯되었다. 범죄자들이 범죄행위를 할 때 시간, 능력과 충분한 자료 등을 고려한다는 점이 바로 그것이다. 즉, 범죄자는 범죄를 통해 발생하는 이익을 최대화 할 것과 범죄가 실패하였을 때의 손실을 최소화 할 것을 고려하여 범죄의 유무, 방법, 장소 등을 선택하는 것이다.[11]

현대의 합리적 선택이론은 행위가 손해와 이익을 합리적으로 평가한 결과라는 가정을 함으로써 고전학파의 전통을 따른다. 이 이론은 일반적으로 사람들이 법위반과 법준수의 양쪽 모두에 대해 이익과 손해를 비교하는 방법에 초점을 둔다. 현대의 합리적 선택이론가들은 법적인 손해 외에도 법위반에 따르는 비공식적 제재와 고통스러운 감정들을 포함한 다른 손해들뿐만 아니라, 동시에 법위반으로 인한 이익도 고려한다.[12]

합리적 선택이론은 범죄가 얼마나 위반자와 피해자 사이의 상호작용에 의존하고 있는 지를 설명하는 데 이용되어 왔다. 이 이론은 위반자는 적은 노력으로 많은 이익을 얻을 수 있고 그리고 법적 처벌을 받을 위험이 적은 범죄 대상에 끌린다고 가정한다. 반면에 피해자는 범죄피해를 당하지 않으려 하고, 그래서 그들은 범죄의 유혹을 줄이기 위한 다양한 예방책을 강구한다. 피해자들은 위반자들이

---

11 McLaughlin, E. & Muncie, J.(2006). op. cit, p. 40.

12 Liska, Allen E. & Messner, Steven F. (1991). op. cit, p. 121.

범죄를 성공적으로 완수하는 것을 더욱 어렵게 만들려고 한다. 또 그들은 위반자가 발견되고 체포될 가능성을 높이려고 노력한다. 그리고 그들이 만약 범죄의 피해를 당한다면 그들의 손실을 줄이려고 한다. 이와 같이 위반자들과 피해자들은 시장에서의 판매자와 구매자처럼 이해관계를 두고 경쟁한다. 위반자와 피해자는 범죄의 양을 결정하기 위해 범죄시장에서 상호작용한다. 위반자들은 그들이 얻을 수 있는 순수익에 따라 범죄를 많이 또는 적게 공급한다. 피해자들은 보안을 위해 얼마나 많은 시간과 노력이 필요한가에 따라 보안이 강화되거나 또는 약화된다. 위반자와 잠재적 피해자는 상호작용하고 서로에게 반응하므로 그들은 범죄에 의한 이익과 손해가 같은 수준에 다다르게 되는데, 이 수준은 얼마나 많은 양의 범죄가 발생할지를 결정한다.[13]

종합하자면, 범죄자는 합리적 선택을 하는 데 있어 대상범죄의 특성과 범죄자 스스로의 특성을 고려하고, 범죄를 결정하는데 있어 경제적 기회, 학습과 경험, 범죄기술의 지식 그리고 범죄의 유형, 범죄의 시간과 장소, 범죄의 대상을 고려한다는 것이다.

합리적 선택이론은 범죄예방 혹은 범죄감소전략이 잠재적 범죄자에게 범죄를 저지르지 못하게 하고, 그 행위를 지연시키고, 특정 범행 대상을 없애는 정책을 통해 달성할 수 있다고 제안한다. 범죄행위는 잠재적 대상을 안전하게 보호하고, 범죄를 저지를 수단을 통제하고, 잠재적 범죄자를 잘 감시한다면 피할 수 있다는 것이다. 따라서 이를 바탕으로 한 범죄예방은 사람들이 특정 범죄의 기회를 차단하는 소위 상황적 범죄예방에 의해 달성될 수 있는 것이다. 클라크(Clarke)는 상황적 범죄예방과 이론에 관련된 선구적 지지자이다. 그는 범죄율을 줄이기 위하여 여러 상황적 범죄예방노력을 제시하였는, 특정한 범죄만 대상으로 하지 않고 동기화된 위반자 집단의 접근을 제한함으로써 전체 범죄를 줄일 수 있는 환경을 만들려는 노력을 하였다.[14]

합리적 선택이론은 주로 상황이나 환경을 조작하여 특정 범죄의 기회를 차단하는 상황적 범죄예방, 또는 범죄예방 환경설계의 이론적 근거가 되어 준다. 하지만 이러한 접근방법에는 범죄를 완전 예방하는 것이 아니라 다른 시간과 공간

13 Liska, Allen E. & Messner, Steven F.(1991). op. cit, p. 122.
14 Siegel, Larry J.(2010), Criminology: Theories, Patterns and Typologies(10th ed.). NJ: Wadsworth, p. 124.

으로 대치한다는 한계가 있다. 그리고 약물사용과 감정으로 인해 합리적 의사결정 과정이 지나치게 와해되어 합리적 선택이론의 유용성이 상당히 감소한다는 한계가 있다.[15]

(3) 일상활동이론

일상활동이론은 1960년대 미국의 경제성장이 범죄의 감소를 가져올 것이라는 일반적인 예상과는 달리 오히려 범죄의 발생이 증가한 데 대한 해석의 일환으로 발전한 이론이다. 코헨과 펠슨이 주장한 이 이론은 범죄율의 차이를 일상의 생활 유형과 개인의 일상생활 그리고 사회적 조건의 상호작용에서 비롯된 것으로 보았고, 이 이론은 미국사회에서 범죄피해의 패턴을 설명하기 위한 노력의 일환으로 발전하게 되었다.

일상활동이론은 약탈적 범죄의 양과 분포가 전형적인 미국인의 생활양식을 반영하는 세 가지 요인들의 상호작용과 밀접하게 관련되어 있다고 주장한 것이며, 세 가지 요인은 처분하기 쉬운 물건이 있는 집 등 적절한 범행대상(suitable targets)의 이용 가능성, 경찰, 집주인, 이웃, 친구 등 유능한 감시자의 부재(lack of capable guardians), 수많은 미취업 상태의 10대 등 동기화된 범죄자(motivated offender)의 존재이다.[16] 코헨과 펠슨은 현대사회는 직업, 가정생활, 육아, 교육, 여가생활 등 개인의 일상생활에 거대한 변화를 가져왔고 이로 인해 적절한 범행대상과 유능한 감시자의 부재가 급격히 증가하여 거시적 범죄의 증가를 초래하였다고 주장한다.[17]

일상활동이론은 범죄기회를 적극적으로 모색하는 계획적 범죄자는 극소수이고 대부분 범죄는 일시적 상황에 따른 기회적 범죄라는 점을 감안하여 범죄자보다는 범행대상에 초점을 맞춰 범행대상의 생활양식에서 초래되는 범죄기회를 범죄의 원인으로 본다.[18] 이 이론에 따르면 범죄피해는 보호능력이 없는 적절한 표적이 범죄의 동기를 가진 사람을 만났을 때 발생하게 된다. 예를 들어 술집이나 남자친구의 집에서 술을 너무 지나치게 마시는 젊은 여성은 손쉬운 표적으로 인식되기 때문에 공격자의 입장에서는 술 취한 것을 비도덕성의 표시로 보아 공격

---

15 Bernard et al.(2010). op, cit, p. 26.
16 Siegel, Larry J.(2010), op, cit, pp. 92−93.
17 Bernard et al.(2010). op, cit, p. 27.
18 Tibbetts, S. G. & Hemmerns, C.(2010). op, cit, p. 103.

을 합리화할 수 있기 때문에 데이트 강간피해 위험을 증가시킬 수 있다.[19] 반대로 결혼을 하거나, 아이를 갖거나, 소도시로 이사함으로써 위험에 대한 노출을 제한하는 생활양식을 선택하는 사람은 자신의 피해위험을 줄일 수 있다.[20]

10대 소년, 마약 사용자, 실업 상태의 성인처럼 동기화된 사람은 범죄를 저지를 가능성이 있다. 만약 그들이 특정 근린에 모인다면 그곳은 범죄와 폭력의 우범지역이 된다. 이런 우범지역에 사는 사람들은 그들의 피해위험을 증가시킨다. 예를 들어 저소득 공공주택 단지에 사는 사람은 동료 주민이 대개 못살고 범죄를 저지르도록 동기화되어 있는 경우가 많아서 그들의 피해율이 높을 수 있다. 그러나 동기화된 범죄자는 범죄를 저지르기 전에 적당하고 무방비 상태인 표적을 찾을 기회를 가져야 한다. 가장 절망적인 범죄자조차도 방비가 잘된 표적을 공격할 때는 망설이는 데 반해 10대 집단은 순간적인 동기로 빈집을 털 수 있다. 그러므로 범죄가 빈발하는 곳에서는 방비가 허술한 매력적인 표적은 동기화된 범죄자에게 저항할 수 없는 표적이 된다. 이런 원리를 감안한다면, 범죄가 빈발하는 지역에 사는 사람이 고가의 시계 등 귀중품을 소지 한 채 늦은 밤 외출하고, 자신을 지켜주거나 도와줄 친구나 가족도 없이 술을 마시는 등 위험한 행위를 하는 것이 범죄피해자가 될 가능성을 크게 높인다.[21]

일상활동이론의 세 요인인 적절한 범행대상, 유능한 감시자의 부재, 동기화된 범죄자가 시공간적으로 빈번히 수렴되는 지점을 핫스팟으로 지정해 경찰이 집중순찰 혹은 단속할 수 있다. 최근 GPS기술 등의 발전으로 도래한 지리학적 프로파일링 또한 일상활동이론을 근거로 한 정책에 포함된다.[22]

(4) 생활양식노출이론

생활양식노출이론(Lifestyle Exposure Theory)은 힌데랑(Hindelang), 갓프레드슨(Gottfredson)과 가로팔로(Garofalo) 등이 1978년 '인신범죄의 피해자'에서 제안한

19 Hammock, G. S. & Richardson, D. R.(1997). Perceptions of rape: The influence of closeness of relationship, intoxication and sex of participant. Violence and Victims, 12, pp. 237-246.
20 Wittebrood, K. & Nieuwbeerta P.(1997). Criminal Victimization during Individual Life Course in the Netherlands: The Effects of Routine Activities Patterns and Previous Victimization. Paper presented at the annual meeting of the American Society of Criminology, Chicago, November.
21 Siegel, Larry J.(2010) op. cit, pp. 92-93.
22 Tibbetts, S. G. & Hemmerns, C.(2010). op, cit, pp. 104-106.

미시적 이론으로서 범죄피해위험성은 피해자 개인의 직업적 활동·여가활동 등 일상적 생활양식에 의하여 결정된다는 이론이다.[23] 가족과 보내는 시간이 적고 외부에서 보내는 시간과 하는 일이 많은 사람들은 공공장소 등에서 범죄자와 접촉할 기회가 빈번해짐으로써 범죄위험성이 증가한다는 것이다. 범죄피해의 원인이 되는 일탈적 생활양식에는 감독되지 않는 활동, 일반적인 청소년 비행, 비행친구와의 교제 등이 있다.

이 이론은 특정 사람들이 다른 사람들에 비해서 범죄피해를 많이 당하는 이유를 그들이 범죄피해를 당하기 쉬운 생활양식을 가지고 있기 때문으로 이해한다. 인구사회학적 특성, 즉 성별, 연령, 사회경제적 지위, 혼인상태 등에 따라 범죄피해의 정도가 다르다는 데에 주목하였다. 즉, 이러한 차이는 일상활동에 영향을 주어 위험한 장소, 시간, 사람에 대한 노출 정도에서의 차이를 유발하게 된다. 따라서 이 이론은 개인의 활동, 또래관계, 범행장소, 범죄유형 등이 중요한 연구대상이 된다.[24]

술과 마약을 복용하거나 범죄에 관여하는 등의 고위험성 생활양식을 가진 사람은 피해 확률이 매우 높다. 예를 들어 가출한 아이는 높은 피해의 위험에 노출되어 있어서 거리생활에 노출된 시간이 많으면 많을수록 범죄피해자가 될 위험이 높아지는 것이다.[25]

(5) 구조-선택이론

구조-선택이론은 마이어와 미트(Meier & Miethe, 1993)가 일상활동이론에서 이야기하는 4가지 요인을 사용하여 기회이론의 의미를 더 심화시킨 이론이라 할 수 있다. 구조적 선택이론은 일상활동의 패턴이 어떤 사람이나 재산을 더 큰 위험에 노출시키게 되고, 4개의 요인 중에서 근접성과 노출이 사람과 재산을 다른 정도의 위험에 처하게 하기 때문에 "구조적 요인"들로서 고려하고 있다. 또한 이 이론은 특정범행목표의 선정은 범죄피해대상에 대한 주관적 평가와 보호장치와 감시의 수준이 최종적인 범죄피해대상의 선택을 결정하는 것으로 보고 있다. 즉, 목표의 매력성과 대상이 사용할 수 있는 보호력은 일정한 수준의 위험을 갖는

---

23 노성호, 권창국, 김연수(2012). 피해자학. 서울: 도서출판 그린, p. 95.
24 Hindelang, M. J., Gottfredson, M. R., & Garofalo, J.(1978). Victims of personal crime: An empirical foundation for a theory of personal victimization. Cambridge, MA: Ballinger, pp. 251-264.
25 Siegel, Larry J.(2010), op, cit, p. 77.

상황 속에서 가해자가 어떤 목표를 선정할 것인지를 결정하는데 영향을 주기 때문에 '선택적 사항'들로서 이해될 수 있다. 유인성과 보호(감시)는 범죄자의 주관적 평가에 따른 선택이다. 이들의 주장에 따르면 개인의 일상생활에 따라서 개인의 노출이나 근접성 정도가 달라지는데 이들에 의해서 범죄가 발생할 가능성이 높은 구조적 기회가 만들어지고, 그러한 구조적 기회의 맥락 속에서 최종적인 범죄피해자로의 선택은 잠재적인 피해대상의 유인성과 보호수준에 따라서 결정된다고 보는 것이다.[26]

| 그림 2-1 | **구조-선택이론** (출처: 노성호, 권창국, 김연수, 2012: 101 인용)

3) 범죄지리학(Geographies of Crime)

범죄지리학은 범죄와 공간(space) 그리고 장소(place)의 복합적인 관계를 의미하는 것이다.[27] 유럽 여러 국가에서 제도학파(cartographic schools)가 19세기에 형성되었다. 이들은 범죄의 지역적인 패턴을 표시하기 위해 지도를 제작하였고, 도시와 지방의 범죄발생의 차이를 비교하고 범죄와 사회경제적 측면과의 관계를 조사하기 위해 지도를 제작하였다. 케틀레(Quetelet)와 게리(Guerry)의 작업들이 대표적이다. 특히 케틀레는 방대한 작업을 통하여 이미 170여 년 전에 프랑스 내에서 나이, 교육, 직업, 기후 계절, 성(gender) 등이 범죄에 끼치는 영향에 대해 논의하기도 하였다.[28]

---

26 노성호, 권창국, 김연수(2012). 앞의 책. pp. 101-102.
27 McLaughlin, E. & Muncie, J.(2006). op. cit, p. 185.
28 Andresen, M. A., Brantingham, P. J., & Kinney, J. B.(Eds.).(2010). Classics in environmental criminology. CRC Press.

최근의 범죄에 관한 연구의 지리적 접근방법은 네 개의 연구분야로 구분할 수 있다. 첫째, 범죄의 공간적 분포, 범죄를 조장하는 장소, 취약한 장소, 방어공간을 확인하는 것과 관련된 연구, 둘째, 범죄피해의 공간적 분포, 지역적 특성과 다양한 인구분포에 따른 범죄피해 위험의 차이에 관한 원인과 그것을 확인하는 방법에 관한 연구, 셋째, 범죄에 대한 두려움이 지역적으로 어떻게 다르고, 왜 다른지에 관한 연구, 넷째, 여러 지역과 국가들 사이에 약물범죄와 매춘과 같은 범죄의 흐름과 변화에 관한 연구[29] 등이 그것이다.

범죄에 관한 지리적 연구는 범죄예방 프로그램의 발전에 중요한 역할을 하였다. 지리적 정보 시스템(Geographic Information System, GIS)과 같은 정교한 범죄 지도제작 기술은 공간적 연구가 '범죄다발지역(hot spots)'에까지 가능하게 만들었다. 현재 GIS는 범죄 핫스팟을 만드는데 유용할 뿐만 아니라 범죄 경향을 분석하고 범죄수사에도 도움을 주는 유용한 도구이다.[30]

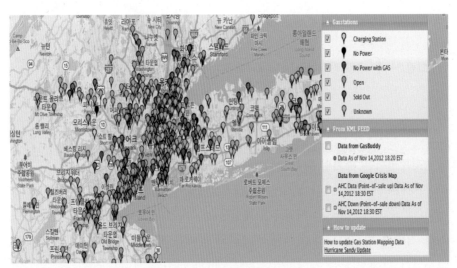

| 그림 2-2 | 미국 community mapping 사례 (출처: http://www.mappler.info/gashelper/)

4) 사회생태이론(Social Ecology Theory)

19세기 프랑스와 벨기에를 중심으로 한 범죄에 대한 공간적 연구 이후 도시의

---

29 McLaughlin, E. & Muncie, J.(2006). op. cit, pp. 185-186.
30 McLaughlin, E. & Muncie, J.(2006). op. cit, p. 186.

- 중심지대(central zone): 상업과 공업이 점유
- 전이지대(transitional zone): 공업과 상업에 의하여 잠식되어 가는 과정으로 가난한 사람들, 이주자 및 이민자들이 주거하는 지역을 포함
- 노동자들 주거지역: 2~3세대 대용 주택이 대부분
- 주거지대(residential zone): 단독주택 위주. 중류층 지역
- 통근자 주거지역(commuter's residential zone): 이러한 지대 유형은 생태학적 과정으로 특히 경쟁을 통하여 출연
- 슬럼지역: 주거환경 열악, 빈민자들이 주로 거주, 이민자, 흑인이 주로 거주
- 범죄는 빈곤, 주택, 이민과 같은 사회문제와 밀접하게 관련

┃ **그림 2-3** ┃ Burgess(1925)의 **동심원이론**(the growth of the city) (출처: Burgess, 김도우 번안)

범죄에 관한 생태학적 접근방법은 1920년대 시카고학파(chicago school)에 의해 더욱 발전되었다. 시카고학파 구성원들은 당시 유럽의 사회사상을 풍미하던 뒤르켐(Durkheim)의 생각을 크게 받아들이면서도 한 가지 꼬임(twist)을 추가하였는데, 그것은 도시가 살아있는 유기체이고 서로 연결되어 있는 부분들로 구성되어 있다고 보는 사회 생태학적 원칙(principles of social ecology)이었다.[31]

시카고학파로서 이러한 사회 생태학적인 생각을 도시 연구에 처음으로 통합시킨 사람이 로버트 파크(Robert Ezra Park)다. 파크는 기능주의적인 입장을 취하여 도시를 일종의 사회적 유기체로 보았으며, 이에 따라 자연 환경 속에서 식물과 동물의 상호연관성과 상호의존성에 초점을 두는 생태학의 원칙들을 도시 분석에 통합하기 시작하였다. 특히 생존에 더 적합한 서식지를 확장하고 추구하기 위한 사람들의 주거 활동, 비즈니스 및 산업 활동의 이동을 '침입, 지배 그리고 승계(invasion, dominance, and succession)'라는 생태학적 개념을 적용하여 설명하였다.[32] 그러나 파크의 동료였던 버제스(Burgess)는 '침입, 지배 그리고 승계'에 관한

---

31 Lersch, Kim Michelle, & Hart, Timothy C.(2011). Space, time, and crime.(3rd ed.). Durham, NC: Carolina Academic Press, p. 40.

32 Lersch, Kim Michelle, & Hart, Timothy C.(2011). ibid. pp. 41-42.

파크의 아이디어를 도시 성장과 변화의 동심원적인 모델에 결합시켰다. 그리하여 이른바 '존(zone) 이론'이 탄생하게 된다.[33]

파크와 버제스에 영향을 받아 쇼와 멕케이(Shaw & McKay, 1942)는 존 개념을 비로소 범죄와 비행의 발생에 대한 설명에 활용하기 시작한다. 쇼(Shaw)와 맥케이(Mckay)는 그들이 개발한 다양한 형태의 지도들(spot maps, rate maps, zone maps 등)의 분석을 통해 소년 비행이 시카고시 전역에 골고루 분포되어 있지 않다는 것을 알게 된다. 예컨대 도시 중심에서 외곽으로 나갈수록 소년 비행의 정도가 낮아진다는 점을 알게 되며 이러한 패턴을 설명하고자 하였다. 그리하여 쇼와 맥케이는 결국 소년들이 비행에 연루되는 것은 그 소년이 누구인가(혹은 어떤 인종/민족인가)보다는 도시 내의 어디에 살고 있는가에 달려 있다는 점을 밝히기도 하였다.[34] 따라서 그들은 지역 사회의 특징들을 소년 비행을 초래하는 요인으로 간주하기도 하였다.

그리고 쇼와 맥케이는 소년 비행이나 여타의 사회 문제들이 생물학적인 것들보다는 지리학적인 것에 더 많이 관련되어 있다고 하면서 외부 존에 거주하는 사람들과 비교해서 내부 존에서 사는 사람들의 생활이 어떻게 다른지를 살펴보려고 하였다. 쇼와 맥케이에 따르면 이러한 내부 존에는 성인 범죄자들도 많이 모이게 되며 이러한 지역에서 성장하는 아동들은 성인 범죄자들의 행동과 가치를 답습하게 된다는 것이다. 구체적인 내용은 이하의 '사회해체이론'으로 설명한다.

5) 사회해체이론

쇼와 맥케이는 이러한 일탈적 역할 모델이 이웃에만 존재하는 것이 아니라 일부 어린이의 가정 내에도 존재할 수 있다고 보고 그러한 지역에서는 범죄 및 비행 하위문화가 발달하고 번성할 수도 있다고 보았다.[35] 바로 이러한 내부 존

---

33 미국의 사회학자 E. W. 버제스가 1925년 시카고시에 대한 실증적 연구를 통하여 제창하였다. 그는 도시의 구조를 ① 중심 비즈니스지대, ② 전이지대(도시발전 과정에서 특정지대의 확장으로 소멸될 가능성이 많은 지대), ③ 자립근로자 거주지대, ④ 중산층 거주지대, ⑤ 통근자 거주지대의 5종으로 분류하고, 이들 지대는 동심원적 구조를 이루어 제각기 외측에 인접한 지대를 잠식하면서 팽창해가는 것이라고 하였다 (Burgess, 1925, p. 62).

34 Lersch, Kim Michelle, & Hart, Timothy C.(2011). op. cit, p. 49.

35 Lersch, Kim Michelle, & Hart, Timothy C.(2011). op. cit, pp. 50-51.

에서의 사회적 상황을 '사회해체'로 보고 이를 설명하려 한 것을 '사회해체이론'이라 하였다. 이처럼 사회해체이론은 범죄율에 영향을 주는 도시환경 내의 조건에 초점을 맞추고 있다. 사회적으로 해체된 지역은 사회통제를 위한 제도(가족, 상업시설, 학교)가 붕괴되어 이들 제도에 기대하거나 명시된 기능을 더 이상 수행할 수가 없다. 사회해체를 나타내는 징후는 높은 실업률, 학교 무단결석률, 저하된 주택환경, 낮은 수입, 편부모가구(결손가정)의 증가 등이 있다. 이런 지역의 거주민은 갈등과 절망을 경험하게 되고, 그 결과 반사회적 행동을 하게 된다.

┃ 그림 2-4 ┃ **사회해체이론의 인과구조** (출처: 이윤호, 2015)

이후 사회해체이론은 버식(Busik, 1988)과 샘슨과 그로브(Sampson & Groves, 1989) 등의 연구를 통해 새로운 조명을 받았는데, 사회해체는 사회계층과 인종적 구성 등이 범죄와 비행에 직접적인 원인을 제공하지는 않는다고 주장했다. 이들은 공동체와 주민들 사이에서 비공식적 사회통제수단을 잠식하고 그 활동을 방해함으로써 높은 범죄율을 야기했다고 설명한다.[36] 즉, 사회해체이론은 사회통제수단의 결여와 붕괴로 인한 범죄원인의 설명이라고 할 수 있다. 보다 최근에 와서 워너와 피어스(Warner & Pierce, 1993)는 도시 여러 지역의 사회적 환경(경찰 신고율과 이웃의 빈곤, 인종적 이질성, 가족붕괴 등)이 사회해체와 간접적인 영향을 갖고 있다고 주장했다. 한편, 갓프레드슨(Gottfredson, 1991)은 청소년의 사회적 유대와 동료와의 교제가 비행에 대한 사회해체의 영향을 매개로 한다고 밝혔다. 이밖에도 위크스트롬과 로버(Wikstrom & Loeber, 2000)의 연구는 십대 후반에 시작된 비행이 사회해체나 불안정과 관계가 있다고 주장하였으며, 장과 존슨(Jang & Johnson, 2001)은 지역사회의 무질서에 대한 지각을 통해 사회해체를 측정하기

---

36 Akers, R. L., & Sellers, C. S.(2009). Criminological Theories : Introduction, Evaluation, and Application. New York : Oxford University Press, Inc, p. 245.

위해 청소년의 약물복용과 사회유대와의 상관관계를 검토하였다. 이러한 연구들은 사회해체가 공동체 내의 비공식적 사회통제수단을 약화시키기 때문에 범죄와 비행을 유발한다고 주장하는 다른 학자 및 연구들의 이론적 주장을 지지하게 되었다.[37] 1980년대와 1990년대에는 이론과 방법론의 발달로 더욱 발전하여 환경범죄학이 범죄를 공간적으로 표시할 수 있는 방법에 관한 연구를 가능하게 만들었다.

1.3 현대 환경범죄학적 관점에서의 셉테드 이론

현대 환경범죄학점 관점에서의 셉테드 이론은 제프리(Jeffery)의 셉테드(범죄예방 환경설계)와 뉴만(Newman, 1972)의 방어공간이론을 주요 내용으로 하는 환경범죄학, 일상활동이론(Cohen & Felson), 합리적 선택이론(Clarke & Cornish, 1985), 그리고 범죄패턴이론(Brantigham & Brantigham, 1993)으로 대표되는 상황적 이론 (situational theory), 시카고학파의 사회해체이론을 계승·발전시킨 집합효율성이론(Sampson et al., 1997), 그리고 집합효율성이론과 환경범죄학을 합한 깨진 유리창 이론(Wilson & Kelling, 1982)으로 구분된다.

1) 환경범죄이론: 제프리의 범죄예방모델, 뉴만의 방어공간이론

환경범죄이론은 제프리(Jeffery)와 뉴만(Newman)에 의해 이론적 기초가 확립되었다. 그의 저서 '범죄예방 환경설계'와 뉴만의 저서 '방어공간(Defensible Space)'은 모두 도시건축이 범죄를 억제할 수 있음에 동의하고 있다. 이들의 저술은 19세기에서 20세기 초반의 주류 범죄학과 환경범죄학의 차이를 구체화하였다. 우선 주류 범죄학은 범죄를 사회학이나 심리학에서 다루는 문제의 하나로 본 반면, 환경범죄학은 범죄 그 자체를 중요한 연구대상으로 고려하였다. 또 전통 범죄학이 범죄자와 범죄동기에 집착한 반면, 환경범죄학은 범죄사건과 범죄의 지리적, 환경적 속성을 구분하여 검토하였다.

제프리는 개인범죄자를 억제-처벌 또는 교정-교화하려는 전통적인 형사사법 체제에는 한계가 있으며, 범죄를 예방하고 통제할 수 있는 물리적 환경설계에 중점을 두어야 한다고 주장하였다. 이러한 주장은 전통적인 형사사법체제의 실패

---

37 Akers, R. L., & Sellers, C. S.(2009). op. cit, pp. 246-247.

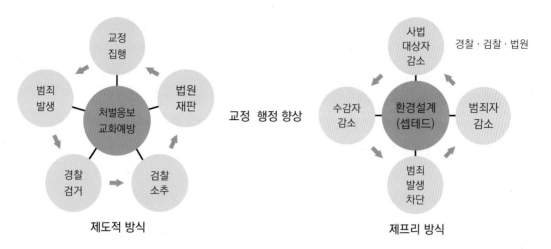

| **그림 2-5** | 범죄예방 순환 모형 (출처: 정경재, 2009)

를 주장하는 많은 연구들이 제시되면서 범죄연구의 새로운 관점이 환경범죄학에 대한 관심으로 이어졌다.

  기존의 범죄예방모델(제도적 방식)을 살펴보면 범죄→경찰→검찰→법원→교정 등의 5단계로 이루어지고 있다. 하지만 제프리(Jeffery)가 주장하듯이 기존 범죄학과는 달리 범죄인의 성향보다 주변 물리적 요소에 초점을 맞추어 환경적 설계를 시행하게 되면 범죄가 감소되고 이는 체포감소와 공소사건의 감소, 교정기관의 수감인원 감소 등의 효과로 이어져 범죄감소 효과가 있다고 주장한다.[38]

  건축학자인 뉴만은 제프리의 이론 중 영역성에 대한 개념을 더욱 발전시켜 '방어공간이론(defensible space theory)'을 만들어냈다. 뉴만은 주민들이 그들이 살고 있는 지역이나 장소를 자신들의 영역이라 생각하고 감시를 게을리하지 않으면 어떤 지역이나 장소든지 범죄로부터 안전할 수 있다고 주장했다. 이러한 주장은 정책 결정자들에게 큰 공감을 얻어 미국의 경우 공공주택을 건설함에 있어 하나의 중요한 기준으로 채택되기도 하였다.[39]

2) 범죄패턴이론(Crime Pattern Theory)

  범죄패턴이론은 일상활동이론, 합리적 선택이론 등 다른 상황적 범죄이론들의

---

[38] 정경재(2009). 범죄발생 특성분석을 통한 범죄예방환경설계(CPTED)에 관한 연구: 서울특별시 구로구 사례를 중심으로. 박사학위논문, 경원대학교 대학원, pp. 12-13.

[39] 박현호(2014). 앞의 책, p. 27

메타이론으로 역할을 하고 있다.[40] 편의상 일상활동이론과 합리적 선택이론은 앞서 현대적 고전주의 범죄이론에서 설명하였으며 이하에서 1980년대 환경범죄학의 학문적 정착에 크게 기여한 범죄패턴이론을 설명하도록 한다.

브랜팅햄 부부(1984)가 주장한 범죄패턴이론은 범죄와 범죄기회는 무작위로 발생하지 않고, 정형화된 패턴이 있다는 것으로 설명하고 있다. 범죄패턴은 범죄자의 일상적인 행동패턴과 유사하며 우리 모두가 잠재적 범죄자임을 가정할 경우 각자 집, 직장, 쇼핑 등 여가활동 장소와 이동 경로, 이동 수단 등이 어느 정도 일정함을 알 수 있다. 범죄패턴이론은 이러한 사실에 착안하여 잠재적 범죄자는 일상활동 과정에서 적절한 범죄대상을 찾게 되고 그들이 잘 알고 있는 지역 안에서 잘 알고 있는 이동경로나 수단을 이용해서 적당한 기회가 왔을 경우에 범행을 저지른다고 주장한다. 즉, 범죄와 연관된 사람들(피해자나 가해자)과 사물들이 어떻게 시간과 공간에서 움직이는 지를 고려한다.[41]

이 이론은 사람들이 활동하기 위해 움직이고 이동하는 것과 관련하여 교차점(nodes), 행로(paths), 가장자리(edges)의 세 가지 개념을 가지고 있으며 이러한 개념적 장소에서는 그 내부 또는 근처에서 범죄가 발생한다. 범죄인들은 개인들의 활동 교차점(집, home, 범인의 주거는 제외), 직장(work), 여흥장소(recreation)와 그러한 교차점 사이에 존재하는 범인이 선호하거나 익숙한 개인적 형틀(template) 공간 안에서 잠재적 범죄대상(potential target)을 찾는다. 그리고 사람들이 일상생

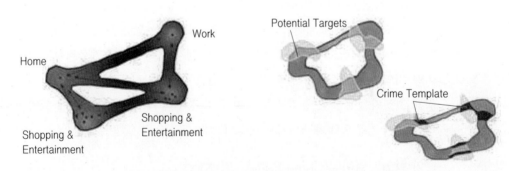

| 그림 2-6 | 범죄패턴모형 (출처: Brantingham & Brantingham, 2011)

---

40 Brantingham, P. L., & Brantingham, P. J.(1998). Environmental criminology: From theory to urban planning practice. Studies on Crime and Crime Prevention, 7, pp. 31-60.
41 박현호(2014). 앞의 책, pp. 29-31.

44

활에서 갖는 행로(행동경로)는 그들이 범죄의 피해를 입는 장소와 밀접한 관련이 있다.[42]

3) 기회이론(Opportunity Theory)

기회이론이란 준법정신이 강한 사람이라도 범죄기회의 유무에 따라 범죄를 실행할 가능성이 있다는 것으로, 범죄기회는 실제 범죄실행에 있어 중요한 요소로 작용한다. 기회이론은 예비범죄자가 판단하는 일종의 범죄수행동기로서 예비범죄자가 예측하는 범행의 난이도, 그리고 범행시 발각가능성 등의 부정적 측면보다는 범죄로 인한 편익이 높은 경우를 의미한다.[43]

┃ 그림 2-7 ┃ **범죄기회이론 개념도** (출처: 정경재, 2009)

일상활동과 기회를 바탕으로 한 범죄에 대한 관점의 시작은 범죄의 환경적인 상관관계와 관련한 연구에서 찾을 수 있다. 이러한 연구들은 범죄의 패턴을 설명할 수 있는 특정 환경 조건과 관련되어 있다. 예를 들어, 절도범의 수가 증가하는 것은 범죄의 기회를 제공하고 보호장치가 없는 집에서 사람들이 출근한 빈집의 비율이 증가한 것으로 설명할 수 있다. 마찬가지로 길거리에 주차된 차량이 많아질수록 차량 절도의 비율도 높게 올라가는 것을 볼 수 있다. 공공 재산에 대한 손괴는 건물이나 사회공공시설의 안전에 직접적인 책임이 아무도 없을 때 증가한다.

목표물과 관련하여 보텀스와 와일즈(Bottoms & Wiles, 1997)는 '목표의 매력성'의 중요성에 대하여 언급했다. 목표의 매력은 다양성을 가지고 있다. 재정적인 가치는 명확하지만 간단히 매매행위를 할 수 있고 운반할 수 있는 다른 요소들

---

42 박현호(2014). 앞의 책, pp. 45-47.
43 정경재(2009). 앞의 논문, p. 14.

은 표적을 매력적으로 만드는데 중요하다. 물론 모든 잠재적인 범죄자들에게 똑같이 매력적이지는 않을 것이다.

클라크(1995)는 사회 경제 구조와 인식, 물리적 환경, 정보 처리 등의 다양한 요소를 포함한 범죄기회구조의 모델을 제시한다. 이러한 심화작용들은 자기이익 추구에 의하여 동기부여를 하는 고전주의를 연상시키는 범죄자들의 관점을 겹쳐 보이게 시작한다. 인간학보다는 경제적인 면이 더 크기 때문에 인간행위의 기본은 '기대효용'의 관점에서 이해할 수 있다.

4) 집합효율성이론(Collective Efficacy Theory)

샘슨과 그 동료들이(Sampson et al., 1997) '집합효율성(collective efficacy)'이라는 개념을 도입하여 이것이 지역사회의 범죄와 무질서의 수준에 끼치는 영향을 검토하였다. 이 집합효율성이란 거리, 보도, 공원 등과 같은 공공장소의 질서를 유지할 수 있는 이웃지역의 능력을 말한다. 집합효율성은 지역 주민이 당국에 불만을 토로하거나 지역 감시프로그램을 조직하는 것과 같이 공공질서를 유지하기 위한 명확한 행동을 취할 때 나타난다.[44] 이는 이웃지역의 '결속과 상호신뢰'가 '지역의 사회통제를 지키기 위하여 개입하고자 하는 주민의 공유된 기대'와 연계될 때에만 주민은 그러한 행동을 취한다. 상호신뢰와 공유된 기대 중 어느 하나라도 충족되지 않으면 공공장소에서 무질서가 발생한다 하더라도 주민은 행동하지 않을 것이다.

따라서 지역사회가 높은 수준의 집합효율성을 갖기 위해서는 이웃 주민 간에 고도의 상호신뢰가 형성되어야 하며, 이는 오로지 주민 간에 서로 잘 알고 또 서로 간에 반응을 예측할 수 있을 때에만 가능할 것이다. 이러한 집합효율성이 높은 지역은 주민 간의 유대가 강하고 비공식적 사회통제력이 잘 발달하게 되어 범죄나 비행 등이 적게 발생하게 된다는 것이다. 이러한 집합효율성에 대해서도 경험적 연구들이 행해져서 집합효율성이 지지되는 결과들을 보여 주기도 하였다.[45]

---

44 Sampson, Robert J. & Raudenbush. Stephen W.(1999). Systematic Social Observation ofPublic Spaces: A New Look at Disorder in Urban Neighborhoods. *American Journal of Sociology* 105, pp. 611-612.

45 Sampson, Robert & Raudenbush, Stephen, W.(1999). ibid; Morenoff J. D, Sampson R. J., & Raudenbush S. W.(2001). Neighborhood inequality, collective efficacy, and

5) 깨진 유리창 이론(Broken Windows Theory)

깨진 유리창 이론도 상황적 예방을 지향하는 이론이다. 깨진 유리창 이론은 무질서와 심각한 범죄를 이론적으로 연결시킨 최초의 시도로써 미국의 범죄학자 윌슨과 켈링(Wilson & Kelling, 1982)에 의해 주장된 이론이다. 이들에 의하면 무질서한 행위(사회적 무질서-구걸, 매춘, 음주소란 등)와 환경(물리적 무질서-쓰레기, 낙서, 공가와 폐가, 버려진 차 등)이 그대로 방치되면 주민들을 공공장소로부터 회피하게 하고 범죄두려움을 증가시키며, 잠재적 범죄자들과 비행청소년들의 일탈욕구를 증대시켜 무질서가 더욱 심각해지고 비공식적 사회통제가 약화된다고 하였다.[46]

윌슨(Wilson)과 켈링(Kelling)은 깨진 유리창 이론을 통해서 범죄의 유무보다 지역 환경을 황폐화시키는 것이 지역주민들에게 더 큰 불안감으로 작용하게 되고 깨진 창을 방치해두면 그 지점을 중심으로 슬럼화가 점점 진행되기 시작한다는 것을 설명하고 있다. 유리창이 깨진 것과 같은 사소한 무질서가 주민에게 나쁜 사회심리적 영향을 미치며, 또한 건물의 창이 깨진 채로 방치된다는 것은 그 지역 주민의 존중심이나 시민으로서의 의무감이 약해지고 있음을 나타낸다. 깨진 유리창 이론은 적절히 관리되지 못하는 건물이나 지역은 범법자들에게 좋은 활동공간이 될 수 있으며, 방치할 경우에 악순환을 통해 순식간에 건물 전체 혹은 지역 전체가 황폐해질 수 있음을 주장한다. 따라서 신속하고 철저하게 깨진 창이나 낙서라는 무질서에 대한 용인의 신호(sign)를 제거하고 교체하여 말끔하고 청결하게 관리되고 관심받고 있다는 신호를 줌으로써 그러한 악순환으로 들어가는 것을 조기 방지하거나 중간에 끊는 것이 매우 중요한 것으로 본다.[47]

깨진 유리창 이론을 근거로 1990년대 미국의 무관용 경찰활동(zero tolerance policing)이 시행되었다. 미국 뉴욕에서는 지정된 구역에서 교통법규, 조례 등의 경미한 위반에 대해서 철저히 대응하는 등 공격적으로 이 순찰전략을 실행한 결과, 범죄가 줄어들었다고 발표하였다. 그러나 범죄감소가 전적으로 이 전술 때문인지 아닌지에 대해서는 논란의 여지가 많다. 즉, 같은 시기, 다른 지역에서도 이

the spatial dynamics of urban violence. Criminology. 39(3).

46 정진성 · 강용길 · 박현호(2009). 범죄예방론. 경기 용인: 경찰대학, pp. 73-74.
47 Wilson, J. Q. & Kelling, G. L.(1982). Broken windows: the police and neighborhood safety. Atlantic Monthly. 249(3), pp. 29-38.

정책과 관계없이 범죄가 감소하였다고 하는데 이는 인구 구성의 차이, 즉 성장과 노화로 범죄의 가능성이 높은 연령층이 줄었고, 마약관련 갈등이 줄었기 때문이라고 한다. 따라서 그 시기의 범죄 감소는 단순히 그 정책의 시행 이상으로 복잡한 것이라고 볼 수 있다.[48]

하지만 시대적 상황의 변화에 따라 깨진 유리창 이론도 점차 수정·발전하고 있다(Skogan, 1990; Kelling & Cole, 1996). 최근 이 이론을 바탕으로 한 정책의 핵심은 무질서에 대한 적극적인 통제가 아닌 비공식적 사회통제 또는 집합효율성의 강화에 있다. 즉, 지역주민들과 법집행기관이 공동으로 해당 지역에서 문제되는 특정 무질서에 대해 허용 가능한 범위를 정하고 규칙을 어겼을 경우 어떻게 대응할 것인지에 대한 가이드라인을 만들어 주민, 지방정부, 의회, 경찰 등 모든 관계인이 함께 실천해 나가야 한다는 것이 이론의 핵심이다.[49]

제2절 셉테드 관련 법·제도

2.1 셉테드 법·제도 고찰의 필요성

시민들의 안전한 삶을 위한 셉테드 전략의 효과를 증대시키기 위해서는 일반적이고 지속적인 제도적 지원이 필요하다. 그리고 법률은 이러한 제도적 지원의 대표적인 형식이다. 셉테드 법률이 필요한 이유는 다음과 같이 정리할 수 있다.

첫째, 우리나라 헌법 전문에는 "우리들과 우리들의 자손의 안전과 자유와 행복을 영원히 확보할 것을 다짐하면서…"라는 내용을 담고 있다. 여기서 '안전'의 확보라는 말은 국가가 개인의 안전보장을 위하여 노력하여야 할 의무를 지고 있음을 선언한 것이다. 또한 헌법 재판소는 국가의 '안전'에 관한 의무를 인정하고,[50] 국가의 의무 이행은 입법자의 입법을 통해 구체화된다고 판시하고

---

48 Witkin, G.(1998). The Crime Bust. U.S. News and World Report May 25, pp. 28-36.

49 Kelling, G, & Bratton, W.(1998). Declining crime rates: Insiders' views of the New York City story. Journal of Criminal Law and Criminology 88(4); Kelling, G. L. & Sousa, W. H. Jr.. 2001. Do police matter? An analysis of the impact of New York City's police reforms. New York: Center for Civic Innovation at the Manhattan Institute.

50 헌법재판소 1989.4.17. 선고 88헌마3, 검사의 공소권 행사에 대한 헌법소원.

있다.[51] 그러므로 국민의 안전과 삶의 질 향상을 목표로 하는 '범죄예방 환경설계'의 도입과 정착은 국가 또는 지방자치단체의 기본권 보호 의무와 부합되며, 이를 구체화하기 위해서는 셉테드 법률의 존재가 필요하다.

둘째, 셉테드는 한 개인의 안전이 다른 이의 안전을 침해하지 않는 범위에서 이익의 총합이며, 개인의 안전을 도모함과 동시에 건물의 효용성과 활용성을 증대시키는 방향으로 개인의 편익을 증진시키면서 주민에게 생길 수 있는 범죄에 대한 두려움이라는 해악을 제거하는 측면에서 공익적 성격을 가지고 있다. 셉테드 법률은 일부 직업선택의 자유권이나 사생활 침해 및 주거선택의 자유권에 대한 제한[52] 등 개인의 기본권을 침해할 가능성에도 불구하고 전반적인 사회 안전을 통한 수혜대상의 범위와 개인 및 사회의 삶의 질 향상을 위해 전제되어야 하는 안전욕구를 충족시켜야 하는 국가적 의무에 기반을 둔다는 점에서 필요성을 인정할 수 있다.

셋째, 우리나라는 헌법과 국가표준기본법을 통해 국가표준제도의 운영에 관한 근거를 규정하고 있다. 헌법 제127조 제2항에서는 "국가는 국가표준제도를 확립한다."고 규정하고 있다. 그러나 셉테드의 경우 아직 국제규격은 제정되지 않았다. 유럽연합이 EN규격(EN 14383-2, 도시계획·건축설계를 통한 범죄 및 두려움의 감소)을 제정하는 등 외국의 경우 비엔나 협정에 따른 ISO규격화(국제표준규격기구)에 대비하고 있는 실정이다. 그러므로 표준의 국제화와 국가 표준주의의 정착을 위해서 셉테드 법률의 신속한 제정이 요구된다.[53]

---

51 헌법재판소 1997.1.16 선고 90헌마110, 90 헌마136, 교통사고처리특례법 제4조 등에 대한 헌법소원 등. 다만, "헌법재판소로서는 국가가 특정조치를 취해야만 당해 법익을 효율적으로 보호할 수 있는 유일한 수단인 특정조치를 취하지 않은 때에 보호의무의 위반을 확인하게 된다."고 하여 원칙적으로 국가의 기본권 보호의무로부터 특정의 조치를 취해야 할 또는 특정 법률을 제정해야 할 구체적인 국가의 의무를 직접 도출할 수는 없다고 하고 있다.

52 예를 들면, 학교의 안전과 범죄예방을 위해 학교주변에서 일정한 직업이나 영업행태의 제한문제, 건축설계에 있어 범죄예방과 관련된 지침의 준수의무 부여로 인한 업무수행의 자유권을 제한하는 문제 그리고 가옥형태에 대한 제한으로 인한 사생활 및 주거권의 침해문제 등이 해당된다.

53 한국기술표준원이 제안한 방안은 다음과 같다(박정우, 2007).
- 1안) 선 국가규격 제정 후 국제규격과의 부합화 추진: 국가규격 제정 → 적합성평가 제도 운영 → 국제규격 제정시 국가규격의 부합화 추진 등 제도 개선
- 2안) 국제규격 제정 후 제도 마련: 국제규격의 제정 → 국가 규격으로 도입 → 적합성 평가제도 운영
- 3안) 관계 부처 개별 제도로 추진: 법적 근거 마련 → 하위규정으로 기술 기준 제정

2.2 셉테드 관련 외국의 법 · 제도

외국의 셉테드 관련 법 · 제도는 다음의 〈표 2-1〉과 같이 정리할 수 있다. 전체적으로 보면 중앙정부와 지방자치단체 차원의 관련 인증제도와 법제화 등을 통하여 범죄예방을 위한 도시환경을 구축하고 지역주민들의 범죄두려움을 감소시키며 안전감을 부여하는 등의 목표를 삼고 있다. 시청, 구청 등 지방자치단체가 범죄의 주무기관인 경찰과 공동으로 책임을 지고 범죄환경과 위험평가 또는 영향평가(impact assessment) 조사를 하며, 그 조사에 의해 밝혀진 위험요인들과 그 취약성 및 범죄 발생 가능성을 측정하고 이를 토대로 그러한 위험을 방지하거나 다루기 위한 해결책을 찾아 이를 실행하고 있다(이형복, 2010; 박현호, 2014).

1) 미국

미국의 셉테드는 정부지원에 의한 대형프로젝트로서 기존 도시 개선에 주로 이용되었으며, 지방정부 중심의 셉테드 관련 조례를 제정하여 도시건축행위를 규제하고 있다(김남정 외, 2014: 56). 최근에는 영국과 미국에서 발생했던 테러 사건들로 인해 지속적으로 성장하면서 시설물 보안관리를 위해 주차장, 아파트 단지, 호텔, 편의점, 쇼핑몰 등에서 건축주나 건물관리자가 시설물의 개발 계획이나 설계 단계에서 테러 및 범죄 방어를 위한 셉테드를 고려하지 않을 수 없도록 하고 있다(Schneider & Kitchen, 2002: 61; 박현호, 2014 재인용).

이런 경향으로 인해 아리조나 주 템페(Tempe)시에서는 1997년 시 건축, 개발 및 환경관련 법규에 셉테드 관련 조항을 신설하였다.[54] 시 조례집 제11조의 "설계평가조례(Design Review Ordinance)"에 4개 항의 일반적인 '환경설계규정(Environmental Design articles)'을 추가하게 되는데, 이 규정들은 다른 지역들은 물론 술집, 성인용품점, 당구장, 호텔 및 모텔과 편의점 등 특히 범죄가 많이 발생하는 장소들에 대한 토지 및 공간 사용을 규제하는 시 조례들과 연계되도록

→ 적합성 평가제도 운영
※ 국가규격의 개발은 1) 국가표준협력개발기구(PSDO)에서 규격을 개발하고 KS규격으로 제정을 요청하는 경우, 2) 정부에 규격개발을 요청하면 기술표준원에서 관련 전문가나 기관을 활용하여 정부예산으로 개발하는 등의 방법을 제시하고 있다.

54 Beth Waldock Houck, Note(2000). Spinning the Wheel After Roulette: How(and Why) to Overturn a Sidewalk Sitting Ban. 32 Ariz. St. L.J. 1451, 1455 n. 56.

| 표 2-1 | 외국의 셉테드 관련 법제와 운영사례

국가	법·조례	주요내용
미국	아리조나주 Tempe: 설계평가조례 (Design Review Ordinance)에 환경설계규정, Environmental Design articles), 1997[55]	• 건축물의 조명, 조경, 벽과 출입구, 표지판 설치 및 주소의 표시, 주차장의 구조 등에 관한 기준과 규격 • 경찰의 권한: 건축이나 도시설계와 관련 범죄예방 계획에 대한 평가와 승인권, 조례의 규정에 부합되지 않는 건축에 대해서는 작업중단 및 스티커 발부권 부여
	플로리다주 Gainesville 편의점 행정조례, 1986:[56]	• 저녁 8시~새벽 4시 점원 2명 배치 • 물품진열 및 계산대 위치 • 주차장 및 내부조명 • 유리창의 게시물부착 금지 • 현금의 보관한도 제한
	워싱턴주 Seatac 조례: Ordiance No. 03-1033 셉테드 관련 조례사항 제정, 2002	• 야외조명, 지상주차장 조명, 주차장 구조, 주유소와 편의점 설계 및 관리, 보행로, 자전거도로, 공원의 조명, 건물의 전면, 조경, 내부공간, 자연적 감시에 대한 셉테드 원칙 규정
영국	범죄와 무질서에 관한 법, 1998. (Crime and Disorder Act, 1998)	• 동법 제17조: 지방정부와 경찰은 모든 의사결정과 업무수행에 지역사회의 안전을 고려할 의무가 있음 • 영국 내무부 지침: 모든 정책·전략·계획·예산수립에 범죄와 무질서 감소에 기여하는지 여부를 반드시 검토해야 하며, 만약 지방정부가 적절한 범죄예방조치를 취하지 않음으로 인해 범죄가 발생하였다면 소송의 대상이 된다고 명시
캐나다	온타리오 주 도시계획법 (Ontario Planning Act)	• 도시개발계획 승인 절차로서 반드시 셉테드 적용을 의무화
호주	환경설계평가법 제79조C (section 79C of the environment planning and assessment act, 2001)	• sydney-1999년 올림픽위원회가 안전설계개념 도입 • "모든 건축설계 허가관청은 모든 새로운 개발신청을 평가함에 있어 반드시 범죄위험성을 고려하는 것을 의무화"하였다. • new south wales: 전철역과 정거장에 셉테드 심사 수행(정거장 개축 프로그램실시, 운영)
일본	아이치현 '아이치현 안전한도시계획조례, 2004'	• 아이치현 나고야 시-비상전화 및 비상벨, 가로등 설치로 감시성 향상과 동선통제 방안 • 아이치현 방범모델단지 지정제도: 지정기준은 주택, 도로·공원, 공용시설, 설비 등의 정비·유지 및 관리에 관한 기준을 제시하여 모두 적합해야 한다.

출처: 이형범, 2009; 신의기 외, 2008; 박준휘 외, 2014; 박현호, 2014의 내용을 김도우 재편집.

---

55 http://www.tempe.gov/tdsi/Planning/CPTED/cpted_g.htm
56 http://www.cityofseatac.com/mode/ordiances/03-1033.htm

만들어졌다. 그렇기 때문에 새로운 규정들을 통하여 경찰은 이들 장소들의 범죄예방계획에 대해 평가하고 승인할 수 있는 권한을 부여받고 있다. 새로운 셉테드 규정들은 이러한 장소들 이외에도 모든 새로운 건축과 현 건축물 가액의 50%를 초과하는 모든 증축, 개축, 개조 및 용도변경은 물론, 기존의 다세대주택을 세대별로 분할 등기할 때에도 적용된다(Tempe Police Department, 1997; 표창원, 2003: 81-100 재인용).

기본적으로 템페시의 셉테드 조례는 경찰활동에 그 기반을 두고 있지만, 그 집행에 있어 매우 확고하게 다기능적(multi-disciplinary)이고 다기관적(multi-agency)인 접근방법을 택하고 있다. 이를 가장 확실하게 나타내고 있는 것이 템페시 조직 중에서 셉테드 조례 관련사항을 담당하는 셉테드과라고 할 수 있는데, 개발업무국(Development Services Department) 산하의 셉테드과에는 경찰관들이 시 건축담당 공무원, 소방공무원, 공원과 소속 공무원 및 교통국 등 기타 부서 공무원들과 함께 근무하면서 건축 및 개발계획에 대해 점검 및 평가를 하는 업무를 수행하고 있다. 시 셉테드과에 소속된 경찰관들에게는 셉테드 조례의 규정에 부합하지 않는 건축에 대해 그 작업을 중단시키거나 스티커를 발부할 수 있는 권한이 부여되어 있다는 점에서 템페시의 셉테드 조례는 다른 곳은 다른 특징을 가지고 있다(Schneider & Kitchen, 2002: 149; 표창원, 2003; 박현호, 2014 재인용).

한편 플로리다주 게인스빌(Gainesville)시에서 1986년에 이미 "점원 2명법(two-clerk law)"이라는 셉테드 관련 편의점 행정조례(Convenience Store Ordinance)를 제정하여 셉테드 실천방안 중 감시방안을 법제화하였다. 이 행정조례에서는 강도사건이 빈발하는 저녁 8시부터 익일 새벽 4시 사이에는 편의점 내에 반드시 2명의 점원을 두도록 하였고, 편의점 외부에서 내부로의 시야를 가릴 수 있는 게시물이나 광고물 등을 편의점 유리창에 부착하는 것을 금지하도록 하였으며, 편의점 계산대는 반드시 편의점 외부에서 잘 보이는 곳에 설치하도록 하였다. 또한 주차장 조명의 조도기준을 강화하고 감시카메라의 화소나 설치장소 등과 관련한 설치기준을 제시하는 등 셉테드 원칙을 법제화하였다. 이 외에도 편의점 내에 보유 가능한 현금 한도를 제한하여 그 기준이 초과되었을 시 보안요원이 운반해 갈 수 있도록 규정하는 한편, 종업원들이 범죄예방교육을 이수할 수 있도록 의무화하였다. 또한 이러한 내용의 셉테드 조치들이 시행되고 있음을 알

수 있도록 편의점 외부에 표시해 두도록 규정하였다.[57]

또 워싱턴의 시택(SeaTac)시의 시 조례(ORDINANCE NO. 03-1033)에 의하면 야외 조명, 지상 주차장 조명, 주차장 구조, 주유소와 편의점 설계 및 관리, 보행로, 자전거 도로, 공원의 조명, 건물의 전면, 조경, 내부 공간, 자연적 감시와 관련한 셉테드 원칙과 의무가 자세히 규정되어 있다.[58]

2) 영국

영국에서 셉테드가 도시계획과 설계에 적극적으로 개입하게 된 계기가 된 법안이 1998년 통과된 "범죄와 무질서법(Crime and Disorder Act, CADA)"이다. 이 법 제30조는 지방정부(도청, 시청 등)는 이 법에 따라 경찰, 비영리단체, 지역주민 및 사업가 등이 중심으로 이루어진 범죄와 무질서 감소를 위한 협의회(Crime and Disorder Reduction Partnership, CDRP)[59]를 설립하여 지역차원의 범죄와 무질서에 대한 종합적인 조사와 전략을 수립하도록 하였다. 특히 이 법 제17조를 근거로 지역 범죄예방 전략의 구체적인 수행을 위해 지방정부의 모든 기관과 부서들이 예산 및 정책 결정과 세부전략수립에 있어서 지역 내의 범죄와 무질서의 감축과 예방을 통한 지역사회 안전을 고려하여 적용하도록 법적인 의무를 부과하고 있다. 만약 지방정부가 범죄예방을 위한 적절한 조치를 취하지 않는 경우 이에 대한 법적인 책임에 근거해 소송의 대상이 될 수 있다는 점에서 중요한 의미가 있다.

그리고 전국 경찰지휘관협회(Association of Chief Police Officers, ACPO)에서 주도하여 1989년 개발·시행한 방범환경설계제도(Secured by Design, SBD)[60]는

57 Schneider, R. & Kitchen, T.(2002). Planning for Crime Prevention A Transatlantic Perspective. Sondon: Routledge, p. 142; 표창원. "CPTED 이론과 Premises Liability에 대한 고찰". 한국경찰연구, 제2호, 2003, 재인용.

58 www.cityofseatac.com 홈페이지 참조.

59 CDRP는 경찰기관, 지방정부, 소방기관 등의 책임기관과 지방의회, 지역협의회, 교육당국, 사회교육당국 등의 협력기관과 사회단체, 기업단체, 이웃감시단체, 종교계, 마약퇴치본부, 자원봉사자, 피해자 지원서비스, 의료기관 등 참여기관 각각의 기능을 지닌 책임기관, 협력기관, 참여기관으로 구성되었다(강용길, 2009: 129).

60 SBD의 인증범위는 건축물의 계획, 설계, 시공에 대한 시스템인증(소프트웨어)과 창, 유리, 도어 등 제품(하드웨어)에 대한 인증제도 모두를 시행하고 있다. 하드웨어가 시스템인증의 요구사항에 필수적으로 포함되어 있기 때문에 양자는 실과 바늘처럼 불가분의 관계이다. 또한 시스템인증은 유럽표준 등을 근간으로 CPI가 자체 개발한 인증요구사항(지침)과 국가표준(BS)을 기준으로 심사하고 있으며, 제품인증은 국제·국가·단체표준(ISO, BS, LPS)을 인용하여 시험하고 있다(박현호, 2014).

CADA에 의한 법적 근거와 내무부(Home Office)의 범죄예방국(Crime Reduction Unit)과 교통지자체부(Department of Transport, Local Government and Regions, DTLR, 현 부총리실) 등 정부의 후원과 협의 하에 발기됨으로써 자칫 권고와 홍보에 그치기 쉬운 셉테드 전략을 구체적으로 제도화하고 전국적으로 시행 가능하도록 했다는 점에 의의가 있다.[61] 또한 제도의 운영을 위해 각 지방경찰서에 있는 지역방범경찰관(Architectural Liaison Officer, ALO)과 범죄예방 설계 자문위원(Crime Prevention Design Advisor, CPDA)들이 내부성의 지원 하에 범죄예방대학(Crime Reduction College)에서 셉테드와 상황적 범죄예방 기법 등의 직무 전문화 교육을 이수할 수 있도록 함으로써 경찰이 효과적으로 지역공동체 차원에서 셉테드 활성화에 기여할 수 있도록 하고 있다.[62]

한편 지방정부법(Local Government Act 2000)의 제1장 제4조 제1항 지역개발 전략 규정으로 인하여 영국 내각 부총리실(the Officeof Deputy Prime Minister, ODPM)에서 2004년 2월 '도시계획정책안(Planning Policy Statement, PPG)'에 셉테드 개념을 핵심사항으로 명시하고 그 세부시행규칙(companion guide to PPG 1)으로 '보다 안전한 장소: 도시계획체계와 범죄예방(Safer Places: The Planning System and Crime Prevention)'[63]이라는 가이드라인을 제작하여 전국 지방자치단체에 배포하여 이를 근거로 지역단위로 도시계획과 설계에 셉테드를 강력히 반영하도록 하고 있다(김남정 외, 2014; 유광흠, 진현영, 2013; 박현호, 2014). 2003년 2월에는 '지속가능한 공동체 계획(Sustainable Communities Plan)'이 발표되었는데,[64] '도시계획을 통한 범죄의 축출(planning out crime)'을 정부의 핵심 도시계획 가이드라인인 PPG 1의 중심이 되는 내용으로 삼고 있음을 분명히 하고 있다.[65] PPG 1과 그 세

---

61 최재은, 정윤남, 김세용(2011). 범죄로부터 안전한 주거환경 조성을 위한 법·제도 개선방안 연구. 대한건축학회논문집, 제27권 제3호, p. 272.

62 이형복(2010). CPTED를 통한 대전의 범죄예방 정책방안. 대전: 대전발전연구원, p. 51.

63 http://www.odpm.gov.uk/embedded_object.asp?id=1144724에서 가이드라인을 확인하였다.

64 여기서 '지속가능한 공동체'란 사람들이 현재 그리고 미래에 살고, 일하고 싶어하는 지리적 공간을 말한다. 현재 그리고 미래의 시민들의 다양한 수요를 충족해주면서 환경에 민감하고 높은 삶의 질을 제공하는 공동체이다. 기본적으로 안전하고 사회통합적으로 계획·건축되어 관리됨으로써 모든 구성원들에게 공평한 기회와 양질의 서비스를 제공하는 공동체로서 마약, 반사회적 행위 문제, 그리고 범죄율이 낮으며 가시적, 효과적 그리고 공동체 친화적인 치안이 이루어지는 곳을 의미한다(ODPM, 2004: 8).

65 www.northamptonshire.gov.uk 홈페이지 참고.

부 시행규칙을 근거로 각 지역 카운티에서는 관련 기관 및 단체들(경찰과 지자체)과의 구체적인 수평적 협의를 거쳐, 그 지역 실정에 맞게 다시 보충지침서인 '도시계획 지침(Supplementary Planning Guidance, SPG)'을 만들어 이를 각 자치단체별로 하달하여 적용시키고 있다.

3) 캐나다

캐나다의 경우 1975년 토론토 대학의 범죄학센터에서 처음으로 셉테드 워크숍이 개최된 이래, 1985년 연방경찰인 RCMP에 의해 도시지역과 시골지역에서 범죄감소를 위한 실무적인 가이드라인 핸드북을 발간하면서 경찰에서 셉테드 기법을 적용하기 시작하였다. 각 자치단체와 경찰에서는 셉테드 가이드라인과 표준안 등을 제정하고 조례로 규정하게 되었으며, 1995년 6월경 필지역(Region of Peel)에서는 건축승인 전에 셉테드 관점에서의 검토가 행해졌으며, 이 검토는 시청 도시개발 및 건축설계 담당직원에 의해서 1차적으로 이루어지고, 다시 셉테드 전문 경찰관에게 송부되어 재검토가 이루어진다.[66] 이 밖에도 캐나다 토론토시의 경우 낙서통제조례도 있다. 그 내용 중 일부를 보면 벽, 담장 등의 구조물에 낙서를 하지 말아야 하고, 재산의 소유자와 점유자는 낙서를 제거할 의무가 있으며, 낙서가 없도록 유지할 청결의무가 있음을 규정하고 있다. 그리고 이 조례를 위반한 사람은 $5,000 이하의 과태료를 부과하도록 되어 있다(노호래, 2008: 76-77).

그 외에도 캐나다 사스카툰시 정책(City of Saskatoon Administrative Policy)은 범죄 발생 기회를 줄이고 시민들의 안전감 제고를 위하여 셉테드 원칙을 시 정책과 사업으로 실행하기 위해 만들어졌다.[67] 그러나 이 정책은 단순한 권장사항이 아니고 기존의 도시계획과 건축계획의 허가 및 승인 과정에 셉테드의 기본원칙들이 반영될 수 있도록 셉테드심의위원회(CPTED Review Committee)의 심의를 통과해야만 최종 허가나 승인을 받을 수 있는 만큼 법규적인 파워를 갖고 있다고 해도 과언이 아니다. 공공가로, 시설, 지구단위계획이나 건축계획 등이 변경될 경우에는 변경시마다(all Neighbourhood Concept Plans and Amendments) 셉테

---

66 경찰청(2008). 환경설계를 통한 범죄예방 방안 연구. 경찰청 국외훈련(캐나다 필지방 경찰청) 결과보고서 참고.

67 www.saskatoon.ca 참고.

드심의위원회의 심의를 추가로 받아야 한다. 시공사는 셉테드심의위원회가 해당 계획에 대해 셉테드 관련 코멘트를 한 것을 반드시 계획서에 반영해야만 허가를 받을 수 있다. 기부체납 방식에 의해 조성한 근린공원 등 시의 소유가 될 개발행위에 대해서는 반드시 셉테드심의를 의무화하고 있다.

알버타 주의 캘거리시에서는 도심과 교통수단 개선에 그 개념을 적용시켰으며, 브리티시 컬럼비아의 밴쿠버시에서는 수년간 경찰과 도시계획을 포함하는 공식 셉테드 프로그램을 수행해 왔다. 특히 밴쿠버의 셉테드디자인센터(The Design Centre For CPTED Vancouver)라는 비영리기구에서는 환경범죄학에 기초한 이러한 셉테드의 디자인, 컨셉과 관련한 각종 리소스를 제공하고 교육을 통한 인식 제고 노력을 지속적으로 실시하여 왔다(박현호, 2007).

이처럼 캐나다에서는 전국 단위의 법규는 없으며 주로 자치시 단위에서 셉테드 관련 법규가 엄격히 시행되고 있다. 온타리오주 키치너시(City of Kitchener)의 경우에는 온타리오 도시계획법(Ontario Planning Act)에 도시개발의 전제 조건으로서 도시개발계획 승인 절차로 반드시 셉테드 적용을 의무화하고 있다. 공식 셉테드 보고서가 요구되는 정도의 개발계획일 경우에 예외 없이 개발계획 신청서는 시청 담당자가 경우에 따라 담당 경찰관의 도움을 받아 이를 검토해야 하고, 셉테드 보고서는 자격을 갖춘 전문가에 의해 작성, 제출되어야 한다. 또한 그 셉테드 보고서는 셉테드 원칙들을 해당 개발 현장의 설계에 어떻게 반영할 것인지를 명백하게 나타내야 한다.

4) 호주

호주의 뉴사우스웨일즈(NSW) 주정부는 2001년 4월, '환경계획평가법 제79조C(Section 79C of the Environmental Planning and Assessment Act)'를 개정, "모든 건축설계 허가관청으로 하여금 모든 새로운 개발 신청을 평가함에 있어 반드시 범죄위험영향(crime risk impact)을 고려하는 것을 의무화"하였다. 환경계획평가법 제79C조의 핵심내용은 "도시개발 신청에 대하여 개발에 따른 해당 지역의 자연적, 인공적 환경에 대한 영향과 사회적, 경제적 영향(the natural and built environments, and social and economic impacts in the locality)을 고려해야 한다."는 것이다.

이 법 규정을 근거로 셉테드 가이드라인(Guidelines under Section 79C of the

Environmental Planning and Assessment Act 1979)과 매뉴얼을 개발하였고, 주의 모든 지역에서는 지방정부와 경찰, 기타 유관기관들 간의 '범죄예방을 위한 협의체'들이 구성되어 건축설계 및 개발계획 단계에서부터 범죄예방차원의 고려를 할 수 있도록 교육, 훈련, 집행을 하고 있다. 이러한 일련의 절차가 체계적으로 진행될 수 있도록 NSW주에서는 호주·뉴질랜드 위험관리(Risk Management)표준 'ANZS 4360 : 2003'에 의하여, 범죄 위험 영향평가를 위해 물리적·사회적 환경을 구성하는 요소의 질적, 양적 분석과 이에 대한 위험관리의 기법 적용 및 검토 그리고 환류토록 구체적인 기준을 제공하고 있다.

위 셉테드 가이드라인은 크게 두 파트로 구분이 된다. 즉, Part A에서는 교육을 받은 경찰관과 함께 공식적인 범죄위험성평가(CRA)를 실시하는 것의 필요성을 역설한다. Part B에서는 범죄위험도를 최소화하기 위한 계획의 수정안을 정당화하기 위해 자치단체가 활용하는 셉테드의 기본 원칙과 전략을 가이드하고 있다(DUAP, 2001: 2).[68] 즉, 제79조C에 근거한 가이드라인은 도시계획 및 개발에 대한 범죄영향평가로 인해 도시계획자, 건축가, 범죄예방 전문가 그리고 설계자문위원들이 언제, 어디서, 어떻게 셉테드를 사용해야 하는지 결정하는데 도움을 주고 있다.

나아가 '셉테드 디자인 세부 매뉴얼(Companion to Safer by Design Crime Risk Assessment)'은 위와 같은 셉테드 기반 범죄영향평가를 실행하는 경찰 및 지방자치단체의 실무자들을 위한 각론적인 디자인 지침을 제시하고 있다. 이러한 과정에 따라 생산되는 범죄영향평가 결과보고서는 도시개발 허가에 대한 조건을 부과하거나 개발 신청서를 수정 또는 취소(단, 신청자는 이에 대해 법원에 이의신청할 수 있음)할 수 있는 근거로 작용하고 있다. 호주 범죄위험평가에 대한 보다 자세한 사항은 제7장에서 다루었다.

5) 네덜란드

네덜란드에서는 주택법 1999에서 모든 주택의 창, 도어는 3분 이상 침입시도에 견딜 수 있는 방범성능을 필수적으로 요구하고 있다. 이에 따라 범인들의 침입시도가 주로 이루어지는 건물의 개구부를 중심으로 SKG(도어셋, 창문, 창틀 품질

---

[68] http://www.police.nsw.gov.au/community_issues/crime_prevention/safer_by_design 참고.

센터)/SKH(목재제품시험센터)인증 제품을 의무적으로 설치 및 사용해야만 한다.

또한 건축법 개정으로 2004년 이후에는 모든 신규건물은 PKVW기준(경찰안전 주택인증, Politie Keurmerk Veilig Wonen)에 의해 건축되어야 한다. 상당히 강력한 법적 규제이지만 네덜란드에서는 주거시설 방범의 중요성이 사회적으로 용인되고 있다고 평가할 수 있다(Jongejan, 2008: 4~6). 이러한 네덜란드 셉테드의 자세한 인증체계는 후술하였다.

6) 일본[69]

일본은 생활안전조례 또는 안전·안심마을 만들기 조례의 셉테드 관련 규정을 통하여 공공시설 및 주거의 안전기준을 강화하고 있다. 1979년 교토부 나가오카쿄 시(京都府下長岡京市)의 부녀자 살인사건을 계기로 제정된 방범조례를 그 기원으로, 1999년 정령지정도시로서 최초로 교토시(京都市) 생활안전조례와 도도부현 수준의 효고현(兵庫県) 마을만들기 기본조례를 시작으로 많은 자치체에서 조례가 제정되었으며 특히 교토시(京都市), 오사카부(大阪府), 시가현(滋賀県), 도쿄도(東京都)의 조례가 선진적 조례로 주목받고 있다. 2000년 경찰청지침으로 환경설계에 의한 '범죄피해를 당하기 어려운 마을 만들기 추진'을 제언하면서 구미의 셉테드 수법을 도입하여 공원, 주차장, 공동주택의 공간에 대한 방범 등의 기준을 설정하고 가정집 잠금장치의 안전기준을 설정하는 등 강력한 지역사회의 방범환경 만들기를 추진하면서 조례제정이 확대되었다(石附 弘, 2004: 157).

셉테드 관련 조례 중 오사카부(大阪府)와 아이치현(愛知県)의 주요내용을 살펴보면 다음과 같다. 2002년 3월 제정된 「大阪府安全なまちづくり條例」는 지방자치단체, 사업자, 주민의 책무를 명확히 하고, 학교·통학로 등에 있어서 안전확보, 환경정비를 위하여 안전의 관점에서 도로, 공원, 주차장, 공동주택 등의 보급, 정당한 이유 없이 위험한 물건 휴대 금지 등을 내용으로 하고, 이 조례에 근거하여 2002년 9월 학교, 통학로, 도로, 공원, 주차장, 공동주택 등에 있어서 방범을 고려한 설계지침 내지 범죄방지에 관한 지침을 정하여 운영하고 있다.[70]

---

69 일본의 셉테드(CPTED) 법·제도 현황은 "김성식·박광섭(2015). 지방자치단체의 환경설계를 통한 범죄예방 정책연구: 범죄예방 도시디자인 조례를 중심으로. 아주법학, 제8권 제2호" 연구를 인용·발췌함.

70 浮谷次郎(2003). 犯罪發生ワースト1の汚名返上へ安全なまちづくり條例を施{行. Governance, 제29권. p. 30; 田中史子(2007. 6). 大阪府{安全なまちづくり條例の施

또한 2004년 「愛知県安全なまちづくり條例」는 지방자치단체 · 시민 · 사업자의 책무를 규정하고 주택, 도로, 공원, 자동차주차장 등의 방범성 향상,[71] 범죄방지를 고려한 도시계획,[72] 심야상업시설의 방범성 향상,[73] 학교에 있어서 아동의 안전성 확보,[74] 자동차 도난 피해 방지,[75] 범죄를 유발하는 위험이 있는 환경 정화[76] 등을 규정하고 있다.

{行狀況について. 法と民主主義, 제419권, 法民インフォメーション., p. 22; 後藤啓二(2002. 9). 大阪府{安全なまちづくり條例. Keisatsu Koron, 제57권 제9호, p. 30.

71 주택의 경우 만능열쇠 등 위법한 해제작업에 강한 잠금장치의 사용, 입구에 방범카메라 설치, 전망의 확보 등 주택에 있어 범죄방지를 고려한 구조 및 설비 등을 규정하는 지침을 정하여 공표하고, 건축주에 대하여 범죄방지와 관련하여 조언 및 정보를 제공하고 있다(愛知県安全なまちづくり條例 제9조 내지 제11조). 도로, 공원, 자동차주차장 등과 관련하여서도 지방자치단체는 일정 이상의 조도 확보, 전망 확보 등 방범을 배려한 구조 설비 등을 하도록 노력할 의무를 규정하고 관련 방범상 지침을 정하여 공표하고 있다(愛知県安全なまちづくり條例 제14조 및 제15조). 後藤啓二(2004. 9). 「愛知県安全なまちづくり條例の制定と必要な警察力の確保に向けた取組みについて」. 『警察學{論集』 제57권 제9호, pp. 148-149.

72 경찰본부장은 지방자치단체에 도시계획상 도로, 공원, 공동주택의 구조 등과 관련하여 범죄방지를 위한 중요사항과 시가지개발사업에 있어서 공공시설의 배치, 규모, 건축물, 건축시설의 정비에 관한 계획 등에 대하여 정보를 제공하거나 조언을 한다(愛知県安全なまちづくり條例 제17조). 後藤啓二. 「愛知県安全なまちづくり條例の制定と必要な警察力の確保に向けた取組みについて」. p. 150.

73 심야상업시설, 대규모소매점포, 금융기관의 사업자는 당해 영업에 제공하는 점포 등에 대하여 범죄방지를 고려한 구조 및 설비 등을 정비하여야 하고, 지방자치단체는 이러한 시설의 설치자, 관리자에 대하여 방범성 향상을 촉진하기 위하여 필요한 정보제공, 조언, 기타 필요한 조치를 강구하여야 한다(愛知県安全なまちづくり條例 제18조 및 제19조). 後藤啓二. 「愛知県安全なまちづくり條例の制定と必要な警察力の確保に向けた取組みについて」. p. 150.

74 학교 등에 있어서 아동의 안전확보와 관련하여서는 학교 등에 있어서 아동 등의 안전확보, 학교 등에 있어서 안전대책의 추진, 통학로 등에 있어서 아동의 안전확보, 안전교육의 충실을 규정하고 있다(愛知県安全なまちづくり條例 제20조 내지 제24조). 後藤啓二. 「愛知県安全なまちづくり條例の制定と必要な警察力の確保に向けた取組みについて」. pp. 150-151.

75 자동차 도난 피해 방지와 관련하여서는 범죄방지를 고려한 자동차의 보급, 자동차등록번호표의 확인의무, 범죄방지를 고려한 자전차 · 자동판매기의 보급 등을 규정하고 있다(愛知県安全なまちづくり條例 제25조 내지 제28조). 後藤啓二. 「愛知県安全なまちづくり條例の制定と必要な警察力の確保に向けた取組みについて」. pp. 151-152.

76 불법 전단지, 낙서, 담배의 무단투기, 자동차와 위법주차의 방치 등 무질서로 황폐화된 지역환경이 범죄를 유발하고 있으므로 지역자원봉사자단체로 하여금 낙서제거, 위법 간판의 철거활동을 추진하게 하고, 지방자치단체도 범죄를 유발하는 환경 정화에 노력하며, 공안위원회는 특히 범죄방지 및 환경정화를 위하여 필요하다고 인정되는 지역을 해당지역 주민의 의견을 들어 범죄방지환경정화추진지역으로 지정하여 시책을 집중적으로 실시한다. 또한 사업자는 광고용 간판, 전단지 등 광고물, 상품 기타 물건

그리고 대부분의 조례에서는 협의회를 구성하여 시가지를 대상으로 방범마을 만들기를 위한 조사검토 실시, 시가지 유형화 및 각 지구의 특성을 고려한 방범 대책 수립에 관한 정책을 추진하고 있으며, 공동주택 및 주차장의 방범성능 인증 또는 등록제도와 도로 방범카메라 정비사업과 범죄발생시 사용하는 긴급통보시 스템 구축사업 등을 통하여 셉테드 정책을 실현하고 있다.

특히 일본은 경찰관과 같은 공적인력만으로는 언제 어디서 발생할지 모르는 범죄를 사전에 예방하는 것은 현실적으로 불가능하다는 것을 인정하고, 경찰인 력을 보완하기 위한 방안으로 셉테드를 접목한 커뮤니티 방범활동을 홍보하고, 지역주민들의 자발적인 참여를 적극적으로 유도하고 있다(이형복, 앞의 책, p. 53).

2.3 셉테드 관련 국내의 법 · 제도

최근 셉테드에 대한 사회적 인식과 관심이 증가하면서 지방자치단체를 중심으 로 주민의 안전증진을 위한 정책이 강화되어 사업추진의 법적 근거를 마련하기 위한 조례화를 진행하고 있다. 또한 중앙정부에서도 국민안전을 강화하기 위해 국토교통부 소관의 국토 및 도시개발 관련 법률을 중심으로 계획단계에서 범죄 예방에 대한 계획 및 검토의무를 보완 · 추진하고 있다.

2010년 경찰청은 국토교통부(구. 국토해양부)에 「도시 및 주거환경정비법」, 「도 시재정비 촉진을 위한 특별법」, 「건축법」, 「국토기본법 및 동 시행령」, 「국토의 계 획 및 이용에 관한 법률 시행령」 등의 법률개정을 요구하였다. 요구사항은 관련 법령에 따른 국토의 계획, 도시개발계획, 도시 및 주거환경 정비계획, 도시재정 비계획의 내용에 '범죄예방'이 고려될 수 있도록 항목을 추가해 달라는 것이다 (경찰청, 2011). 국토교통부에서는 위 요구된 법률들 중 「건축법」을 제외한 나머지 법률들을 요구 내용대로 수용하였다. 그러므로 우리나라의 셉테드 관련 법제는 2010년을 기점으로 이전과 이후로 구분하여 살펴볼 수 있다.

의 방지조치와 종업원에 의한 주차위반 방지에 관한 지도 및 교육, 사업용차량 등의 주차장소 확보 등 위반주차 방지조치를 실시하고 이를 위반하는 경우 공안위원회는 필요한 조치를 강구하여 권고하고, 권고를 이행하지 않으면 권고의 내용을 공표할 수 있다(愛知県安全なまちづくり條例 제29조 내지 제32조). 後藤啓二. 「愛知県安全なま ちづくり條例の制定と必要な警察力の確保に向けた取組みについて」. pp. 153-154.

1) 2010년 이전의 관련 법제

우리나라의 경우 기존의 일부 법률에서 범죄예방과 관련된 조항을 포함하고 있었다. 이 중에서 셉테드와 가장 연관이 있는 규정으로는 대통령령인 '주택건설 기준 등에 관한 규정' 제12조 제2항에 "주택과 주택외의 시설을 동일건축물에 복합하여 건설하는 경우 주거의 안전과 소음ㆍ악취 등으로부터 주거환경이 보호될 수 있도록 주택과 주택 외의 시설이 분리된 구조로 건설하여야 한다."고 규정하고 있다.

│ 표 2-2 │ 2010년 이전 법률의 셉테드 관련 조항

법률	조항 및 내용
주택건설기준등에 관한 규정 제12조 제2항	주택과 주택외의 시설(주민공동시설을 제외한다)을 동일건축물에 복합하여 건설하는 경우에는 주택의 출입구ㆍ계단 및 승강기 등을 주택외의 시설과 분리된 구조로 하여 사생활보호ㆍ방범 및 방화 등 주거의 안전과 소음ㆍ악취 등으로부터 주거환경이 보호될 수 있도록 하여야 한다.
주차장법 시행규칙 제6조	주차대수 30대를 초과하는 규모의 자주식 주차장으로서 지하식 또는 건축물식에 의한 노외주차장에는 관리사무소에서 주차장 내부 전체를 볼 수 있는 폐쇄회로 텔레비전 및 녹화장치를 포함하는 방범설비를 설치ㆍ관리하여야 한다.
주택법 제49조 제2항	공동주택단지안의 각종 안전사고 예방과 방범을 하기 위하여 경비업무에 종사하는 자와 제1항의 규정에 의하여 수립된 안전관리계획에 의하여 시설물 안전관리책임자로 선정된 자는 국토해양부령이 정하는 바에 의하여 시장ㆍ군수ㆍ구청장이 실시하는 방범교육 및 안전교육을 받아야 한다.
개인정보보호법 제25조	① 누구든지 다음 각 호의 경우를 제외하고는 공개된 장소에 영상정보처리기기를 설치ㆍ운영하여서는 아니 된다. 1. 법령에서 구체적으로 허용하고 있는 경우 2. 범죄의 예방 및 수사를 위하여 필요한 경우 3. 시설안전 및 화재 예방을 위하여 필요한 경우 4. 교통단속을 위하여 필요한 경우 5. 교통정보의 수집ㆍ분석 및 제공을 위하여 필요한 경우 ② 누구든지 불특정 다수가 이용하는 목욕실, 화장실, 발한실(發汗室), 탈의실 등 개인의 사생활을 현저히 침해할 우려가 있는 장소의 내부를 볼 수 있도록 영상정보처리기기를 설치ㆍ운영하여서는 아니 된다. ④ 제1항 각 호에 따라 영상정보처리기기를 설치ㆍ운영하는 자(이하 "영상정보처리기기운영자"라 한다)는 정보주체가 쉽게 인식할 수 있도록 대통령령으로 정하는 바에 따라 안내판 설치 등 필요한 조치를 하여야 한다. ⑤ 영상정보처리기기운영자는 영상정보처리기기의 설치 목적과 다른 목적으로 영상정보처리기기를 임의로 조작하거나 다른 곳을 비춰서는 아니 되며, 녹음기능은 사용할 수 없다.

한편, '주차장법'에서는 시행규칙 제6조에서 "주차대수 30대를 초과하는 규모의 지하 또는 지상주차장에는 관리사무소에서 주차장 내부 전체를 볼 수 있는 폐쇄회로 텔레비전 및 녹화장치를 포함하는 방범설비를 설치 · 관리하여야 한다."고 규정하였다.

'주택법' 제49조 제2항에서는 "공동주택단지안의 방범을 위하여 경비업무에 종사하는 자와 시설물 안전관리책임자는 시장 · 군수 · 구청장이 실시하는 방범교육 및 안전교육을 받아야 한다."고 규정하고 제3항에서 "방범교육은 관할 경찰서장에게 위임하거나 위탁할 수 있다."고 규정함으로써 공동주택의 경비업무 종사자에 대한 범죄예방 교육을 의무화하였다.

'개인정보보호법' 제25조에서는 방범용 CCTV의 설치 및 운영에 관한 기준을 제시하고 있다. CCTV는 셉테드의 주요 전략 중 2차적 개념(Secondary Concept)에서 기계적 감시에 해당한다(Crowe, 2000: 38-50). 제1항에서는 공개된 장소에서의 영상정보처리기기의 설치 및 운영은 법령에 구체적으로 허용한 경우, 범죄예방 및 수사를 위해 필요한 경우, 시설안전 및 예방을 위한 경우, 교통단속 및 교통정보의 수집 · 분석 · 제공을 위해 필요한 경우를 제외하고 원칙적으로 제한하고 있다. 그리고 "개인의 사생활을 침해할 우려가 있는 장소(목욕실, 발한실, 화장실, 탈의실 등)에는 설치 및 운영을 금지하고 있다. 또한 영상정보처리기기를 설치 · 운영할 때는 반드시 안내판을 설치하고 임의조작 및 녹음기능을 금지한다."고 규정하고 있다. 이 법률은 개인정보를 보호하기 위한 CCTV의 설치 및 운영을 제한하는 것이 목적이나 한편으로 방범용 CCTV 설치 및 운영의 법적 근거로 작용한다는 점에서 의미가 있다.

위와 같이 기존의 법률에서 범죄예방을 위한 조항들은 법률, 시행령, 시행규칙 등에 단편적으로 규정되어 있어 큰 틀에서의 종합적인 범죄예방 효과를 기대하기는 어려운 실정이다.

2) 2010년 이후의 관련 법제

2011년 12월 1일자 시행된 「도시재정비 촉진을 위한 특별법」 개정안에서 제9조 '재정비촉진계획의 수립' 13의2호에 '재정비촉진사업 시행기간동안의 범죄예방대책'을 신설하였다.

2011년 9월 16일자로 개정 및 시행된 「국토의 계획 및 이용에 관한 법률 시행령」에는 제15조 '도시기본계획의 내용' 5호에 '방재 · 안전 및 범죄예방에 관한 사항'을 포함시켰다.

2012년 2월 1일에는 「도시 및 주거환경 정비법」을 개정하여 제28조의2 '정비구역의 범죄예방' 조항을 신설하였다. 이에 따르면 시장 · 군수는 주거환경정비에 대한 사업시행인가를 한 경우 그 사실을 관할 경찰서장에게 통보하여야 하며(의무), 사업시행인가 후 정비구역 내 주민 안전 등을 위하여 순찰강화, 초소의 설치 등 범죄예방을 위해 필요한 시설의 설치 및 관리, 그 밖에 주민의 안전을 위하여 필요하다고 인정하는 사항 등을 요청할 수 있다.

2012년 5월 30일에는 「국토기본법 시행령」 제5조의 '도종합계획의 수립 등' 제2항에 범죄예방에 관한 계획을 수립하도록 의무화하는 내용을 포함한 개정안을 시행하였다.

2012년 12월 11일 도시공원조성 및 관리에 관한 법률인 「도시공원 및 녹지 등에 관한 법률」의 시행규칙을 개정하였다. 규칙 제8조에 도시공원조성을 계획할 때 반드시 범죄예방계획수립을 의무화하고, 도시공원의 범죄예방 안전기준을 마련하도록 하였다. 특히 시행규칙 제10조 '도시공원의 안전기준' 제2항에는 셉테드의 원리를 도시공원 계획 · 조성 · 관리에 의무적으로 적용하도록 규정하고 있다. 셉테드 적용의 내용은 "공원의 내부공간을 외부에서 감시할 수 있도록 설계하고, CCTV는 야간에도 활용할 수 있도록 조명과 함께 설치한다." 등이다(강용길, 2013: 14–15).

| 표 2-3 | 2010년 이후 법률의 셉테드 관련 조항

법률	조항 및 내용
도시재정비 촉진을 위한 특별법	제9조(재정비촉진계획의 수립) ① 시장 · 군수 · 구청장은 다음 각 호의 사항을 포함한 재정비촉진계획을 수립하여 특별시장 · 광역시장 또는 도지사에게 결정을 신청하여야 한다. 이 경우 재정비촉진지구가 둘 이상의 시 · 군 · 구의 관할지역에 걸쳐 있는 경우에는 관할 시장 · 군수 · 구청장이 공동으로 이를 수립한다. 13의2. 재정비촉진사업 시행기간 동안의 범죄예방대책
국토의 계획 및 이용에 관한 법률 및 동 시행령	제19조(도시 · 군기본계획의 내용) ① 도시 · 군기본계획에는 다음 각 호의 사항에 대한 정책 방향이 포함되어야 한다. 10. 그 밖에 대통령령으로 정하는 사항 시행령 제15조(도시 · 군기본계획의 내용) 법 제19조 제1항 제10호에서 "그 밖에 대통령령으로 정하는 사항"이란 다음 각 호의 사항으로서 도시 · 군기본계획의 방향 및 목표 달성과 관련된 사항을 말한다. 5. 범죄예방에 관한 사항

법률	조항 및 내용
도시 및 주거환경 정비법	제28조의2(정비구역의 범죄 예방) 시장·군수는 제28조 제1항에 따른 사업시행인가를 한 경우 그 사실을 관할 경찰서장에게 통보하여야 하며, 사업시행인가 후 정비구역 내 주민 안전 등을 위하여 다음 각 호의 사항을 관할 지방경찰청장 또는 경찰서장에게 요청할 수 있다. 1. 순찰 강화 2. 순찰초소의 설치 등 범죄 예방을 위하여 필요한 시설의 설치 및 관리 3. 그 밖에 주민의 안전을 위하여 필요하다고 인정하는 사항
국토기본법 및 동 시행령	제13조(도종합계획의 수립) ① 도지사(특별자치도의 경우에는 특별자치도지사를 말한다. 이하 같다)는 다음 각 호의 사항에 대한 도종합계획을 수립하여야 한다. 다만, 다른 법률에 따라 따로 계획이 수립된 도로서 대통령령으로 정하는 도는 도종합계획을 수립하지 아니할 수 있다. 7. 그 밖에 도의 지속가능한 발전에 필요한 사항으로서 대통령령으로 정하는 사항 시행령 제5조(도종합계획의 수립 등) ② 법 제13조 제1항 제7호에서 "대통령령으로 정하는 사항"이란 다음 각 호의 사항을 말한다. 3의2. 범죄예방에 관한 사항
도시공원 및 녹지 등에 관한 법률 및 동 시행규칙	제19조(도시공원의 설치 및 관리) ① 도시공원은 특별시장·광역시장·특별자치시장·특별자치도지사·시장 또는 군수가 공원조성계획에 따라 설치·관리한다. ⑦ 제1항에 따른 도시공원의 설치기준, 관리기준 및 안전기준은 국토교통부령으로 정한다. 시행규칙 제8조(공원조성계획의 수립기준 등) 법 제16조 제1항에 따라 도시공원이 위치한 행정구역을 관할하는 특별시장·광역시장·특별자치시장·특별자치도지사·시장 또는 군수가 도시공원의 조성계획(이하 "공원조성계획"이라 한다)을 수립하려는 때에는 다음 각 호의 사항을 종합적으로 고려하여야 한다. 3. 공원조성계획에 다음 각 목의 사항이 포함되도록 할 것 다. 공원조성에 따른 토지의 이용, 동선(動線), 공원시설의 배치, 범죄 예방, 상수도·하수도·쓰레기처리장·주차장 등의 기반시설, 조경 및 식재 등에 대한 부문별 계획 제10조(도시공원의 안전기준) ① 법 제19조 제7항에 따라 공원시설은 안전성을 확보하기 위하여 다음 각 호의 기준에 따라 설치·관리되어야 한다. ② 공원관리청은 도시공원에서의 범죄 예방을 위하여 다음 각 호의 기준에 따라 도시공원을 계획·조성·관리하여야 한다. 1. 도시공원의 내·외부에서 이용자의 시야가 최대한 확보되도록 할 것 2. 도시공원 이용자들을 출입구·이동로 등 일정한 공간으로 유도 또는 통제하는 시설 등을 배치할 것 3. 다양한 계층의 이용자들이 다양한 시간대에 도시공원을 이용할 수 있도록 필요한 시설을 배치할 것 4. 도시공원이 공적인 장소임을 도시공원 이용자에게 인식시킬 수 있는 시설 등을 적절히 배치할 것 5. 도시공원의 설치·운영 시 안전한 환경을 지속적으로 유지할 수 있도록 적절한 디자인과 자재를 선정·사용

3) 지방자치단체의 관련 조례 추진 현황

서울특별시는 2002년부터 시작한 '뉴타운 사업'과 '재정비촉진구역'에 대한 시범사업을 전개하면서 2008년 '서울시 재정비촉진지구 내 "환경설계를 통한 범죄예방" 적용방안 연구'를 실시하여 뉴타운 지구 내에서의 셉테드 설계지침을 마련하여 시행하고 있다. 그리고 2010년에는 시 조례인 '서울특별시 도시재정비 촉진을 위한 조례'를 개정하여 제4조의 '재정비촉진계획에 포함되어야 할 사항'으로 4호에 '범죄예방 환경설계에 관한 계획'을 포함시켰다. 이는 조례의 근거법인 '도시재정비 촉진을 위한 특별법 시행령' 제8조에서 규정한 '재정비촉진계획에 포함되어야 하는 사항' 6호의 '그 밖의 시·도의 조례가 정하는 사항'을 기초로 한 것이다. 경기도와 세종시 등 그밖의 시도에서도 도시재정비관련 조례를 운영하고 있다.

경기도는 2013년 11월 11일자 전국에서 처음으로 '경기도 범죄예방을 위한 환경 디자인 조례'를 제정하여 2013년 12월 1일자로 시행하였다. 이 조례는 목적, 용어의 정의, 적용범위, 기본원칙, 기본책무, 종합계획의 수립, 환경 디자인 기준, 심의위원회 구성 및 운영, 관계기관 등의 협조, 대상사업 등의 협의, 시행규칙 등을 포함하여 총 11개조로 구성되어 있다. 그리고 조례의 제정에 따른 후속조치로 관련 지침 및 시행규칙을 마련하고, 경기도 내 시·군 취약 지역을 대상으로 '함께 만들어 가는 셉테드 적용마을 시범사업'을 추진하고 있다(유한욱, 2013: 62-63).

울산광역시도 2013년 12월 2일 '울산광역시 범죄예방 도시디자인 조례'가 발의되어 12월 20일 울산의회 본회의를 통과하였다. 부산광역시도 2013년 10월 2일에 의원입법으로 제안되어 10월 18일에 본회의를 통과함으로써 '부산광역시 범죄예방 도시디자인 조례'를 제정하였으며 공히 2014년 1월 1일자로 시행되었다. 조례의 주요 내용은 경기도와 유사하나 특징적인 항목으로는 '계획적이고 일관성 있는 안전한 도시환경 조성을 위한 사업추진 기본계획을 5년마다 수립한다.'는 것과 '범죄예방 도시디자인을 위해 교육청, 검찰청, 경찰청과의 상시 협력체계 구축'을 의무화하는 내용을 포함하고 있다.

최근에는 빈집관리와 관련된 조례가 운영되고 있는 점도 눈에 띈다. 2010년 부산 '김길태사건'을 계기로 재건축, 재개발지역에 분포하는 빈집들이 범죄 장소 또는 은닉장소로 이용되거나 청소년의 비행장소로 사용되고, 지역주민들에게는 두려움을 증가시키는 공간이 되고 있어 지방자치단체차원의 관리가 요구되고 있다. 그러나 빈집(공가)의 경우 사적 재산 및 관리권의 문제로 공공기관의 체계적인 관리에 한계가 있다. 그러므로 안전한 환경조성을 위해 관리주체에 대한 관리의무와 의무위반에 대한 제재 등 실효성을 담보한 관리방안이 추진되어야 할 것이다.

│ 표 2-4 │ 셉테드 관련 조례 현황

지자체명	조례명	내용
서울시	도시재정비 촉진을 위한 조례	제4조(재정비촉진계획에 포함되어야 하는 사항) 4. 환경설계를 통한 범죄 예방에 관한 계획 〈신설 2010.1.7〉
세종시	도시재정비 촉진을 위한 조례	제5조(재정비촉진계획에 포함되어야 하는 사항) 4. 환경설계를 통한 범죄 예방에 관한 계획
경기도	경기도 범죄예방을 위한 환경 디자인 (2013.11.11. 제정)	제1조(목적)　경기도의 모든 도민이 범죄로부터 안전한 환경에서 생활할 수 있도록 범죄예방 환경 디자인을 공간과 건축물에 적용하고 관리하는데 필요한 사항을 규정 제3조(적용범위) 1. 경기도 및 도내 시·군이 시행하는 건축 또는 공간 조성 사업 2. 위탁하여 운영하는 건축물 또는 공간 3. 재정이 전부 또는 일부 지원되는 건축물 또는 공간 4. 그 밖에 도 및 도내 시·군, 공공기관에서 시행하는 신도시 및 도심재개발사업, 주거환경개선사업, 각종 공공시설물 설치 및 환경개선사업 등
부산시	부산광역시 범죄예방 도시디자인 조례 (2013.10.30. 제정)	제1조(목적)　시민들이 각종 범죄로부터 안전한 도시환경에서 생활할 수 있도록 건축물 및 도시공간에 범죄예방 도시디자인을 적용하는데 필요한 사항을 규정 제5조(기본계획의 수립·시행 등) ① 부산광역시장(이하 "시장"이라 한다)은 범죄예방 도시디자인 기본계획(이하 "기본계획"이라 한다)을 5년마다 수립·시행하여야 한다.
		제5조(기본계획의 수립·시행 등) ① 부산광역시장(이하 "시장"이라 한다)은 범죄예방 도시디자인 기본계획(이하 "기본계획"이라 한다)을 5년마다 수립·시행하여야 한다. 1. 기본계획의 목표와 방향 2. 제7조에 따른 범죄예방 도시디자인 추진사업에 관한 사항 3. 범죄예방 도시디자인 추진을 위한 재원 조달에 관한 사항 4. 그 밖에 범죄예방 도시디자인 추진을 위하여 필요한 사항 제7조(범죄예방 도시디자인 추진사업) 1. 기본계획에 따른 연차별 개선사업 2. 신도시조성사업, 도심재생사업, 각종 공공시설 설치 및 환경개선사업과 병행한 안전시범마을 조성사업 3. 범죄위험도 저감을 위한 범죄예방 도시디자인 인증시스템 구축사업

지자체명	조례명	내용
울산시	울산광역시 범죄예방 도시디자인 조례 (2013.12.31. 제정)	4. 범죄예방 도시디자인 기술연구를 통한 지식기반 구축 및 활용을 위한 범죄 예방 도시디자인 연구실 설치사업 5. 범죄예방 관련 산업 확대를 통한 지역경제 활성화를 위한 도시안전디자인 박람회 개최 사업 6. 그 밖에 시장이 필요하다고 인정하는 사업 제1조(목적) 시민들이 각종 범죄로부터 안전한 도시환경에서 생활할 수 있 도록 건축물 및 도시공간에 범죄예방 도시디자인을 적용하는데 필요한 사항을 규정 제5조(기본계획의 수립 · 시행 등) ① 시장은 범죄예방 도시디자인 기본계획을 5년마다 수립 · 시행하여야 한다. 1. 기본계획의 목표와 방향 2. 제7조에 따른 범죄예방 도시디자인 추진사업에 관한 사항 3. 범죄예방 도시디자인의 현황 및 실태에 대한 조사 4. 그 밖에 범죄예방 도시디자인 추진을 위하여 필요한 사항 제7조(범죄예방 도시디자인 추진사업) 1. 기본계획에 따른 연차별 개선사업 2. 각종 공공시설 설치 및 환경개선사업과 병행한 안전시범마을 조성사업 3. 범죄예방 도시디자인 기술연구 사업 4. 그 밖에 시장이 필요하다고 인정하는 사업
서울시 노원구	노원구 정비사업구역 빈집관리 조례 (2011.10.13. 제정)	제1조(목적) 밀집된 빈집이 우범지대화되어 강력범죄의 온상이 되는 것을 미 연에 방지하고 풍수해 안전사고 및 방화 등 화재에 취약한 지역을 중점 관리하 여 쾌적한 주거환경조성에 이바지함. 제3조(사업시행인가 협의 등) ① 구청장은 법제28조 제1항에 따른 사업시행 인가를 하고자 하는 경우(인가를 받은 내용을 변경하는 경우를 포함한다) 사 업시행기간에 정비사업구역 내 범죄 발생 및 화재예방과 안전사고를 방지하기 위하여 관할 경찰서장 및 소방서장과 협의하여야 한다. ② 구청장은 필요시 경찰서장과 소방서장에게 범죄 및 화재예방대책을 수립하 여 순찰 강화와 중점관리를 요청할 수 있다. 제4조(빈집 관리) ⑥ 구청장은 정비사업구역 내 안전사고 방지, 범죄예방 및 화재예방 등을 위하여 빈집관리 업무 추진에 소요되는 비용을 지원할 수 있다.
인천시 기획조정실	인천시 남구 정비사업구역 빈집관리 조례 (2013.9.23. 제정)	제1조(목적) 인천광역시남구 소재 정비사업구역 내의 밀집된 빈집에 범죄 및 방화 등 사고발생을 미연에 방지하고, 무단투기된 쓰레기로 인한 악취, 해충유 입 등 환경피해가 우려되는 지역을 중점 관리하여 쾌적한 주거환경조성에 이 바지함을 목적으로 한다. 제3조(협의 및 관리요청 등) 노원구와 동일 제4조(빈집 관리) 노원구와 동일

지자체명	조례명	내용
서울시 관악구	관악구 빈집 정비지원 조례 (2014.2.6. 제정)	제1조(목적) 빈집의 정비와 활용을 촉진하여 주민의 편익을 증진 시키고, 정비예정구역의 경우에는 범죄, 붕괴, 화재발생 등 안전사고를 예방하여 안전하고 쾌적한 주거환경 조성에 이바지함. 제6조(지원대상 등) ① 구청장은 정비사업구역이 아닌 지역에서 다음 각 호의 어느 하나에 해당하는 경우에 빈집 정비 비용의 전부 또는 일부를 예산의 범위에서 지원할 수 있다 3. 빈집으로 인한 안전사고 방지, 범죄예방 및 화재예방 등의 조치를 위해 필요한 사항 제7조(정비사업구역의 빈집 관리) 노원구와 동일
부산시 창조도시본부 건축정책관 도시경관담당관	부산시 빈집 정비지원 조례 (2013.10.30. 제정)	제1조(목적) 범죄, 붕괴, 화재 발생 등 안전사고의 우려가 있는 빈집의 정비 지원에 필요한 사항을 규정함으로써 시민이 안전하고 안심할 수 있는 쾌적한 주거환경 조성에 이바지함.

1. 강용길(2013). 공원안전관리를 위한 민간경비 활용방안 연구. 한국경호경비학회지, 제34호, pp. 7–32.

2. 강용길, 박민영(2014). CPTED 제도화를 위한 법령정비 방안에 관한 연구. 경찰학연구, 제14권 제2호, pp. 3–28.

3. 강용길, 최민영(2014). 셉테드(CPTED) 발전과정과 법제도, 박준휘 외(2014). 셉테드 이론과 실무 Ⅰ. pp. 89–119.

4. 강용길(2009). CPTED 지역협의체 운영모형에 관한 연구. 경찰학연구, 제9권 제2호, pp. 125–159.

5. 강용길(2012). 미국의 도시 범죄예방 프로그램 사례와 시사점. 국토연구원, 제368호, pp. 31–37.

6. 경찰교육원(2013). 직무과정교재: 셉테드 전문화. 충남: 경찰교육원.

7. 경찰청(2005). 환경설계를 통한 범죄예방(CPTED) 방안. 서울: 경찰청.

8. 경찰청(2011). CPTED 제도화 관련 법령 개정 추진 현황. 생활안전국 내부자료.

9. 김남정, 최부성, 정기모, 유득영, 이명훈, 전세란(2014). 기 개발 주거단지의 CPTED 적용방안: 임대아파트단지를 중심으로. 대전: 한국토지주택공사 토지주택연구원.

10. 김도우, 최인섭(2014). 환경과 범죄, 박준휘 외(2014). 셉테드 이론과 실무(I), pp. 25–62.

11. 김상일, 이태구, 김광구(2010). 범죄발생요인에 관한 연구. 공공행정연구, 제11권 제1호, pp. 109–133.

12. 김성식, 박광섭(2015). 지방자치단체의 환경설계를 통한 범죄예방 정책연구: 범죄예방 도시디자인 조례를 중심으로. 아주법학, 제8권 제2호, pp. 457–489.

13. 노성호, 권창국, 김연수(2012). 피해자학. 서울: 도서출판 그린.

14. 박정우(2007). 표준 관점에서의 범죄예방 환경설계. KIPS 제2회 학술행사집.

15. 박현호(2003). 영국의 환경 설계를 통한 범죄예방 전략. 한국경찰연구, 제1권 제2호, pp. 6–26.

16. 박현호(2006). 한국적 환경설계를 통한 범죄예방(CPTED)의 제도적 고찰: 유럽의 사례를 통한 한국에의 적용을 중심으로. 한국경찰연구, 제5권 제2호, pp. 113–160.

17. 박현호(2007). 도시범죄대책으로서의 CPTED. 도시정보(정보지), 제303호, pp. 15–20.

18. 박현호(2014). CPTED와 범죄과학(범죄예방환경설계). 서울: 박영사.

19. 서울시 주거환경관리사업(2013). 범죄예방환경설계(CPTED) 가이드라인. 서울: 서울특별시청.

20. 신의기 외(2008). 범죄예방을 위한 환경설계의 제도화 방안(Ⅰ). 서울: 한국형사정책연구원.

21. 유광흠, 진현영(2013). 영국의 사례를 통해 본 범죄예방 환경설계(CPTED) 정책·제도 방안. auri brief, 제67호, pp. 1–8.

22. 유한욱(2013). 도시 안전을 위한 경기도의 노력과 성과. 한국셉테드학회 추계학술대회 자료집.

23. 이윤호(2015). 범죄학. 서울: 박영사.

24. 이형범(2009). CPTED 제도화를 위한 법령정비 방안. 경기: 치안정책연구소.

25. 이형복(2010). CPTED를 통한 대전의 범죄예방 정책방안. 대전: 대전발전연구원.

26. 장상희 역(2004). 일탈과 범죄사회학(Liska, A. E., & Messner, S. F., Perspectives on crime and deviance). 서울: 경문사.

27. 정경재(2009). 범죄발생 특성분석을 통한 범죄예방환경설계(CPTED)에 관한 연구: 서울특별시 구로구 사례를 중심으로. 박사학위논문, 경원대학교 대학원.

28. 정진성, 강용길, 박현호(2009). 범죄예방론. 경기: 경찰대학.

29. 최재은, 정윤남, 김세용(2011). 범죄로부터 안전한 주거환경 조성을 위한 법·제도 개선방안 연구. 대한건축학회논문집, 제27권 제3호, pp. 269-276.

30. 표창원(2002). CPTED(환경설계를 통한 범죄예방) 이론과 Premises Liability(장소 소유·관리자의 법적책임)에 대한 고찰. 한국경찰연구, 제2호, pp. 80-100.

31. 浮谷次郎(2003). 犯罪發生ワースト1の汚名返上へ安全なまちづくり條例を施行. Governance, 제29권.

32. 石埼 學, 北川善英, 淸水雅彦(2004.12). 神奈川県犯罪のない安全.安心まちづくり推進條例 案の制定に反對する法學者聲明. 法と民主主義. 제394권, 法民インフォメーション.

33. 石附 弘(2006). 犯罪に强い市民社會の安全基盤づくりへ向けての挑戰 ー先進的生活安全條例にみる安全.安心のまちづくり戰略の實證研究ー. Security science review, 제8호.

34. 田中史子(2007.6). 大阪府安全なまちづくり條例の施行狀況について. 法と民主主義, 제419권, 法民インフォメーション.

35. 後藤啓二(2002.9). 大阪府安全なまちづくり條例. Keisatsu Koron, 제57권 제9호.

36. 後藤啓二(2002.9). 大阪府安全なまちづくり條例について. 警察學論集, 제55권 제8호.

37. 後藤啓二(2004.9). 愛知県安全なまちづくり條例の制定と必要な警察力の確保に向けた取 組みについて. 警察學論集, 제57권 제9호.

38. Akers, R. L., & Sellers, C. S.(2009). Criminological Theories: Introduction, Evaluation, and Application. New York: Oxford University Press, Inc.

39. Andresen, M. A., Brantingham, P. J., & Kinney, J. B.(Eds.).(2010). Classics in environmental criminology. CRC Press.

40. Bentham, J.(2004). *An Introduction to the Principles of Morals and Leglislation*. In Jacoby, J. E.(Ed), Classics of Criminology(2nd ed., pp. 105-108). Long Grove, IL: Waveland Press.

41. Bernard, T. J., Snipes, J. B. & Gerould, A. L.(2010). *Vold's Theoretical Criminology*(6th ed.). New York, New York: Oxford University Press.

42. Bottoms, A. E., & Wiles, P.(1997). Environmental criminology. In M. Maguire, R. Morgan and R. Reiner(eds) The Oxford handbook of criminology. Oxford: Clarendon Press.

43. Brantingham, P. J., & Brantingham, P. L.(1993). Environment, routine and situation: Toward a pattern theory of crime. In R.V. Clarke & M. Felson(eds.). Routine activity and rational choice: Advances in criminological theory, vol. 5(pp. 259-294). New Brunswick, NJ: Transaction

Publishers.

44. Brantingham, P. J., & Brantingham, P. L.(1984). Patterns in Crime. New York: Macmillan.

45. Brantingham, P.J., & Brantingham, P. L.(1981). Introduction: The Dimensions of Crime. In P.J. Brantingham and P.L. Brantingham(Eds.), Environmental criminology(pp. 7–26). Prospect Heights, IL:Waveland.

46. Burgess, E.(1925). The growth of the city. In R. Park, E. Burgess, & R. McKenzie(Eds.) The city(pp. 47–62). Chicago, IL: University of Chicago Press.

47. Bursik, R. J., Jr(1988). Social disorganization and theories of crime and delinquency: Problems and prospects. Criminology 26, pp. 519–552.

48. Clarke, R. V.(n.d.). the theory of crime prevention through environmental design, School of Criminal Justice, Rutgers University, New Jersey. from http://www3.cutr.usf.edu/security/documents%5CCPTED%5CTheory%20of%20CPTED.pdf(검색일자 2015. 6. 21.)

49. Clarke, R. V., & Felson, M.(eds)(1993). Routine Activity & Rational Choice, London, Transaction.

50. Cohen, L., & Felson. M.(1979). Social Change and Crime Rate Trends: A Routine Activities Approach, American Sociological Review, 44, pp. 588–608.

51. Cornish, D., & Clarke, R. V.(eds)(1986). The reasoning Criminal: Rational Choic Perspectives on Offending. New York: Springer–Verlag.

52. Crowe, T. D.(2000). Crime Prevention Through Environmental Design 2nd Edition, NCPI: MA.

53. Exum, M. L.(2002). The Application and Robustness of the Rational Choice Perspectives in the study of Intoxicated and Angry Intentions to Aggress. *Criminology*, 40: 933–966.

54. Felson, M.(1997). Crime and Everyday Life, 2nd ed. Thousand Oaks, CA: Pine Forge Press.

55. Gottfredson, D. C., McNeil, R. J. III, & Gottfredson, G.(1991). Social area influences on delinquency: A multilevel analysis. Journal of Research in Crime and Delinquency 28, pp. 197–226.

56. Hammock, G. S., & Richardson, D. R.(1997). Perceptions of rape: The influence of closeness of relationship, intoxication and sex of participant. Violence and Victims, 12, pp. 237–246.

57. Hindelang, M. J., Gottfredson, M. R., & Garofalo, J.(1978). Victims of personal crime: An empirical foundation for a theory of personal victimization. Cambridge, MA: Ballinger.

58. Innenministerium des Landes Schleswig–Holstein, Landeskriminalamt, Zentralstelle Polizeiliche Kriminalprävention(2006). Sachstandsbericht Kriminalprävention im Städtebau "Soziale und sichere Stadt – Sozialraum – Management", Kiel.

59. Jacobs, J.(1916). *The Death and Life of Great American Cities*, New York: Random House.

60. Jang, S. J., & Johnson, B. R.(2001). Neighborhood disorder, individual religiosity, and adolescent use of illicit drugs: a test of multilevel hypotheses. Criminology, 39(1), pp. 109–144.

61. Jeffery, C. R.(1971). Crime Prevention Through Environmental Design, Ceverly Hills, CA: Sage publications.

62. Kelling, G. L., & Sousa, W. H., Jr.(2001). Do police matter? An analysis of the impact of New York

City's police reforms. New York: Center for Civic Innovation at the Manhattan Institute.

63. Kelling, G., & Bratton, W.(1998). Declining crime rates: Insiders' views of the New York City story. Journal of Criminal Law and Criminology 88(4), pp. 1217–1232.

64. Kelling, G., & Coles, C.(1996). Fixing Broken Windows: Restoring Order andReducing Crime in Our Communities. New York: Free Press.

65. Landespräventionsrat Nordhein–Westfalen(Hrsg.)(2004). Kommunale Kriminalprävention, Ein Leifaden zur Planung, Durchführung und Evaluation kriminalpräventiver Projekte, Düsseldorf.

66. Lersch, K. M., & Hart, T. C.(2011). Space, time, and crime(3rd ed.). Durham, NC: Carolina Academic Press.

67. Liska, A. E., & Messner, S. F.(1991), *Perspectives on Crime and Deviance*, New Jersey: Prentice–Hall.

68. McLaughlin, E. & Muncie, J.(2006). The sage dictionary of criminology(2nd edition), Thousand Oaks, CA: Sage Publication.

69. Meier, R. F., & Miethe, T. D.(1993). Understanding Theories of Criminal Victimization. in Crime and Justice 15. edited by Reiss & M. Tonry. Chicago: University of Chicago Press.

70. Morenoff J. D., Sampson R. J., & Raudenbush S. W.(2001). Neighborhood inequality, collective efficacy, and the spatial dynamics of urban violence. Criminology. 39(3), pp. 517–558.

71. Niedersächsisches Innenministerium(Hrsg.)(2002). Sicheres Wohnquartier – Gute Nachbarschaft, Kriminalprävention im Städtebau und bei der Wohnungsbewirtschaftung, Hannover.

72. Pratt, Travis C. & Cullen, Francis T.(2005). Assessing Macro–Level Predictors and Theories of Crime: A Meta–Analysis. In Michael Tonry(ed.), Crime and Justice: A Review of Research, 32. Chicago: University of Chicago Press, pp. 373–450.

73. Sampson, R. J.(2000). How do communities undergird or undermine human development? Relevant contexts and social mechanisms. In A. Booth and N. Crouter(eds) Does it take a village? Community effects on children, adolescents, and families. Mawhaw, NJ: Lawrence Erlbaum.

74. Sampson, R. J., & Groves, W. B.(1989). Community structure and crime. Testing social–disorganization theory. American Journal of Sociology 94, pp. 774–831.

75. Sampson, R. J., & Raudenbush, S. W.(1999). Systematic social observation of public spaces: A new look at disorder in urban neighborhoods. American Journal of Sociology 105, pp. 603–51.

76. Sampson, R. J., Morenoff, J. D. & Gannon–Rowley, T.(2002). Assessing 'neighborhood effects': Social processes and new directions in research. Annual Review of Sociology 28, pp. 443–78.

77. Sampson, R. J., Morenoff, J. D., & Earls, F.(1999). Beyond social capital: Spatial dynamics of collective efficacy for children. American Sociological Review 64, pp. 633–60.

78. Sampson, R. J., Raudenbush, S. W., & Earls, F. J.(1997). Neighborhoods and violent crime: A multi level study of collective efficacy. Science 277, pp. 918–24.

79. Sampson, Robert J., & Raudenbush. Stephen W.(1999). Systematic Social Observation ofPublic Spaces: A New Look at Disorder in Urban Neighborhoods. American Journal of Sociology 105, pp. 603–51.

80. Schneider, R., & Kitchen, T.(2002). Planning for Crime Prevention. A Transatlantic Perspective, London: Routledge.

81. Schubert, Herbert(Hrsg.)(2005). Sicherheit durch Stadtgestaltung: Städtebauliche und wohnungswirtschaftliche Kriminalprävention, Köln.

82. Shaw, C., & McKay, H.(1942/1969). Juvenile delinquency and urban areas(Rev. ed.). Chicago, IL: The University of Chicago Press.

83. Skogan, W.(1990). Disorder and Decline: Crimeand the Spiral of Decay in American Cities. Berkeley: University of California Press.

84. Siegel, Larry J.(2010), Criminology: Theories, Patterns and Typologies(10th ed.), NJ: Wadsworth.

85. Tibbetts, S. G., & Hemmerns, C.(2010). *Criminological Theory*. Thousand Oaks, CA: Sage Publication.

86. Wadman, R. C.(2009). Police Theory in America, Springfield, Illinois, US: Charkes C Thomas Publisher, LTD.

87. Warner, B. D., & Pierce, G. L.(1993). Reexamining social disorganization theory using calls to the police as a measure of crime. Criminology 31(4), pp. 493–517.

88. Wikström, P. O., & Loeber, R.(2000). Do disadvantaged neighborhoods cause well—adjusted children to become adolescent delinquents? Criminology, 38, pp. 1109–1142.

89. Wilson, J. Q., & Kelling, G. L.(1982). Broken windows: the police and neighborhood safety. A tlantic Monthly. 249(3), pp. 29–38. Available from: http://www.theatlantic.com/magazine/archive/1982/03/broken—windows/4465/?single_page=true.(검색일자 2015. 2. 10.)

90. Witkin, G.(1998). The Crime Bust. U.S. News and World Report May 25, pp. 28–36.

91. Wittebrood, K., & Nieuwbeerta P.(1997). Criminal Victimization during Individual Life Course in the Netherlands: The Effects of Routine Activities Patterns and Previous Victimization. Paper presented at the annual meeting of the American Society of Criminology, Chicago, November.

92. Wortley, R., & Mazerolle L.(2007). Environmental criminology and crime analysis: situation the theory, analytic approach and application, in Environmental criminology and crime analysis, pp. 1–18.

셉테드의
원리와 적용 사례

이경훈 · 이유미

이경훈 · 이유미

03

셉테드의 원리와 적용 사례

건축디자인 혹은 도시디자인이 추구하는 다양한 가치가 있지만 가장 기본적인 세 가지 요소로는 흔히 심미적 아름다움(미: Venustas)과 기능적 효율성(기능: Utilitas), 그리고 구조적 안전성(구조: Firmitas)을 언급한다. 여기에서 말하는 구조적 안전성이란 물론 직접적으로는 구조적으로 붕괴되거나 변형되지 않는 안전성을 의미하지만 이를 조금 더 포괄적으로 생각해 본다면 건축디자인이 건축물 내에서 일어날 수 있는 모든 재난, 재해, 생활안전사고, 범죄 등 다양한 위험요소로부터 안전하게 생활을 영위할 수 있도록 우리를 지켜줘야 한다는 것을 의미한다. 실제 우리가 생활을 영위하는 건축·도시환경에는 우리의 안전을 위협하는 다양한 위협요인이 존재한다. 불특정 다수가 사용하는 건축물에서 화재나 지진 같은 재난이 발생할 경우 공포감과 불명확한 피난경로로 인해 많은 인명피해가 발생할 수도 있으며, 9.11 세계무역센터(WTC) 사태에서 보듯이 테러에 의한 건축물의 붕괴로 수많은 인명이 희생되기도 한다. 그러한 재난, 재해 외에도 건물의 부적절한 디자인 혹은 사용자의 부적절한 사용으로 인해 낙상을 하거나 추락, 화상을 입는 등 생활안전사고에 취약한 건축이나 도시환경 역시 무수하게 존재한다. 따라서 이러한 다양한 위협요인으로부터 우리의 생명과 안전을 지켜준다는 것은 생존과 밀접하게 관련된 매우 중요하고 기초적인 가치로서 건축디자인에서 반드시 추구해야 할 가치라고 할 수 있다.

이런 관점에서 주민의 생명과 재산을 지키고 일상의 안전을 관리하는 일이 가장 중요한 책무인 지방자치단체의 공무원들은 주민의 안전을 지키기 위한 디자인에 대해 충분히 이해하고 관련사업을 기획하고 추진, 관리할 수 있는 능력을 갖추어야 한다.

따라서, 본 장에서는 우리 주변 환경에 존재하는 다양한 위험요인을 예방하기 위한 디자인 사례 등을 통해 디자인과 안전 간의 밀접한 관계를 이해하고, 이러한 디자인이 실제 건축물 및 도시설계를 하는데 있어서 어떻게 적용되는지 그 적용사례를 살펴봄으로써 지자체 공무원들이 셉테드의 본질을 이해하고 관련 사업을 추진할 수 있는 이론적 배경을 제공하고자 시도하였다.

제1절 디자인과 안전

1.1 건축물 안전에서 디자인의 역할과 디자이너의 사회적 책임

디자인이란 우리가 생각한 것보다 훨씬 더 많은 것을 우리에게 줄 수 있다. 안토니오 가우디(Antoni Gaudi)라는 건축가에 의해 디자인된 스페인의 사그라다 파밀리아(Sagrada Familia) 성당과 같이 건축디자인은 조형적이고 신비로운 건축형태를 통해 말로 형언할 수 없는 벅찬 감동과 기쁨을 선사하기도 한다. 두바이의 부르즈 칼리파(Burj Khalifa)와 같이 총 162개 층 828미터에 달하는 초고층 건축물은 상상을 초월하는 규모로 우리에게 놀라움과 경이로움을 경험하게 하기도 한다. 또한 디자인은 경제적으로 쇠퇴일로에 있던 스페인의 빌바오(Bilbao)라는 한 도시를 연간 백만 명 이상의 관광객들로 북적거리고 9년 만에 투자비용의 3.5배의 이익을 창출하는 관광도시로 재생시키기도 하였다. 안도 다다오가 설계한 빛의 교회는 그 팽팽한 긴장감과 종교적 신비함으로 방문하는 사람에게 종교적 영감과 탄성을 자아내게 한다.

| 그림 3-1 | 안토니오 가우디의
'사그라다 파밀리아 성당'

| 그림 3-2 | 세계 최고(828m)를 자랑
하는 '부르즈 칼리파 빌딩'

| 그림 3-3 | 프랭크 게리의 '구겐하임 빌바오 미술관'

| 그림 3-4 | 안도 다다오의 '빛의 교회'

그러나 디자인은 이러한 미적, 경제적 경험 외에도 실제 인간의 물리적 활동을 증가시키거나, 학업성과를 높이거나, 우울증을 완화시키거나 치유를 촉진시켜 환자의 재원기간 단축에 기여하는 등 다양한 부문에서의 인간의 성능(performance)을 높여주는 역할을 하기도 한다. 실제로 미국의 에모리 대학 부속병원의 신경과 중환자 동에서는 가족공간의 확대, 치유적 정원, 분산된 간호사 스테이션 등의 개념을 적용한 디자인을 채택하여 치유적 병원 환경을 구축하기도 하였다.

이처럼 디자인은 더 이상 일부 계층을 위한 상품이거나 서비스로서의 개념이 아니며, 오히려 사람의 행동을 변화시키고 더 나아가서는 더 나은 삶을 만들기 위한 사회적 가치를 창출하고 있다. 최근 들어서는 고령화, 물 부족, 폭력, 알코올 중독, 노숙자 문제, 범죄문제 등 수많은 사회문제를 디자인을 통해 해결하려는 시도, 즉 '사회문제 해결형 디자인'이라는 이슈가 대두되고 있다. 권영걸 교수는 21세기 디자인 포럼 발제강연에서 "유니버설 디자인 개념이 등장하면서 디자인이 사회적, 문화적, 경제적, 신체적 약자와 소외계층에 대한 혜택을 주고 사회문제에 대해 치유하려는 노력을 보이기 시작했다. 이제는 사회공동체 안에서 디자인은 평등을 지향하고 불특정 시민 모두의 삶의 질을 개선하기 위해 다학제적으로 접근되어 넓게는 소외된 인류를 위해, 좁게는 개개인의 만족과 사용 편의성을 위해 존재하게 되었다."[1]라고 주장하여 디자인의 공공성과 디자이너의 사회적 책임을 강조하였다.

영국 보건부(Department of Health)에서는 응급실에서의 잦은 폭력사고 발생과 그로 인한 사회적 비용 문제[2]를 해결하기 위해 기금을 조성하여 디자인 진흥기관인 디자인 카운슬(Design Council)에 응급실 폭력 개선을 위한 디자인을 의뢰했고, 디자인 카운슬에서는 공모를 통해 피어슨 로이드(Pearson Lloyd)라는 디자인

| 그림 3-5 | 활기찬 가로(street)환경의 은유로 치유적 병원환경을 구축한 병원 디자인 사례

---

1 권영걸(2008). 디자이너의 사회적 책임과 위상. 21세기 디자인포럼 발제 강연자료.
2 2년에 걸쳐 영국의 응급실 내 폭력실태를 조사해 보니 응급실 연간 이용자가 2,100만 명이 넘었는데 매년 59,000건의 물리적 폭력사건이 발생하였고, 그로 인해 소요되는 NHS 기금만 연간 6,900만 파운드가 넘는 것으로 조사되었다. 영국에서 응급실 폭력문제는 영국의 공공의료체계와도 관련이 있는데, 영국의 의료체계 NHS(National Health Service)는 일부 비용을 환자가 부담하는 우리나라와 달리 모든 진료에 드는 비용 전액을 국가에서 지원하는 체계로서 개인부담이 없는 만큼 영국의 공공병원은 의료 공급보다 환자 수요가 많고, 그 때문에 환자가 진료를 받기까지 오랜 시간이 걸린다는 고질적 문제를 가지고 있다.

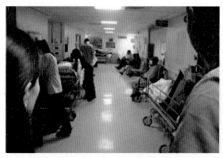 

▌그림 3-6 ▌ 일반적 응급실 대기실 모습　　　▌그림 3-7 ▌ 응급진료 개념도 리플렛
(출처: 문희채, 응급실 폭력을 줄이는 디자인, 한국디자인진흥원 홈페이지 http://www.designdb.com)

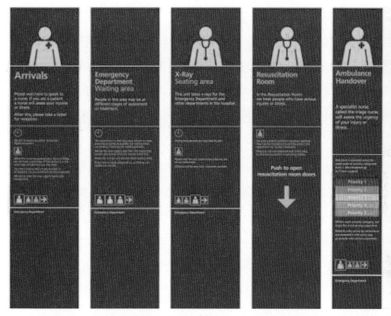

▌그림 3-8 ▌ 응급실 각 공간별 역할에 따른 치료과정을 설명하는 공간안내 패널
(출처: 문희채, 응급실 폭력을 줄이는 디자인, 한국디자인진흥원 홈페이지 http://www.designdb.com)

▌그림 3-9 ▌ 심각하지 않은 상태의 환자 치료공간(좌), 다소 심각한 상태의 환자 치료공간(중)/
노란색 벽면으로 다른 침상과 시각적으로 구분한 심각한 응급환자 치료공간(우)
(출처: 문희채, 응급실 폭력을 줄이는 디자인, 한국디자인진흥원 홈페이지 http://www.designdb.com)

사무소를 선정하여 'A Better A&E' 프로젝트를 진행하게 되었다.

응급실에서는 환자가 도착하면 접수와 함께 상태에 대한 초진, 기타 추가검사를 거쳐 최종 진단과 치료가 이루어진다. 응급실 진료는 선착순이 아니라 생명이 위태로운 순서를 우선으로 하지만 응급실에 오는 환자는 대부분 자신의 상태가 가장 심각하고 위급하다고 느끼기에 오해가 발생한다. 의료진의 초진에서 생명이 위태롭지 않은 상태라고 판단되면 우선순위에서 밀려나 실제 처치를 받기까지 대기해야 하는 시간이 길어지게 된다. 환자가 자신의 상태에 대해서 정확하게 의료진에게 설명을 듣지 못한 채 대기하다 보면 환자는 의료진이 자신에게 별로 관심이 없다는 느낌을 받게 되며, 환자의 불안과 고통이 합쳐지면서 극단적으로 분노를 표출하는 사태가 벌어지기도 한다.

피어슨 로이드는 환자와 보호자의 불안감을 줄이기 위한 디자인 해법으로 먼저 환자를 위해 응급실 내 진료과정을 안내하는 리플렛을 개발하고 환자가 자신이 현재 어느 상태의 환자이며, 어느 단계의 치료단계를 쉽게 알 수 있도록 하고, 응급실 내 상황이 얼마나 긴박하게 돌아가고 있는지에 대한 정보를 제공하는 각종 디자인을 개발하였다.

환자는 응급실에 들어오면 안내 리플렛을 받아서 앞으로 진행될 진료과정과 평균적 대기시간에 대해 안내([그림 3-8])를 받으며, 각 진료과와 복도에 안내판을 붙여 환자 본인의 상태가 어느 상태인지를 한눈에 확인할 수 있도록 배려([그림 3-9])했다. 한편 응급실 대기실에는 응급실 내 상황을 나타내는 실시간 정보를 모니터에 띄워 응급실 혼잡도와 그에 따른 치료 지연 등을 바로바로 전달([그림 3-10])했다.

응급실 혼잡도   치료단계별 환자현황   환자별 응급정도에 따른
대기시간 안내화면

┃ 그림 3-10 ┃ 대기실에 부착된 실시간 응급실 상황안내 모니터
(출처 : 문희채, 응급실 폭력을 줄이는 디자인, 한국디자인진흥원 홈페이지 http://www.designdb.com)

이러한 디자인 해법을 시범 시행한 결과, 75%의 환자가 대기시간 동안의 불만이 줄어들었다고 답했으며, 비물리적 형태의 폭력 발생빈도는 이전 대비 50% 수준으로 낮아졌다, 비용 면에서도 디자인 투자비용 1파운드 당 응급실 폭력으로 발생하는 비용 3파운드가 절감되는 효과를 거뒀다.

이처럼 응급실에 관한 영국의 디자인 사례[3]는 응급실에서 빈번하게 발생하는 폭언 및 폭력과 같은 사회문제를 디자인을 통해 해결한 사례로서, 기능적이고 아름다운 디자인만이 중요한 것이 아니라 사회적으로 책임감 있는 디자인 역시 중요하다는 것을 역설해 준다.

1.2 범죄예방과 디자인

디자인의 최근 동향이 더 나은 삶을 만들기 위한 사회문제 해결을 위해 노력하는 것이라면 셉테드, 즉 범죄예방 환경설계는 분명 사회문제 해결형 디자인에 해당된다. 범죄문제는 어느 사회든지 경험하는 사회문제이며, 특히 현대화되고 있는 사회에서는 날로 심각해지고 있는 사회병리 문제이고 삶의 질을 높이기 위해서는 반드시 해결해야 할 사회문제이다.

그렇다면 우리가 살아가는 도시환경은 얼마나 안전할까? 최근 몇 년간 매스컴의 사회면을 장식한 강력사건을 보면 여성, 아동, 노인 등 사회약자에게 현대의 도시·건축 환경이 얼마나 큰 위협요인을 제공하는지를 새삼 느낄 수 있다. 경찰청이 국회 안전행정위원회 김현 의원에게 제출한 '5대 범죄 범죄시계 발생현황'[4]에 따르면 2013년 1월에서 7월까지 발생한 5대 범죄는 모두 33만 9,186건으로 54초 마다 1건 꼴로 발생한다. 뿐만 아니라 대부분의 선진국에서는 범죄가 감소하거나 정체상태에 있는 반면 우리나라의 범죄는 지속적으로 증가하고 있는 추세여서 그 심각성을 알 수 있다. 또한 범죄로 인해 지출해야 하는 사회적 비용역시 막대해서 약 20조에 이르며, 이 중 범죄의 결과로 발생하는 경제적, 신체적, 정신적 손실 비용은 이 중 약 3조 7234억 원으로 추정되어 화재나 재해로 인해 발생하는 사회적 비용을 훨씬 웃도는 것으로 나타나고 있다(박준휘 외, 2014).

최근 이러한 범죄문제의 사회적 심각성을 인식하여 국토교통부에서는 건축법

3 본 사례에 대한 설명은 한국디자인진흥원 홈페이지(http://www.designdb.com)에 게재된 '응급실 폭력을 줄이는 디자인'을 발췌, 요약하였음.
4 경찰청(2013). 5대 범죄 범죄시계 발생현황. 국정감사 제출자료.

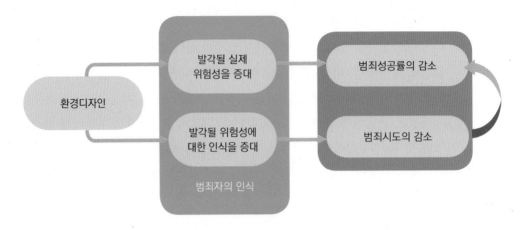

| 그림 3-11 | 셉테드를 통한 범죄예방의 논리 (출처: 이경훈 작성)

제53조 2항을 개정하여 500세대 이상의 공동주택, 오피스텔 등 대부분의 건축물에서 범죄예방 환경설계를 의무화시킨 바 있다. 따라서 이제 도시·건축 환경을 디자인하는 건축 실무자는 디자인을 하는데 있어서 범죄예방 환경설계의 필요성에 대한 인식을 바탕으로 사회적 책임감을 가지고 디자인에 임할 필요가 있다.

그렇다면 과연 범죄문제를 디자인으로 해결할 수 있다는 논리는 무엇인가? 범죄문제에 대해 디자인은 어떻게 대처해야 할 것인가?

환경범죄학에 이론적 토대를 두고 대두된 범죄예방 환경설계는 우리가 생활하는 일상적 도시·건축 환경에서 손쉬운 범죄기회를 제공하는 상황적 요인을 디자인을 통해 제거함으로써 (1) 범행 중 저지되거나 실패할 위험성을 실제로 증가시키거나, (2) 목표물 돌파의 위험성에 대한 범죄자의 인식을 증대시킴으로써 범죄를 예방하는 설계기법을 의미한다. 즉, 디자인 단계에서부터 범죄의 기회구조를 제거하는 방향으로 설계될 경우 CCTV 설치 등 큰 추가비용 없이, 그리고 게이티드 커뮤니티(gated community)라는 부정적 이미지 없이 범죄를 예방하는데 기여할 수 있다는 것이 셉테드의 논리이다.

영국의 DAC(Design against Crime) 센터를 설립한 영국의 로레인 개먼 교수는 실질적으로 범죄발생률을 낮추려면 '범죄자와 피해자의 행동을 바꿀 수 있는 조건과 환경을 디자인해야 한다'고 주장한다. 실제 이 센터의 작업은 범죄자와 피해자를 포함해 범죄와 관련된 모든 이해 관계자의 행동과 심리 등을 파악하고 그에 맞는 디자인을 개발해 환경을 바꾸는 것이 CCTV를 몇 대 더 설치하는 것보

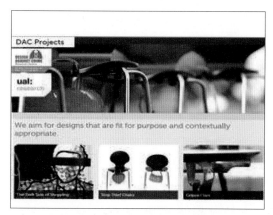

| 그림 3-12 |　영국의 DAC 센터
(Center for Design against Crime)
(출처: www.designagainstcrime.com)

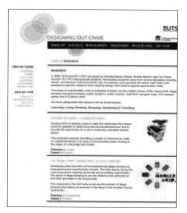

| 그림 3-13 |　호주의 DOC 센터
(Designing Out Crime Research Center)
(출처: www.designingoutcrime.com)

다 범죄예방에 훨씬 더 효과적이라는 사실을 증명해 왔다(전은정, 디자인이 꿈꾸는 안전한 동네, 살고 싶은 동네: 안전한 환경을 만드는 범죄예방디자인, http://www.designdb.com).

영국의 DAC 센터 뿐 아니라 호주의 DOC 센터 등은 모두 디자인을 통해 범죄를 예방하는 방법을 모색하는 연구센터로서 제품디자인으로부터 건축물 디자인에 이르기까지 다양한 디자인을 지속적으로 개발하고 있다. 그러나 국내에는 아직까지 이처럼 다양한 분야에서 범죄예방디자인을 개발하는 연구기관이 없으며, 일부 연구자들 사이에서 산발적으로 이런 디자인 개발이 이루어지고 있어서 사회적인 관심이 더욱 필요하며, 이를 위해서는 공무원들이 각종 셉테드 관련 사업을 진행하면서 디자이너들이 단순히 CCTV 같은 방범시설물이나 기타 가로시설물을 설치하는 점적인 계획이 아니라 디자인을 통해 취약한 공간의 본질을 변화시키는 공간적 계획을 할 수 있도록 장려하고 유도해야 할 것이다.

제2절　셉테드의 기본원리

제2절에서는 셉테드의 개념을 뒷받침하는 감시(surveillance), 접근통제(access control), 공동체 강화(community building)라는 셉테드의 기본원리에 대해 알아보

겠다([그림 3-14] 참조). 이중 감시와 접근통제는 티모시 크로(Timothy Crowe)가
자신의 책 'Crime Prevention Through Environmental Design'에서 언급[5]한 셉테
드 개념(concept)이다. 그리고 공동체 강화는 셉테드 관련 기존 연구[6]에서 중시
되고 있는 셉테드의 중요한 원리이다. 2절에서 다루는 내용은 기본 원리별 개념,
목표, 분류, 기대효과, 실현방안 등이다.

CPTED 기본 원리	감시(surveillance): 자연적 감시, 조직적 감시, 기계적 감시
	접근통제(acess control): 자연적 접근통제, 조직적 접근통제, 기계적 접근통제
	공동체 강화(community building)

┃ 그림 3-14 ┃ 셉테드의 3대 기본원리 (출처: 티모시 크로(Timothy Crowe, 2013)를 참조해 이유미 재작성)

2.1 감시

감시란, 외부인의 침입 여부 관찰을 위해. 이웃 주민과 낯선 사람의 활동을 지
켜볼 수 있게 공간과 시설물을 배치하거나 계획하는 원리이다.

사람들이나 기계 등에 의해 감시되고 있어서 범죄 행위시 목격자가 생길뿐 아
니라, 범죄 행위시나 도주시에 다른 사람들로부터 저지받을 수 있다는 인식을 잠
재적 범죄자에게 심어 줌으로써, 잠재적 범죄자의 행위를 위축시킬 수 있다. 또
주민들로 하여금 안전하게 보호받고 있다고 느끼게 하는 것이 가능하다. 주거 침
입 절도범이 범행시 고려요인 중 가장 많은 비율을 차지했던 것이 감시받지 않

---

5 Lawrence Fennelly & Timothy Crowe M. S.(2013). Crime Prevention Through
   Environmental Design. Third Edition, Elsevier, p. 28.
6 Rubenstein, H., Murray, C., Motoyama, T., Rouse, W. V., and Titus, R. M.(1980). The
   Link Between Crime and the Built Environment: The Current State of Knowledge.
   Washington, D.C.: U.S. Department of Justice; 강석진, 안은희, 이경훈(2005). 공동
   주택단지 외부공간을 중심으로 한 안전한 생활환경 조성방안에 관한 연구 -근린관계
   및 외부공간 활성화와 범죄불안감을 중심으로-. 대한건축학회논문집 계획계, 제21권
   제12호, pp. 19-28; 이유미, 백혜선(2008). 범죄로부터의 안전성 평가지표와 범죄불
   안감간의 상관성 분석에 관한 연구. 대한건축학회 논문집, 제24권 제10호 통권240호,
   pp. 121-128; 박준휘 외(2014). 셉테드의 이론과 실무(I). 한국형사정책연구원. pp.
   66-82.

는 곳이라는 연구 결과가 있다.[7] 그만큼 범죄자들이 범행장소 선정시 감시여부를 중요시함을 알 수 있다. 그밖에 많은 연구에서 감시는 범죄불안감이나 범죄발생률과 상호관련이 있음이 밝혀졌다(장순익, 1997; 조세현, 박찬규, 2002; 장동국 2004; John R. Minnery, Bill Lim, 2005).[8]

감시는 3가지로 구분할 수 있다(〈표 3-1〉 참조). 첫째, 건물 배치나 창문 위치 계획 등을 통해 사람의 시선을 최대한 확보할 수 있도록 하는 자연적 감시, 둘째, 진출입구와 감시의 사각지대 등을 CCTV(범죄자가 해당 장소를 회피할 수 있으므로 접근통제 원리에도 포함될 수 있음)와 같은 보안시설에 의해 감시하는 기계적 감시, 셋째, 경찰이나 경비원의 순찰에 의한 조직적 감시로 구분할 수 있다.

범죄예방을 위한 감시 방법을 공동주택단지를 사례로 하여 간단히 소개하면 다음과 같다. 사람의 시선을 최대한 확보할 수 있도록 주거동 배치, 수목의 위치와 크기 등을 통해 감시 할 수 있을 것이다. 단지내 주거동 출입구와 놀이터에 CCTV와 같은 보안시설을 설치하여 감시할 수 있을 것이다. 단지 출입구에 경비실을 설치하고 경비원이 상주하여 낯선 사람들의 행동을 감시할 수 있을 것이다

| 표 3-1 | 범죄예방 환경설계를 위한 감시의 개념과 감시의 3가지 종류

	개념		분류와 실현방안
감시	외부인의 침입 여부 관찰을 위해 이웃 주민과 낯선 사람의 활동을 지켜볼 수 있게 공간과 시설물을 배치하거나 계획하는 원리	자연적 감시	사람의 시선을 최대한 확보할 수 있게 건물이나 창문 등을 계획하여 감시 (예: 건물 배치, 창문 면적과 위치, 조명의 밝기와 색깔 등)
		기계적 감시	진출입구와 감시의 사각지대 등을 보안시설로 감시 (예: 방범용 CCTV 등)
		조직적 감시	경찰이나 경비원의 순찰 등에 의한 조직적 감시 (예: 지역자율방범대의 순찰, 경찰의 순찰, 경비원의 순찰)

출처: 이형복, 2010; 박준휘 외, 2014; 이경훈 외, 2015의 내용을 참조하여 이유미 재작성.

---

7 최응렬(1997). 주거침입절도 방지를 위한 방범대책에 관한 연구: CPTED이론을 중심으로. 형사정책연구, 제31권, p. 113.

8 장순익(1997). 고층 공동주택의 방범안전에 관한 실태조사연구. 대한건축학회 논문집, 제13권 제4호, pp. 15-28; 조세현, 박찬규(2001). 저층 아파트 단지 불량행태 발생의 물리적 영향인자에 관한 연구-대전광역시-. 대한건축학회 논문집 계획계, 제17권 제5호, pp. 131-140; 장동국(2004). 도시공간구조와 공간범죄. 국토계획, 제39권 제1호, pp. 21-32; John R. Minnery & Bill Lim(2005). Measuring Crime Prevention Through Environmental Design. Journal of Architectural and Planning Research, 22(4): Locke Science Publishing Company, Winter. pp. 330-341.

2.2 접근통제

접근통제란, 보호되어야 할 지역에 대해 허가 받지 않은 사람들의 접근을 어렵게 하고 허가 받은 사람들의 접근을 용이하게 하는 것이다. 잠재적인 범죄자의 출입을 통제하여 보호되어야 할 지역에 대한 범죄 발생 가능성을 줄이는 것을 목표로 한다.

접근통제는 3가지로 구분할 수 있다(〈표 3-2〉참조). 첫째, 수목 식재와 보행로 설치 등을 통해 일정한 공간으로 접근을 통제하거나 접근을 유도하는 자연적 접근통제가 있다. 둘째, 자물쇠나 출입 차단기와 같은 보안 설비에 의한 기계적 접근통제가 있다. 셋째, 경비원과 같은 순찰인력이나 자율방범대 같은 지역사회 조직에 의한 조직적 접근통제로 구분할 수 있다. 주거침입절도범이 범행 목표물 접근시 고려요인 중 가장 많은 비율을 차지한 것이 방범/경비 초소 유무라는 연구 결과가 있다.[9] 그 만큼 접근통제 요인 중 경비와 같이 사람에 의한 조직적 접근통제가 중요함을 알 수 있다.

접근통제 방법을 공동주택단지를 사례로 하여 간단히 소개하면 다음과 같다. 단지출입구의 보행로는 거주자로 하여금 주거동으로의 접근을 유도하고, 외곽에 설치된 단지 울타리는 낯선 사람들의 출입을 통제할 수 있다. 건물 외벽에 노출된 배관이나 수목을 타고 오를 수 없도록 침입할 수 없는 주거동으로 디자인하여 범죄자의 침입을 통제할 수 있다. 또 단지출입구의 차량 출입차단기를 설치하여 단지 내 외부 차량의 출입을 통제할 수 있고, 주거동 입구에 설치된 출입차단

┃표 3-2┃ 범죄예방 환경설계를 위한 접근통제의 개념과 접근통제의 3가지 종류

	개념		분류와 실현방안
접근 통제	보호되어야 할 지역에 대해 허가 받지 않은 사람들의 접근을 어렵게 하고, 허가 받은 사람들의 접근을 용이하게 하는 것	자연적 접근통제	수목 식재와 보행로 설치 등을 통해 일정한 공간으로 접근을 통제하거나 접근을 유도하는 자연적 접근통제
		기계적 접근통제	자물쇠나 출입 차단기와 같은 보안 설비에 의한 기계적 접근통제
		조직적 접근통제	경비원과 같은 순찰인력이나 자율방범대 같은 지역사회 조직에 의한 조직적 접근통제

출처: 이형복, 2010; 박준휘 외, 2014; 이경훈 외, 2015의 내용을 참조하여 이유미 재작성.

---

9 최응렬(1997). 주거침입절도 방지를 위한 방범대책에 관한 연구: CPTED이론을 중심으로. 형사정책연구, 제31권, p. 113.

시스템은 주거동 출입 허가 카드를 가진 단지 내부인만 출입이 가능하게 할 수 있다. 경비실의 경비원은 낯선 사람들의 출입을 통제할 수 있다.

2.3 공동체 강화

공동체란, 특정한 사회적 공간에서 공통의 가치와 유사한 정체성을 가진 사람들의 집단이다.[10] 공동체는 공간에 기반을 두고 있기에 공동체를 강화하는 것은 범죄예방을 위해 매우 중요한 요소이다. 이 장에서 말하는 공동체 강화란, 동일한 장소를 지역 주민들이 공동으로 소유 또는 사용하면서 지역에 대한 애착심, 책임의식 등을 통해 지역에 출입하는 낯선 사람을 감시하고 잠재적 범죄자로 인한 범죄발생 위험을 감소시키는 것이다(〈표 3-3〉 참조).

기존 연구[11]에 의하면 공동주택단지의 공간 계획과 시설의 위치/종류가 주민들의 외부 공간 이용과 이웃교류에 일부분 영향을 주며, 이를 통해 공동체의식이 강화될수록 범죄불안감 감소에도 영향을 준다는 사실을 확인할 수 있다. 또 다른 연구[12]에서 공동주택단지의 휴게/녹지공간 면적과 가시성 등이 이웃의 수, 이웃

┃ 표 3-3 ┃ 범죄예방 환경설계를 위한 공동체 강화의 개념과 공동체 강화의 3가지 종류

	개념	분류와 실현방안	
공동체 강화	동일한 장소를 지역 주민들이 공동으로 소유 또는 사용하면서 지역에 대한 애착심, 책임의식 등을 통해 지역에 출입하는 낯선 사람을 감시하고 잠재적 범죄자로 인한 범죄발생 위험을 감소시키는 것	물리적 환경에 의한 공동체 강화	공동체 강화를 위해 주택단지 계획시 공간과 시설의 종류, 위치, 면적, 그 이외의 세부 계획방안 등과 같은 물리적 환경에 대한 계획
		비물리적 환경에 의한 공동체 강화	지역주민들의 자발적 참여가 전제된 다양한 동체 강화 프로그램들이 개발과 실행

출처: 이형복, 2010; 박준휘 외, 2014; 이경훈 외, 2015의 내용을 참조하여 이유미 재작성.

---

10 http://terms.naver.com/entry.nhn?docId=523492&cid=46636&categoryId=46636 [네이버 지식백과] 공동체 [community, 共同體](한국민족문화대백과, 한국학중앙연구원).

11 강석진, 안은희, 이경훈(2005). 공동주택단지 외부공간을 중심으로 한 안전한 생활환경 조성방안에 관한 연구-근린관계 및 외부공간 활성화와 범죄불안감을 중심으로-. 대한건축학회논문집 계획계, 제21권 제12호, pp. 19-28.

12 이유미, 백혜선(2008). 범죄로부터의 안전성 평가지표와 범죄불안감간의 상관성 분석에 관한 연구. 대한건축학회 논문집, 제24권 제10호 통권240호, pp. 121-128.

과 만났을 때의 이웃에 대한 태도(소극적이거나 적극적인 태도), 범죄불안감 등과 관계가 있음이 밝혀졌다. 그러므로 공동체 강화를 위한 첫 번째 방법으로 물리적 환경에 의한 공동체 강화를 제안한다. 물리적 환경에 의한 공동체 강화에서는 공동체 강화를 위해 주택단지 계획시 공간과 시설의 종류, 위치, 면적, 그 이외의 세부 계획방안 등과 같은 물리적 환경에 대한 고려가 중요하다. 그밖에 물리적 환경에 의한 공동체 강화 방법으로 제2절 셉테드의 5대 전략에서 소개하는 영역성 강화나 활동성 지원에서 소개되는 방법 등이 있을 것이다.

공동체 강화를 위한 두 번째 방법으로 비물리적 환경에 의한 공동체 강화가 있다. 비물리적 환경에 의한 공동체 강화에서는 주민의 참여에 기반을 둔 공동체 강화가 중요하다. 공동체의식에 기초하여 지역주민들의 자발적 참여가 전제된 다양한 공동체 강화 프로그램들이 개발되고 실행된다면 앞으로 범죄예방 환경설계를 위해 크게 기여할 수 있을 것으로 예상된다.

제3절 셉테드의 5대 전략

3절에서는 자연적 감시, 접근통제, 영역성 강화(Territorial Reinforcement), 활동성 지원(Activity Support), 유지 및 관리(Maintenance & Management)라는 셉테드의 5대 전략에 대해 알아보겠다. 5개 전략은 제이콥스(J.Jacobs), 뉴만(Oscar Newman), 모팻(moffat) 등이 셉테드의 중요한 요소로 언급한 것들[13]을 선정한 것이다. 5대 전략에서 다루는 내용은 개념, 전략에 따른 기대효과, 분류, 적용방법 등이다.

3.1 자연적 감시 강화

3장 1절에서 셉테드 원리로 소개된 감시 중 가장 중시되는 자연적 감시를 셉테드 전략으로 다루었다. 자연적 감시 강화전략이란, 앞에서 언급한 것처럼 CCTV와 같은 기계가 아닌 주변 사람들이 쉽게 볼 수 있도록 계획하여 사람의 시선에 의해 이웃과 낯선 사람들의 활동을 잘 볼 수 있으면서 잠재적 범죄자의 은

---

13 이형복(2010). CPTED를 통한 대전의 범죄예방 정책방안. 대전발전연구원, pp. 32-43.

| 표 3-4 | 셉테드의 5대 전략인 자연적 감시 강화의 개념과 적용방법

	개념	분류 또는 적용 방법
자연적 감시 강화 (Natural surveilance)	• CCTV와 같은 기계가 아닌 주변 사람들이 쉽게 볼 수 있도록 계획하여 사람의 시선에 의해 이웃과 낯선 사람들의 활동을 잘 볼 수 있게 함 • 사람이 숨을 수 있는 장소를 최소화시킬 수 있도록 공간이나 시설물 계획	• 사람이 숨을 수 있는 장소를 최소화시킬 수 있도록 공간이나 시설물을 계획 • 주변 사람들이 쉽게 볼 수 있도록 사람들의 시선을 최대한 확보할 수 있는 계획(예: 주거동 계획, 창문의 위치와 면적 계획, 휴게공간 계획, 녹지공간 계획, 주차공간 계획, 조경계획, 투시형 담장 설치 등) • 주변 환경과 지나가는 낯선 사람들을 좀 더 잘 볼 수 있게 해주는 조명계획

출처: 이형복, 2010; 박준휘 외, 2014; 이경훈 외, 2015의 내용을 참조하여 이유미 재작성.

폐장소를 최소화시킬 수 있도록 공간이나 시설물을 계획하는 전략이다(〈표 3-4〉 참조).

자연적 감시는 잠재적 범죄자로 하여금 검거 가능성이 높다는 생각을 하게 하여 해당 지역에서 범죄 발생건수를 감소시킬 수 있다. 또 자연적 감시가 잘 되는 동네에 거주하는 주민들로 하여금 우리 동네는 안전한 동네라는 생각을 하게 만들 수 있다. 우리 주변에서 이러한 사례를 찾으면 '담장 허물기 사업'을 예로 들수 있다. 선행연구[14]에 따르면 '담장 허물기 사업'에 의해 단독주택지에서 담장이 허물어짐으로 인한 사람들의 가시성 증가는 범죄불안감을 감소시키는 것으로 나타났다. 이를 통해 주거환경에서 자연적 감시는 범죄불안감 감소에 영향을 미친다는 사실을 확인할 수 있다.

그러나 우리 가족이 이용하는 통학로나 출퇴근길에서 자연적 감시가 어려운 공간들을 쉽게 찾을 수 있다. [그림 3-15]에서 보듯이 보행로에 튀어나온 구조물 뒤의 공간, 보행로에 접한 어두운 필로티 주차장, 건물과 건물사이의 보이지 않는 공간, 위에는 차도가 있고 그 밑에 보행자가 다니는 어두운 굴다리[15] 등은 사람들 눈에 잘 띄지 않는 공간들이다. 경사가 심한 지역에서 좁고 구부러진 골목길들도 자연적 감시가 어려운 공간이다. 이러한 공간들은 주간보다 야간에 자연적 감시가 어려워 주민의 범죄로부터 불안감을 증가 시킬 수 있다. 야간의 자연

---

14 김병석, 박진아(2013). 단독주택지 담장허물기 사업 후 물리적 변화요소가 자연적 감시와 범죄불안감에 미치는 영향 분석. 한국도시설계학회지, 제14권 제3호, pp. 119-130.

15 길이 교차하는 곳에서, 밑에 굴을 만들고 차는 그 위로 다니고, 사람은 그 밑으로 다닐 수 있게 만든 다리. http://krdic.naver.com/detail.nhn?docid=4665200

보행로에 튀어나온 구조물
(출처: 이유미 촬영)

보행로에 접한 어두운 필로티 주차장
(출처: 이유미 촬영)

건물과 건물의 사이의 보이지 않는 공간
(출처: 이유미 촬영)

위에는 차도가 있고 그 밑에 보행자가 다니는
좁고 어두운 굴다리 (출처: 이민식 제공)

┃ 그림 3-15 ┃ 자연적 감시가 어려운 공간들

적 감시를 증진시키기 위해 조명의 위치 등이 매우 중요하다.

이러한 공간들의 자연적 감시를 증대 시키는 방법 몇 가지를 소개하면 다음과 같다.

첫째, 사람이 숨을 수 있는 장소를 최소화시킬 수 있도록 하는 공간이나 시설물 계획이다. 벽이나 구조물 뒤로 사람이 숨을 수 없게 계획해야 한다. 예를 들어 시야를 가리면서 사람이 숨을 수 있는 넓은 가벽이나 시설물 설치를 지양하여야 한다. 어쩔 수 없이 필로티 공간, 굴다리, 심하게 휘어진 보행로 등이 생겨날 경우에는 개방성 증대 방안이나 시야 확보 방안을 고려해야 한다.

둘째, 가능한 사람의 시선이 방해 받지 않고 쉽게 볼 수 있도록 주변 사람들의 시선을 최대한 확보할 수 있는 계획이 필요하다. 예를 들어 공원이나 놀이터 주변 건물배치는 공원이나 놀이터에서의 활동을 볼 수 있게 하기 위해 건물을 공

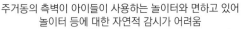

주거동의 측벽이 아이들이 사용하는 놀이터와 면하고 있어 놀이터 등에 대한 자연적 감시가 어려움

주거동의 전면이 아이들이 사용하는 놀이터와 면하고 있어 놀이터 등에 대한 자연적 감시가 가능함

┃ 그림 3-16 ┃ SBD에서 제시하는 자연적 감시 차원에서 본 잘못된 디자인 사례와 잘된 디자인 사례
(출처: http://interactive.securedbydesign.com/residential/)

원이나 놀이터 방향으로 배치하면서, 건물 창문의 위치와 면적을 감시 가능하게 계획해야 한다([그림 3-16] 참조). 운동공간이나 주차공간도 앞에서 소개한 방안 등을 고려해 계획해야 한다. 그리고 기존에 설치된 막힌 담장 대신에 투시형 담장을 설치 할 수 있다. 조경계획시 수목의 종류, 위치, 군집, 높이 등도 가시성을 고려해 계획해야 한다.

셋째, 어두운 주변 환경과 지나가는 낯선 사람들을 좀 더 잘 볼 수 있게 해주는 조명계획이다. 자연발생적으로 형성된 심한 경사지나 구릉지는 시야확보에 불리하다. 특히 야간에는 조명이 제대로 설치되어 있지 않으면 경사지의 좁은 골목길을 다닐 때는 불안감을 느끼지 않을 수 없다. 따라서 자연적 감시를 위한 시야확보를 위해 조명계획은 매우 중요하다. 기존의 낡고 어두운 조명 대신에 고효율의 밝은 조명기기를 적절한 높이와 위치에 설치하는 것이 필요하다. 또한 조명 설치와 더불어 조명을 가리는 간판이나 나뭇가지 등의 시설물을 제거하는 방안도 함께 요구된다.

위와 같은 자연적 감시가 강화된 물리적 환경 개선이 범죄예방을 위해 꼭 필요한 중요한 요소임은 오스카 뉴만이 방어공간이론[16]에서도 밝힌바 있다. 따라서

---

16 Newman, O.(1973). Defensible space: Crime prevention through urban design. New York: Macmillan. p. 167.

물리적 환경 계획시 기본적으로 자연적 감시에 대한 고려는 매우 중요하다.

3.2 접근통제

3장 1절에서 설명하였듯이, 접근통제란, 울타리 설치, 출입차단장치 설치, 경비원 순찰 등의 방법을 통해 일정 지역에 대해 외부인이나 부적절한 사람들의 접근 및 출입을 차단하여 잠재적인 범죄자의 접근 가능성을 줄이되, 적법한 이용자의 접근을 유도하는 것이다(〈표 3-5〉 참조).

| 표 3-5 | **셉테드의 5대 전략인 접근통제의 개념과 적용방법**

개념		분류와 적용 방법
접근 통제	울타리 설치, 출입차단장치 설치, 경비원 순찰 등의 방법을 통해 일정 지역에 대해 외부인이나 부적절한 사람들의 접근 및 출입을 차단하여 잠재적인 범죄자의 접근 가능성을 줄이되, 적법한 이용자의 접근을 유도	자연적 접근 통제	• 일정 지역에 대해 영역 표시를 하여 접근을 통제 또는 접근을 유도함 (예: 울타리 설치, 출입구 설치, 수목 식재, 보행로 설치, 보도와 차도의 마감재료 차별화) • 침입을 어렵게 하는 건물 디자인(예:건물 외벽에 노출된 배관을 타고 오를 수 없도록 계획)과 폐가와 같이 위험한 공간에 출입을 어렵게 하는 시설물 설치
		기계적 접근 통제	• 보안시설에 의한 접근통제 (예: 문/창의 보안용 잠금장치, 단지와 주거동의 출입 차단장치, 방범용 CCTV)
		조직적 접근 통제	• 지역사회의 조직적 접근통제 (예: 경비원 출입감시, 경찰의 순찰)

출처: 이형복, 2010; 박준휘 외, 2014; 이경훈 외, 2015의 내용을 참조하여 이유미 재작성.

우리나라 침입절도의 침입방법 및 침입로에 대한 조사결과, 문과 창문으로의 침입시 가장 높은 비율을 차지 한 것은 문과 창문의 시정장치를 부수고 침입 한 것이 아니라 열려 있는 문과 창문으로의 침입이었다.[17] 이와 같이 우리 주변 주택지에서 접근통제가 잘 되지 않은 사례들을 쉽게 볼 수 있다. 즉, 단독주택의 열려있는 문과 창문, 공동주택의 경비실도 없고 출입차단장치도 없으며 야간에

---

17 신의기 외(2008). 범죄예방을 위한 환경설계의 제도화 방안(Ⅰ). 한국형사정책연구원, p. 148.

침입을 용이하게 하는 보행로 인접 단독주택 벽의 가스배관
(출처: 이유미 촬영)

비상벨 자리에 없는 비상벨
(출처: 이유미 촬영)

▌그림 3-17 ▌　접근통제가 잘 되지 않은 사례들

더욱 어두워지는 좁은 보행자 출입구, 주택의 침입을 용이하게 해주는 가스배관 등을 쉽게 볼 수 있다. 또 과거에 접근통제용 보안시설이 설치되었으나, 현재는 고장 났거나, 보안시설물이 없어진 경우([그림 3-17] 참조)도 볼 수 있다.

접근통제를 위한 방법으로는 다음과 같은 것이 있다.

첫째, 일정 지역에 대해 영역 표시를 하여 접근을 통제 하는 방법으로 출입구와 울타리 등을 통해 영역을 표시하여 외부인의 접근을 통제할 수 있다. 또 공동주택단지 주출입구 주변에 서있는 기둥인 문주나 가벽과 같은 출입 관련 상징물이나 수목을 설치하여 내부인의 동선을 유도할 수 있다. 보도와 차도의 마감 재료를 다르게 설치하여 보행자의 접근과 차량의 접근을 적절하게 유도할 수 있다.

둘째, 침입이 어렵도록 건물을 디자인하고 빈집이나 버려진 폐가와 같이 위험한 공간으로 출입을 어렵게 하는 시설을 설치하여 접근을 통제한다. 침입을 어렵게 하는 건물 디자인을 예로 들면, 건물 외벽에 노출된 배관이나 수목을 타고 오를 수 없도록 노출된 배관에 가시 시설물 또는 미끄러운 덮개를 설치할 수 있으며, 수목을 건물과 일정간격이상으로 이격하는 방안이 있을 수 있다. 빈집으로의 출입을 어렵게 하기 위해서는 가림막 등을 설치하는 방안 등이 있을 것이다.

셋째, 보안시설에 의한 접근통제방안이 있다. 일본의 범죄예방성능인증마크인 CP 인증에서는 소음 없이 침입할 경우 문이나 창의 파손에 대해 5분 이상 견딜

일본의 범죄예방성능인증마크인 CP표시가 있는 창문
(출처: 이유미 촬영)

CP표시가 있는 창문의 감지 장치
(출처: 이유미 촬영)

| 그림 3-18 | 일본의 범죄예방성능인증마크인 CP가 있는 창문

수 있는 창호([그림 3-18] 참조)를 요구하고 있다.[18] 이와 같이 건물의 문이나 창에 공식적으로 인증 받은 보안용 잠금장치를 설치하는 방안이 있을 수 있다. 주거단지와 주거동에서의 출입 차단 장치를 통해 외부인의 접근을 통제하고 내부인의 접근을 허용하는 방법이 있을 수 있다. 그밖에 방범용 CCTV를 설치하여 범죄자로 하여금 범죄행위를 저지르지 못하게 할 수도 있을 것이다.

넷째, 지역사회의 조직적 접근통제방안이 있다. 지역사회의 자율 방범대의 순찰, 경찰의 순찰, 건물 경비원의 출입감시와 순찰에 의해 가능할 것이다.

3.3 영역성 강화

영역은 사전적 의미로 활동, 기능, 효과, 관심 따위가 미치는 일정한 범위[19]이다. 영역은 사적(私的) 영역, 반공적(半公的) 영역, 공적(公的) 영역 등으로 구분할 수 있다. 이해를 돕기 위해 공동주택단지를 예로 들면 24평이라는 단위 주택은 사적 영역이고, 공동주택단지의 놀이터나 주차장은 공적 영역이며, 단위주택 현관 앞의 복도나 홀은 반공적영역이라고 볼 수 있다.

영역성 강화 전략이란(〈표 3-6〉 참조), 어떤 지역에 대해 주민들이 사용(또는 점유)할 수 있는 실질적이거나 가상적인 영역을 만들고 그 영역을 다른 지역과 차별적으로 표시하여 낯선 사람의 출입을 쉽게 인지하게 하므로 범죄의 발생을 쉽

---

18 범죄과학연구소(2013). 방범인증제 국내 도입 모형 개발 및 법제화. 용인대학교 산학협력단, p. 27.

19 http://krdic.naver.com/detail.nhn?docid=27357400

게 인식할 수 있는 환경을 만드는 것이다. 이를 통해 범죄자로 하여금 다른 사람의 영역을 침입하고 있다는 생각을 하게 해서 심리적 압박감을 줄 수도 있으며, 주민들의 소유의식과 책임의식을 고취시키고 낯선 사람의 출입을 쉽게 인지하게 하므로 주민들에게 범죄로부터의 안정성을 느끼게 할 수도 있다.[20]

| 표 3-6 | 셉테드의 5대 전략인 영역성 강화의 개념과 적용방법

개념		분류와 적용 방법
영역성 강화 (Territo-rial Reinfor-cement)	• 일정 지역에 대해 주민들이 사용 (또는 점유)할 수 있는 실질적이 거나 가상적인 영역을 만들고 그 영역을 표시하여 주민들의 소유 의식과 책임의식을 고취시키고 낯선 사람의 출입을 쉽게 인지하 게 하므로 범죄의 발생을 쉽게 알 아 볼 수 있는 환경을 만드는 것 • 지역주민들 간에 공감대 형성 및 지 역 공동체 강화에 기여할 수 있음.	**주변환경과의 영역성** • 해당 영역(예: 우리 단지)과 주변 사유지간 의 영역성 구분 (예: 울타리, 문, 바닥의 높이 차이) **상징적 영역성** • 상징물이나 상징적 수법에 의한 영역의 명 확성 확보 (예: 솟대, 일주문, 문주, 나무) **비 상징적영역성** • 상징적이지 않은 물리적 시설물에 의한 공 간의 명확성 확보 (예: 보행로와 차로의 색채와 마감재 차별화)

출처: 이형복, 2010; 박준휘 외, 2014; 이경훈 외, 2015의 내용을 참조하여 이유미 재작성.

영역성 강화를 위한 방법으로는 다음과 같은 것이 있다. 첫째, 우리 단지와 우리단지가 아닌 지역을 구분 할 수 있는 주변 환경에 대한 영역성 확보 전략이 있다. 울타리, 문, 바닥의 높이 차이 등을 통해 영역성을 확보 할 수 있다. 둘째, 우리 단지내에서 영역성을 확보할 때 상징적[21]으로 영역성을 표시하는 방법이 있다. 과거 한국 전통마을에 들어갈 때 보이는 마을의 큰 나무나 솟대와 같은 것들을 이용하는 방법이다. 최근에는 공동주택 주출입구 앞에 단지 이름이 새겨진 큰 돌이나 문주가 그 역할을 하고 있다. 셋째, 공동주택 단지내부에서 영역성을 표시할 때 상징적이지 않게 물리적 시설물에 의해 영역성을 표시하는 방법이 있다. 단지 외부 공간과 단지 내부공간 사이에 있는 울타리 또는 보행로와 차로의 색

---

20 Newman, O.(1973). Defensible space: Crime prevention through urban design. New York: Macmillan. p. 9.

21 추상적인 사물이나 관념 또는 사상을 구체적인 사물로 나타내는 일. 또는 그 사물. 예를 들면 '비둘기'라는 구체적인 사물로 '평화2'라는 추상적인 관념을 나타내는 것 따위가 있다. http://stdweb2.korean.go.kr/search/List_dic.jsp

채와 마감재 등의 차별화가 영역성을 표시하는 방법 중 하나이다.

공동주택에 대한 기존연구[22]에 의하면 거주자가 느끼는 단지내 일부 공적/반공적 영역에서 범죄로부터의 안전성이 주거지역 전체에서 범죄로부터의 안전성을 높이는 효과가 있음이 밝혀졌다. 따라서 사적 영역 뿐 아니라 반공적 영역, 공적 영역에서의 범죄불안감을 낮추는 작업은 거주자가 인지하는 주거지 전체에서의 범죄로부터 안전성에 영향을 미치는 중요한 작업임을 기억해야 할 것이다.

3.4 활동성 지원

활동성이란, 사전적 의미로, 몸을 움직여 행동하거나 어떤 일의 성과를 거두기 위하여 힘쓰는 성질[23]을 말한다.

활동성 지원 전략이란, 주민들이 활동하거나 함께 어울릴 수 있는 환경을 조성(공간 계획/시설 계획)하여 활발한 사용을 유도 또는 자극함으로써 자연적 감시활동을 강화하는 것이다. 지역의 범죄발생률 감소 뿐 아니라 지역 주민의 범죄불안감을 감소시킬 수 있다(〈표 3-7〉 참조).

▌ 표 3-7 ▌ 셉테드의 5대 전략인 활동성 지원의 개념과 적용방법

	개념		분류와 적용 방법
활동성 지원	주민들이 활동하거나 함께 어울릴 수 있는 환경을 조성(공간 계획/시설 계획)하여 활발한 사용을 유도 및 자극함으로써 자연적 감시활동을 강화하는 것	물리적 활동 환경 조성	• 일정 장소에 대한 사람들의 사용 증진시키기 위해 면적을 확보하고 디자인하여 물리적으로 활동 환경을 조성함 (예: 버려진 공간을 작은 휴게소나 공원 으로 계획)
		비물리적 활동 환경 조성	• 지역사회 참여유도 고려한 지역공동체 문화 형성을 통한 지역주민의 공동체 의식 강화 효과 기대 (예: 지역공동체 문화 기반 행사, 어머니 모임과 교류, 혼자 있는 어린이의 방과후 교육, 자율 방범대 지원)

출처: 이형복, 2010; 박준휘 외, 2014; 이경훈 외, 2015의 내용을 참조하여 이유미 재작성.

---

22 Suk-Kyung Kim, You Mi Lee, Eunsil Lee(2013). The defensible space theory for creating safe urban neighborhoods: Perceptions of safety from crime and design suggestions for U.S. and Korean multifamily residential environments. Journal of Architectural and Planning Research, 30(3), pp. 181-196.

23 http://krdic.naver.com/search.nhn?kind=all&query=%ED%99%9C%EB%8F%99%EC%84%B1

범죄 관련 연구 결과에 의하면 범인들은 범행을 위해 모자나 마스크를 준비하여 CCTV가 그렇게 큰 장애요인으로 작용하지 않고, 오히려 사람의 존재가 범행의 장애요인이 되는 것으로 나타났다.[24] 따라서 지역주민들이 어울릴 수 있는 지역 환경을 조성하여 활동성이 강화된다면 자연적 감시도 함께 이루어 져서 안전한 지역이 만들어 질 수 있다.

활동성 지원을 위한 방법으로는 다음과 같은 것이 있다. 첫째, 일정 장소에 대한 사람들의 사용 증진시키기 위한 물리적 환경을 조성하는 방법이다. 즉, 해당 공간의 면적을 확보하고 공간에 대한 디자인을 하여 물리적으로 활동이 가능한 환경을 조성하는 것이다. 예를 들어 기존에 쓰레기가 쌓여 있는 공지를 마을주민들이 이용할 수 있는 작은 휴게소나 공원으로 새롭게 계획하는 방법([그림 3-19] 참조)이 있다. 둘째, 비물리적 활동 환경 조성하는 것으로 지역사회에의 참여를 유도할 수 있는 지역공동체 문화 형성에 힘쓰는 방안이 있을 수 있다. 이를 통해 지역주민의 공동체 의식 강화 효과를 기대할 수 있을 것이다. 예로 들면, 그 지역공동체 문화를 기반으로 하는 행사를 개최하거나, 어머니 모임과 교류를 지원하며, 혼자 있는 어린이의 방과 후 교육을 위해 지원하고, 자율 방범대 등을 지원하는 방안이 있을 수 있다.

• 기존:
공가가 있는 인적이 드문 골목길

• 개선안:
인적이 드문 골목길을 마을 휴게공간으로 계획함

| 그림 3-19 | 폐가가 있는 인적이 드문 골목길의 구상안
(출처: 안양시 범죄 안전 환경디자인 계획구상안, 2014 / 양한규 사진 제공 / 주미옥 그래픽 제공)

---

24 강용길, 조준택(2010). 침입절도범의 행동분석을 통한 침입절도 예방대책에 관한 연구. 경찰학연구, 제10권 제1호, p. 201.

3.5 유지 및 관리

유지 및 관리는 어떤 시설물이나 공간(예:공공장소)을 청결하게 유지하고, 필요시 보수하여 처음 설계된 대로 지속적으로 안전한 생활환경을 유지시키는 전략이 유지 및 관리 전략이다(〈표 3-8〉 참조).

표 3-8 셉테드의 5대 전략인 유지 및 관리의 개념과 적용방법

	개념	분류와 적용 방법	
유지 및 관리 (Mainte-nance & Mana- gement)	어떤 시설물이나 공간(예:공공장소)을 처음 설계된 대로 지속적으로 안전한 생활환경을 유지시키는 것	청결	• 공간이나 시설물의 청결한 상태 유지 (예: 청소의 날 제정, 쓰레기 분리 수거장 조성)
		보수와 관리	• 공간이나 시설물의 보수 및 유지 및 관리 (예: 놀이터, 공원 등의 보수)

출처: 이형복, 2010; 박준휘 외, 2014; 이경훈 외, 2015의 내용을 참조하여 이유미 재작성.

실제 우리 주변 보행로에서 유지 및 관리가 잘 안 되는 공간들을 쉽게 볼 수 있다([그림 3-20] 참조). 주인 없이 버려져 있어 우범화 될 수 있는 낡고 위험한 폐가, 건물 주변에 방치된 쓰레기들, 보행로상의 지저분한 의류수거함과 버려진 가구, 수로에 정리되지 않은 잡초와 건자재 폐기물 등을 볼 수 있다.

유지 및 관리를 위한 방법으로는 다음과 같은 것이 있다. 첫째, 청결을 위해 해당 공간이나 시설물의 청결한 상태 유지하는 방법이 있다. 예를 들어 지역 주민들간에 청소의 날을 정해 청소를 규칙적으로 하면서 청결뿐 아니라 지역에 대한 애착심도 증진시키는 것이 가능할 것이다. 또 마을에 쓰레기 분리수거장을 마련하여 쓰레기를 재활용하면서 마을 주민들 간의 만남의 기회도 증진시킬 수 있을 것이다. 둘째, 공간이나 시설물의 보수 및 유지 및 관리 방법이 있다. 예를 들어 지역의 어린이 들이 이용하는 놀이터나 지역 주민들이 이용하는 공원 등을 보수해주면서 지속적인 안전한 환경을 만들어 줄 수 있을 것이다. 또 위의 두 가지 방법을 통해 잠재적 범죄자로 하여금 해당 지역이 관리가 잘 되고 있음을 알려주어 범죄 행위를 억제시키는 효과도 있을 것으로 예상된다.

우범화 될 수 있는 낡고 위험한 폐가
(출처: 강부성 사진 제공)

건물 주변에 방치된 쓰레기
(출처: 고지영 사진 제공)

보행로상의 지저분한 의류수거함과 버려진 가구
(출처: 이유미 촬영)

수로에 정리되지 않은 잡초와 건자재 폐기물
(출처: 이민식 사진 제공)

┃ 그림 3-20 ┃ 유지 및 관리가 안 된 사례

제4절 건축 · 도시 디자인과 셉테드의 적용

4.1 셉테드의 프로세스

셉테드의 적용범위는 단순히 물리적인 환경개선에만 국한되는 것이 아니라, 사회문화적인 환경개선도 함께 포괄하는 개념으로 접근할 필요가 있다. 이는 범죄문제가 복잡한 사회현상의 하나로서 이해되기 때문이다.

셉테드 적용은 기본적으로 "현황파악-계획수립-전략실행-운영관리"의 과정으로 진행되는데, 개요를 요약[25]하면 다음과 같다.

---

25 이경훈, 강석진(2015). 사례로 이해하는 실무자를 위한 범죄예방디자인. 기문당.

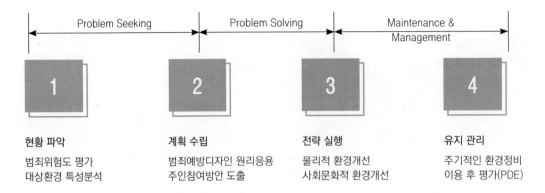

Problem Seeking		Problem Solving	Maintenance & Management
1	**2**	**3**	**4**
현황 파악	계획 수립	전략 실행	유지 관리
범죄위험도 평가	범죄예방디자인 원리응용	물리적 환경개선	주기적인 환경정비
대상환경 특성분석	주인참여방안 도출	사회문화적 환경개선	이용 후 평가(PDE)

‖ 그림 3-21 ‖ 셉테드 디자인의 적용 프로세스 (출처: 이경훈 외, 2015)

1) 현황 파악

가장 먼저 진행되는 현황파악에는 범죄통계, 지역의 물리적 환경, 지역의 사회 인구학적 특성 등 전반적인 내용이 모두 포함된다.

범죄현황의 경우 공식적인 경찰 통계자료를 활용하는 것이 객관성을 담보할 수 있지만, 일반인이 범죄자료를 활용하는 것은 어렵기 때문에 대상지역에 거주 하는 주민이나 사용자들을 대상으로 한 범죄피해 및 불안감 조사를 수행하는 것 이 효율적이다.

다만, 단순하게 설문지를 배포해서 취합한 자료를 중심으로 범죄현황을 파악 할 경우 통계적 오류가 발생할 수 있기 때문에 1대 1 면접조사나 대표성을 갖는 주민들을 대상으로 한 집단조사 등의 방법을 사용하면 분석자료의 신뢰도를 높 이는데 도움이 될 수 있다.

물리적 현황분석에는 일반적인 설계과정에서 적용되는 대지분석(Site analysis) 을 기본으로 범죄에 취약한 요소들과 향후 개발될 경우 활성화될 가능성(잠재적 가치)이 있는 요소들의 파악이 포함된다.

이러한 현황분석을 위해서는 체크리스트를 사용할 수 있으며, 대상지에 대한 이해도가 높은 지역 주민이나 지구대 경찰, 지자체 공무원 등과 함께 현장조사를 하는 것이 효율적이다.

체크리스트는 기존에 보급되어 있는 셉테드 가이드라인을 참고해서 만들 수 있으며, 대상지역이나 건물에 대한 현황도(지도)를 만들어 주요 특성이나 참고사 항들을 표기한다면 필요한 디자인 아이디어를 도출하는데 도움이 된다.

102

사회인구학적(또는 인문학적) 현황분석에는 대상지의 문화와 역사, 경제수준, 주민의 인구학적 특성 등에 대한 분석이 포함된다. 이러한 사회문화적 환경분석은 물리적 환경분석을 통해서 규명되지 않는 범죄와 관련된 지역특성을 파악하는데 도움이 되며, 또한 전문가들이 제안하게 될 범죄예방 환경설계에 대한 주민들의 선호도, 요구, 관심의 재고 등을 위해서도 필요하다.

2) 계획 수립

환경개선 대상에는 물리적인 환경(H/W)과 비물리적 환경(S/W)이 모두 포함된다.

물리적인 환경개선은 주로 골목길과 가로 시설물, 건축물을 대상으로 한 각종 디자인 활동이 중심이 되며, 비물리적 환경개선에는 이웃과의 관계 맺기(교류하기), 마을 순찰하기, 안전지도 만들기, 마을축제 및 전시회 개최 등 주민활동이 중심이 된다.

따라서 계획수립 단계에서는 셉테드의 적용대상과 적용범위를 고려해야만 하는데, 대상과 범위는 공간적, 사회적, 시간적 차원에 따라서 달라지기 때문에 현황분석 단계에서 파악된 자료들을 각각의 차원에 따라서 효율적으로 활용할 수 있는 방안을 도출하는 것이 중요하다.

공간적 대상은 가로, 시설물, 구조물, 건축물 등으로 분류되는데, 어느 시설이나 공간에 범죄예방 환경설계를 적용할 것인가에 따라서 도출되는 해법도 달라질 수 있다. 예를 들어 한 개의 건물이나 특정 공간만을 대상으로 한다면 필요한 셉테드 전략도 제한적이지만, 여러 건물이나 길게 이어진 골목길을 대상으로 한다면 다양한 전략이 도출될 수 있으며 필요한 자원(비용, 시간, 참여인력 등)도 많이 요구되는 것이다.

이와 같이 공간적 대상의 결정은 범죄예방 효과의 영향범위를 설정하는 것과도 연계되는 것이므로 대상지역의 범죄특성을 고려하여 공간적 대상(환경개선의 범위)을 결정하는 것이 중요하다.

사회적 대상은 범죄예방 환경설계를 통해서 혜택을 받는 대상이나 범위를 결정하는 것이다. 범죄는 여성과 남성, 노약자와 청장년, 내국인과 외국인 등 사회적 계층에 따라서 발생하는 패턴이나 심각성도 달라진다.

병의 증상에 따라서 처방전도 달라지는 것과 마찬가지로 대상지역의 범죄특성을 분석한 뒤 모든 계층의 안전을 담보할 것인지 아니면 아동과 여성 등 특정 계층의 안전을 우선적으로 확보할 것인지에 따라서 도출되는 디자인 대안도 달라질 수 있다. 이와 연계되는 내용으로 통제대상이 되는 범죄유형이 대인범죄인지 대물범죄인지 또는 침입범죄인지 노상범죄인지에 따라서도 필요한 셉테드의 전략은 달라진다.

시간적 대상은 범죄가 주로 발생하는 시기(시간대)와 범죄예방 환경설계가 효과를 발휘하는 시기(시간대)를 가늠하는 것이다. 범죄위험 요소들이 존재하거나 부각되는 시기는 일정한 패턴으로 유형화할 수 있는데, 일(日) 단위에서는 새벽, 오전, 오후, 저녁(심야) 시간대로, 주(週) 단위에서는 평일(주 중의 특정 요일)과 휴일, 계절단위에서는 봄, 여름, 가을, 겨울에 발생하는 범죄유형이나 피해수준이 다르기 때문에 이를 고려한 범죄예방 환경설계 계획이 수립되어야 한다.

3) 전략 실행

계획단계에서 정리된 적용방법과 적용범위를 조합하면 (1) 소규모 주민참여 프로그램(S/W) 전략, (2) 대규모 주민참여 프로그램(S/W) 전략, (3) 소규모 물리적 환경개선(H/W) 전략, (4) 대규모 물리적 환경개선(H/W) 전략 등 총 4가지 유형이 만들어진다. 소규모의 물리적 환경개선(H/W)에는 '각종 방범시설물의 설치와 기존 시설물 보수'가 포함되는데, 방범용 CCTV나 비상벨 설치, 부족한 조명시설 확충 및 성능향상, 건축물 외벽 배관 정리, 출입문 보안장치 강화와 같은 방범시설물의 개선이 이에 해당된다. 다만, 이러한 시설물의 설치 및 보수도 예산에 따른 적용 범위를 어느 수준으로 설정하는 가에 따라서 중대규모 전략에 포함될 수도 있다.

대규모의 물리적 환경개선(H/W)에는 '가로의 환경개선이나 개보수 수준 이상의 건축물 정비 사업'이 포함되는데, 노후 건축물 정비 및 폐공가 리모델링, 도로기반시설 정비, 토지 및 건물용도의 규제 등이 이에 해당된다.

간단한 주민참여 프로그램에는 '범죄안전 워크숍, 안전마을 만들기 교육, 안전지도 만들기, 이웃간 친교활동' 등이 포함되는데, 이러한 전략들은 주로 통반 단위로 주민들의 활동을 통해서 이루어진다.

대규모의 주민참여 프로그램에는 '범죄안전마을 브랜드 개발, 안전마을 전시회 및 축제, 마을 단위의 각종 조사 및 유휴자원 발굴활동' 등이 포함된다. 프로그램 특성상 참여하는 주민이나 사용자의 규모가 작으면 소규모 전략에 포함될 수 있다. 이러한 활동은 단위블록이나 행정동 규모에서 진행되는 것이 범죄예방에 효율적이다.

4) 유지 및 관리

범죄예방디자인의 계획수립과 실행이 마무리되면 이를 관리하고 유지하는 책임은 사용자에게 돌아간다. 어떤 환경이건 처음에는 정돈되고 쾌적한 이미지를 제공하지만 시간이 흐를수록 감가상각이 되거나 노후되는 것은 환경과 시설의 특성이기 때문에 정기적인 유지 및 관리가 범죄예방을 위해서는 필수적이다.

주민이나 사용자가 환경에 대한 관심을 가지고 꾸준하게 유지 및 관리하기 위해서는 범죄예방 환경설계에 대한 이해가 선행되어야 하며, 자체적으로 유지 및 관리를 위한 프로그램도 병행되어야 한다.

또한 범죄예방 환경설계의 범죄예방 효과성과 주민 만족도 등이 포함된 사후조사(모니터링)를 진행하고, 여기서 도출된 문제점은 향후 범죄예방 환경설계 프로젝트에서 반영해야 한다.

4.2 공동주택 디자인과 셉테드의 적용

거주유형 중 아파트가 차지하는 비중은 이미 단독주택을 훨씬 앞질러 우리나라의 대표적 주거유형이 된지 오래이다. 단독주택이나 연립주택에 비해 범죄발생빈도가 적지만 지하주차장, 계단실, 옥상 등 일부 취약공간에서의 주민불안감은 실제 발생빈도에 비해 상대적으로 높게 나타나고 있다.

이미 2010년부터 서울시에서는 도시재정비촉진을 위한 범죄예방 환경설계조례를 제정하고 재개발, 재건축사업의 사업시행 인가시 셉테드 반영을 평가하여 일정 점수 이상을 받아야 사업시행 인가를 내주도록 제도화한 바 있으며, 대한토지주택공사에서는 2011년부터 대한토지주택공사에서 시행하는 공동주택 현장설계 평가기준에 셉테드를 반영하여 셉테드 계획도를 제출하도록 하여 이를 평가하고 있다. 또한 한국셉테드학회에서는 2010년부터 공동주택 셉테드 인증제도를 시행하여 현재까지 40여개의 단지가 인증을 완료하는 등 아파트 셉테드에 대한 관심과 제도화가 추진되고 있다. 이에 따라 H건설, D건설, D산업 등이 연구개발을 통해 자체적인 범죄예방 특화상품을 개발한 바 있다. 여기에서 소개하는 디자인 적용사례는 민간 건설사에서 개발한 특화 아이디어를 셉테드의 기본원리별로 구분하여 설명하고자 한다.

1) 자연적 감시

[그림 3-22]는 아파트 단지의 담장을 투시형 구조 혹은 조경담장 등으로 디자인하여 단지 외부와의 영역을 구분하고 외부인의 불필요한 진입을 억제하는 반면 단지 내외부에 대한 자연적 감시가 가능하도록 한 사례이다. 최근 담장 허물기 등을 통해 조금 더 소통하는 아파트 단지를 조성하려는 시도가 있지만 투시형 담장이나 조경담장 등은 그런 취지를 살리면서도 어느 정도 외부인의 접근통제와 영역 구분을 가능하게 할 수 있는 디자인 전략이라고 할 수 있다.

| 그림 3-22 | 투시형 담장 (출처: 이경훈 외, 2015)

[그림 3-23]의 디자인 사례는 최근 입주한 인천의 한 아파트에서 적용된 디자인으로 어린이 놀이터 주변에 맘스 존(mom's zone)이라는 부모들의 휴게공간을 개방형으로 설치하여 어린이들이 놀이터에서 노는 것을 부모들이 지켜볼 수 있도록 한 사례이다. 놀이터에서 종종 발생할 수 있는 안전사고 혹은 유괴 등의 문제를 부모가 인근에서 지켜봄으로써 예방할 수 있는 디자

| 그림 3-23 | 놀이터 휴게공간(mom's zone) 설치 사례
(출처: 동부센트레빌 아파트, 이경훈 촬영)

인 전략이라고 할 수 있다. 특히 이러한 시설은 법정 의무사항이 아닌 것으로 건설사의 입장에서는 상당한 비용부담 속에서도 어린이 놀이터의 안전을 확보하기 위해 제시한 획기적인 아이디어라고 판단되며, 그에 따른 주민들의 만족도도 매우 높게 나타나고 있다.

[그림 3-24]는 지하주차장에서 주동으로 직출입할 수 있는 출입구가 벽식구조로 인해 생긴 벽체에 의해 주동출입구 주변이 잘 보이지 않고, 때로는 후면으로 후퇴되어 지하주차장 내부에서 출입구를 인식하기 어렵다는 문제점을 개선하기 위해 출입구 주변의 가벽을 제거하여 출입구 전면 로비를 확장하고 돌출된 캐노피와 다운라이트 조명 등을 통해 멀리서도 주동 출입구가 잘 보일 수 있도록 출

106

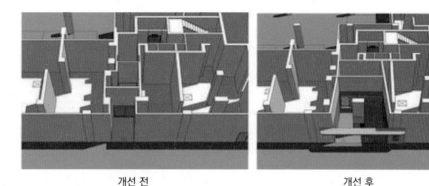

개선 전   개선 후

| 그림 3-24 | 지하주차장 주동출입구 시인성 개선 디자인 (출처: 이경훈, 2011)

| 그림 3-25 | 지하주차장의 자연적 감시기회 확대를 위한 지하/지상 복층경비실 디자인
(출처: 이경훈, 2011)

입구의 시인성을 개선한 디자인이다.

[그림 3-25]는 최근 건설되는 공동주택 지하주차장이 주동통합형으로 설계되어 많은 사람들이 지하에서 바로 주동출입구로 진입되게 되어 있는데 반해 경비실은 지상에만 설치되는 문제점을 해결하고자 경비실을 복층형으로 설계하여 지하주차장에도 감시 및 안내를 제공하도록 한 디자인 사례이다. 지하주차장은 흔히 거주기능이 없어서 통행량이 적고 따라서 범죄불안감이 높은 장소 중 하나지만 경비실을 지하에 배치함으로써 지하주차장 내에서의 불안감을 저감시키는 효과를 가져올 수 있다.

2) 접근통제

[그림 3-26]은 일본 오사카의 방범인증 맨션 중 하나인 〈비 얼 오사카 오테마 타워(Be All Osaka Otemae Tower)〉로서 저층 세대로 침입하거나 가스배관을 타고 기어오르려는 절도범의 접근을 통제하기 위해 주동 외벽 주변에 수공간을 조성한 사례로, 보행자를 일정거리 이격시켜 저층세대의 프라이버시를 확보해 주는 효과와 불필요한 접근을 통제해 주는 효과를 동시에 이룰 수 있는 디자인 사례이다.

[그림 3-27]의 지능형 접근통제 시스템은 인천 계양구의 한 아파트에서 적용된 디자인으로 고속화도로와 인접하여 평상시 보행자가 거의 없는 도로에 면한 담장을 통해 야간 시 외부인의 침입이 우려되는 상황에서 적용되었다. 이 구간의 담장에는 일정 간격으로 적외선 감지기가 설치되었으며, 이와 연동하여 건설사에서 디자인한 지능형 CCTV 로봇이 설치되었다. 담장을 넘어서 단지 내로 침입하려는 시도가 있을 경우 감지기가 이를 감지하게 되면 자동으로 CCTV가 회전하여 이 장면을 송출하게 되며, 동시에 침입발생이라는 경고음이 울리는 시스템이다. 인건비 부담으로 경비실을 점차 줄여나가는 현 추세에서 이처럼 외부 침입에 취약한 구간을 지능형 접근통제 시스템 디자인으로 해결한 것은 범죄예방 측면에서 바람직한 사례라고 할 수 있다.

┃ 그림 3-26 ┃ 외벽 주변에 수공간 조성사례
(출처: Be All Osaka Otemae Tower, 2009, 이경훈 촬영)

┃ 그림 3-27 ┃ 침입감지 지능형 출입통제 사례
(출처: 인천 계양 동부 센트레빌아파트, 이경훈 촬영)

┃ 그림 3-28 ┃ 가스배관을 이용한 침입절도 예방을 위한 디자인 (출처: 한국셉테드학회, 2011)

  [그림 3-28]은 2011년 한국셉테드학회 공모전 출품작(이종진, 고려대학교 대학원)으로 아파트에서 빈번히 발생하는 옥외 가스배관을 타고 올라가 침입하는 절도를 예방하기 위해 붉은 색 점선으로 표시된 부분처럼 저층부 외벽에 캐노피를 설치하고 가스배관을 캐노피를 관통하여 지나가게한 디자인이다. 가스배관을 타고 침입하려는 절도범은 캐노피에 의해 가로막혀 더 이상 상층부로 기어올라갈 수 없도록 한 것으로 접근통제 원리에 입각한 디자인이라고 할 수 있다.

  [그림 3-29]는 국내 한 민간 건설사의 특화디자인 상품으로 개발된 아이디어

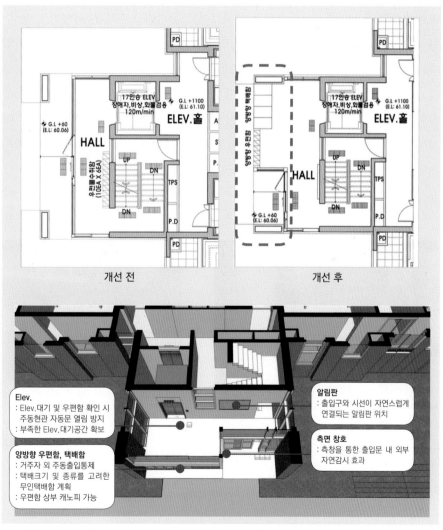

| 그림 3-29 | 불합리한 동선 개선으로 외부인 출입을 통제한 주동 출입구 디자인
(출처: 이경훈, 2011)

이다. 기존의 주동평면에는 주동출입구 내부에서 출입문–우편함–엘리베이터를 연결하는 동선의 불합리성으로 주민이 주동 내부로 진입하여 우편함에서 우편물을 수취한 후 다시 엘리베이터로 이동하는 과정에서 동작감지 센서에 의해 움직임이 감지되어 출입문이 열려서 외부인이 따라 들어올 수 있는 문제가 존재했다. 보안카드가 없는 외부인이 오작동에 의한 틈을 타서 주동 내부로 진입할 수 있다는 문제를 해결하기 위해 주동 내부 동선을 동작감지센서의 오작동이 없도록 합리적으로 개선하였다.

또한 [그림 3-30]의 양방향 우편함, 양방향 택배함은 [그림 3-30] 주동출입구 평면에서 동선 개선과 함께 채택된 아이디어로 우편배달부 혹은 택배기사 등 주민 외의 외부인의 주동 내부 출입 가능성을 원천적으로 제거하기 위해 개발되었다. 즉, 우편배달부 혹은 택배기사가 주동출입구 내부로 출입함으로써 혹시 발생할 수 있는 범죄발생의 가능성을 양쪽에서 개폐 가능한 양방향 우편함, 택배함을 설치함으로써 개선한 디자인이다. 양방향 우편함, 택배함은 우편배달부나 택배기사가 주동 바깥에서 우편물이나 택배물을 집어넣으면 주민들은 주동 내부에서 꺼내는 방식으로 불필요한 외부인의 주동 내부출입을 원천적으로 통제한다는 점에서 효과적일 수 있다.

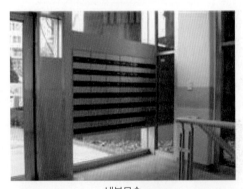 

내부모습   외부모습

┃ 그림 3-30 ┃ 양방향 우편함 (출처 : http://blog.daum.net/_blog/BlogTypeView.do?blogid=0aNAJ&articleno=37)

3) 영역성 강화

[그림 3-31]은 최근 아파트 단지에서 보편적으로 적용되는 디자인으로 단지와

단지 외부공간과의 영역구분을 위해 문주를 설치하고 내부공간과 외부공간 간에 바닥포장재의 패턴변화 등으로 단지의 영역성을 강화시킨 디자인 사례이다.

┃ 그림 3-31 ┃ 아파트 단지 출입구 부분의 문주설치 및 바닥패턴 변화 등으로 영역성 강화사례
(출처: 이경훈, 2010)

[그림 3-32]는 한 민간 건설사의 특화디자인 상품으로 개발된 아이디어로서 공동주택에서 필로티형 주동출입구가 필로티를 통과하는 사람들에게 잘 인식되지 않고 필로티 하부공간이 제대로 관리되지 않고 취약공간화되는 문제를 해결하고자 시도한 사례이다.

대부분 공동주택의 필로티 하부에는 주민들의 통행공간, 그리고 자전거 거치대 등의 기능이 들어가며, 최근의 디자인에서는 주민쉼터 등 공동시설 기능이 포함되기도 한다. [그림 3-32] 좌측 그림은 민간 건설사의 한 아파트 단지의 주동 평면 중 필로티 부분의 개선 전 평면을 보여주고 있다. 우측 개선 후 평면에서는 제일 먼저 기존의 필로티 하부공간 중 일부에 천창을 설치하여 지하주차장에 자연광을 도입하는 동시에 천창 구조물로 인해 일부 필로티 하부공간의 통행을 자연스럽게 제한하여 자전거 보관소로서의 기능을 더욱 강화했다.

또한 필로티 주동출입구의 시인성을 높이기 위해 우편함이 설치된 게이트 월(gate wall)을 디자인하여 주동출입구의 시인성을 재고함과 동시에 사람들의 흐름을 주동출입구로 자연스럽게 유도하였다.

동시에 사용되지 않던 필로티 하부공간을 법적 테두리 안에서 1미터 정도의 투시스크린 설치로 내부공간화하고 계절창고, 클럽하우스 등 주민 전용의 공용공간으로 활용할 수 있는 공간을 제공함으로써 전혀 사용되지 않던 필로티 하부공간의 활용성도 높인 디자인이다.

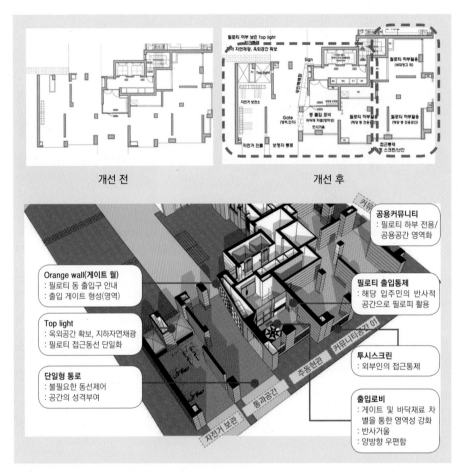

개선 전   개선 후

공용커뮤니티
: 필로티 하부 전용/
  공용공간 영역화

Orange wall(게이트 월)
: 필로티 동 출입구 안내
: 출입 게이트 형성(영역)

필로티 출입통제
: 해당 입주민의 반사적
  공간으로 필로피 활용

Top light
: 옥외공간 확보, 지하자연채광
: 필로티 접근동선 단일화

투시스크린
: 외부인의 접근통제

단일형 통로
: 불필요한 동선제어
: 공간의 성격부여

출입로비
: 게이트 및 바닥재료 차
  별을 통한 영역성 강화
: 반사거울
: 양방향 우편함

| 그림 3-32 | 게이트월 설치와 투시형스크린 설치로 영역성을 강화한 필로티형 출입구 디자인
(출처: 이경훈, 2011)

4) 활동성 지원

[그림 3-33]과 [그림 3-34]는 모두 거주기능이 없어서 자연적 감시기능이 미약한 공동주택 지하주차장에 주민 운동시설(fitness center)이나 자전거 보관소(bike station)를 개방형으로 설계, 배치하여 이런 시설을 이용하는 주민들이 지하주차장을 내다볼 수 있게 함으로써 지하주차장을 이용하는 주민들의 범죄에 대한 불안감을 저감시킨 디자인 사례이다. 이러한 주민 공동시설은 야간에 지하주차장을 이용하는 주민의 불안감을 저감시켜주는데 큰 역할을 할 수 있다.

| 그림 3-33 |
지하주차장 내 개방형 운동시설 배치로
자연적 감시를 강화한 디자인 사례
(출처: 이경훈, 2010)

| 그림 3-34 |
지하주차장 주동출입구 주변에 개방형 자전거 주차장
(bike station) 배치로 자연적 감시를 강화한 디자인 사례
(출처: 인천 계양 동부센트레빌 아파트, 이경훈 촬영)

4.3 일반 건축물 디자인과 셉테드 적용

아직까지 국내에서는 일반 건축물에서 셉테드 디자인이 적용된 사례는 쉽게 찾아볼 수 없다. 민간 일반 건축물에서 셉테드 디자인이 적용되기에는 아직 사회적 인식이 부족하고 아직까지는 셉테드 적용이 의무화되지도 않았기 때문에 민간 일반 건축물에서의 적용사례는 찾기가 어려웠다. 다만 학교시설의 경우 일반 건축물이지만 공공성을 띤 건축물이기에 일부 사례를 찾아볼 수 있었다. 우선 서울시 시범사업의 일환으로 공진중학교에 셉테드를 적용한 사례가 있었으며, 교육부의 학교폭력예방을 위한 셉테드 사업에서 단편적으로 셉테드를 적용한 사례가 있을 뿐이다. 여기에 소개된 적용사례 역시 서울시 시범사업과 교육부 셉테드 사업 중 일부 디자인 사례를 설명하도록 한다.

1) 자연적 감시

[그림 3-35]는 서울시 시범사업으로 추진된 공진중학교 프로젝트에서 적용되었던 디자인이다. 흔히 교내에서 발생하는 학생들 간의 또래 폭력은 시선의 사각지대, 특히 교사들의 눈길이 잘 닿지 않는 으슥한 곳에 많이 이루어진다. 이러한 점을 감안하여 각급 학교에서는 대부분 평균 10대 정도의 CCTV를 교내 취약공간에 설치하고 있으나 정작 모니터는 당직실 같은 낮 시간대에 점유되지 않는 공간에 설치되는 것이 대부분이어서 효과적인 모니터링이 이루어지지 않았고 따

라서 폭력행위를 사전에 목격하고 대처하는 예
방효과 역시 기대할 수 없었던 것이 사실이다.

공진중학교에서는 기존의 시각지대를 '드림
스테이지', '드림 월', '드림 그라운드' 등 다양한
학생활동이 일어날 수 있는 공간으로 조성한 후
그 공간에 설치된 CCTV 모니터를 학생이나 교
사들의 이동이 많은 현관로비 홀에 위치한 소통
의 벽에 집중 설치하여 이러한 공간에서 일어나

│ 그림 3-35 │ CCTV 모니터가 집중설치된
현관로비 (출처: 서울시 디자인정책과)

는 학생활동이 이를 통해 송출되도록 디자인하
였다. 이는 자연적 감시가 많은 공간에 모니터를
설치해서 수상한 행위에 대한 탐지능력을 높이고 이에 따른
예방적 대처가 가능하도록 한 디자인이라고 생각된다.

[그림 3-36]은 교육부의 학교폭력 대책과가 중심이 되어
2013년부터 실시한 학교 셉테드 사업에서 적용되었던 디자
인 사례이다. 화장실 내부에서 빈번히 발생하는 폭력 등을
복도에서도 감시가 가능하도록 개방형 출입문을 통해 시선
이 연결될 수 있도록 하였다.

│ 그림 3-36 │ 내부를 들여다 볼
수 있는 개방형 화장실 출입문
(출처: 교육부 학교폭력 대책과)

2) 접근통제

[그림 3-37]은 역시 교육부의 학교폭력 대책과가 중심이 되어 2013년부터 실
시한 학교 셉테드 사업에서 적용되었던 디자인 사례이다. 학교 내외부 공간에서
사람들의 통행이 뜸하고 폭력발생의 우려가 높은 곳에 학생들이 출입하는 것을
방지하기 위해 투시형 펜스 등을 활용하여 불필요한 접근을 통제한 사례이다. 이
러한 대책은 대부분 교사 옥상으로 올라가는 계단, 혹은 인근 주택가, 혹은 야산
등으로 통하는 틈새공간에 적용되었다.

│ 그림 3-37 │ 학교 내 취약공간 출입을 막기 위한 투시형 펜스 (출처: 교육부 학교폭력대책과)

3) 영역성 강화

[그림 3-38]은 교육부의 학교 셉테드 사업에서 적용되었던 디자인 사례로서 유휴공간에 학생 편의시설을 배치하고, 방과 후 교실을 효율적으로 관리하도록 공간배치를 조정하였으며 방치된 벽면은 도색을 하거나 학생들의 미술작품을 전시함으로서 교내외 이미지를 밝게 만드는 작업들이 진행되었다.

┃ 그림 3-38 ┃ 학생편의시설, 텃밭 조성 등으로 유휴공간에 활동성을 높이고 애착을 높인 사례
(출처: 교육부 학교폭력 대책과)

4) 활동성 지원

공진중학교에서는 사각지대에서 이루어지는 학교폭력에 대한 보다 적극적인 대처방법으로 사각지대를 감시가 아닌 즐기는 대상으로 전환시키기 위해 꿈의 무대(dream stage)와 스트레스 해소 존(dream ground)으로 계획하였다([그림 3-39]). 감시의 사각지대에 동영상 카메라와 음향 플러그인이 가능한 스피커 및 작은 무대를 설치하여 학생들이 마음껏 끼를 발산할 수 있는 공간을 마련해 주고, 또 페인트칠이 벗겨지고 방치된 건물의 외벽에 암벽 등반을 할 수 있는 인공 암벽(dream wall)을 만들어 준다든가, 혹은 샌드백(dream ground)을 설치하여 운동기능과 스트레스 해소기능을 수행할 수 있도록 계획하였다. 뿐만 아니라 [그림 3-35]에서와 같이 이러한 활동공간을 비추는 CCTV 모니터를 유동인구가 많은 현관 홀 로비에 집중 설치하여 많은 사람들이 수시로 관찰할 수 있도록 하였다.

이러한 전략을 통해 사람들의 시선이 잘 닿지 않아서 학생폭력이 자주 발생하던 사각지대가 학생들의 긍정적인 여가활동을 즐기는 공간으로 탈바꿈하고, 동시에 모든 사람이 자연스럽게 사각지대를 관리하고 감시하는 역발상의 디자인을 구현한 것이다.

| 그림 3-39 | 공진중학교에 설치된 '드림스테이지', '드림 월' 공간 (출처: 서울시 디자인정책과)

4.4 도시재생과 셉테드 적용

우리나라는 단기적으로는 신도시, 신시가지 위주의 도시개발정책으로 구시가지가 상대적으로 낙후, 침체하는 불균형 문제가 심각하게 대두되고 있으며, 장기적으로는 도시경제의 구조개편에 따른 전통적 도시산업의 사양화로 인한 도시의 쇠퇴 현상도 지속적으로 나타날 것으로 예측된다.

영국, 미국, 일본 등 선진국의 경우 도시개발 수요에 대응하기 위해 무분별한 외연적 확산을 지양하는 대신 기성 시가지 내 쇠퇴지역의 재생사업을 통해 신·구도시 간 균형발전 및 지속가능한 개발을 도모하고 있다. 최근 우리 정부가 역점사업으로 추진하고 있는 도시재생 정책은 이와 맥락을 같이 하는 개발전략이라고 할 수 있으며, 도시재생 연구개발사업단의 기획연구보고서에 의하면 향후 5년 간 도시재생 관련 산업의 경우 총 소요 예산이 200조 원을 훨씬 상회하는 큰 시장으로 성장할 것으로 추정하고 있다.

쇠퇴의 원인이 신도시 위주의 개발정책이든, 경제기반의 약화에 의한 것이든지 도심의 쇠퇴는 필연적으로 개인의 안전과 밀접하게 연관되어 있다. 선진국의 사례에서 보듯이 경제기반이 약화되어 침체된 도심은 항상 범죄가 증가하였으며, 높아진 범죄율은 다시 도심의 공동화 및 슬럼화를 가속화시키는 악순환의 고리를 형성해 왔다. 도시재생의 주된 대상이 되는 구시가지는 노후한 단독주택이나 연립주택 등이 밀집하여 있으며, 자연발생적으로 생겨난 구불구불한 골목길 등으로 환경 자체가 범죄에 매우 취약한 특성을 갖는 곳이 대부분이다. 따라서 단일 주체에 의해 상대적으로 잘 유지 및 관리되는 아파트 단지에 비해 구시가지의 일반주거지는 범죄발생 빈도도 높고 범죄불안감 역시 높게 나타난다. 특히 부동산 경기의 침체 등으로 재개발이 지연되거나 혹은 주민 간의 이해 상충으로 불신감이 팽배해지고 주민 공동체가 붕괴되는 등의 부작용이 나타나는 등 사회적 환경 역시 범죄에 취약한 특성을 갖는다. 도시재생을 통해 마을을 활성화시키고 각종 환경적 인프라를 재생하는데 있어서 이러한 범죄문제나 주민 네트워크의 복원 등은 매우 필수적인 현안이며, 범죄문제의 해결 없이 성공적인 도시재생을 기대하기 어렵다는 것은 공통된 인식이다. 이러한 인식 하에 2012년 서울시에서 일반주거지인 마포구 염리동을 대상으로 셉테드 시범사업을 추진한 이래 매년 대상지역을 확대하여 시범사업을 진행하고 있으며, 이 외에도 경기도, 부산시 등에서 일반주거지를 대상으로 셉테드 시범사업을 펼쳐왔다. 또한 안전행정부의 안심마을 만들기 시범사업, 법무부의 법질서실천운동 시범사업 등 정부부처가 주도하는 셉테드 시범사업 역시 최근 2~3년 사이에 활발하게 진행되어 왔으며, 대상지역을 모두 일반주거지로 하여 추진되어 왔다.

여기에 소개되는 적용사례는 네덜란드, 호주 등 해외에서 적용된 사례와 국내의 서울시, 경기도 등에서 추진된 시범사업 혹은 주민참여형 도시재생사업에서 적용된 디자인 사례로서 역시 셉테드의 기본원리 별로 구분하여 설명하고자 한다.

1) 자연적 감시

[그림 3-40]은 네덜란드의 사례로서, 야간에 각종 범죄가 빈발하여 우범지대화된 철도역사의 이면도로 주변에 수변공간을 개발하여 주민들의 휴식장소로 제공함으로써 이를 이용하는 주민들이 끊임없이 이면공간에 설치된 버스 정류장을 이용하게 하여 자연스레 범죄를 예방한 사례이다.

| 그림 3-40 | 수변공간 개발로 우범지대였던 철도역사 이면도로를 변화시킨 디자인 사례
(출처: 폴 밴 수머렌(Paul van Soomeren), 2008)

| 그림 3-41 | 산책로 진입로에 투시성 담장과 가로등 보강으로 불안감을 저감한 디자인
(출처 : 이경훈, 2013)

[그림 3-41]은 서울시의 주민참여형 지구단위계획 수립 프로젝트에서 적용되었던 디자인이다. 이 도로는 마을의 야산 산책로로 진입하는 진입로로서 현재는 진입로의 양 쪽이 모두 폐쇄적인 담장에 의해 둘러싸여 있고, 가로등도 없어서 야간에 범죄불안감이 높은 지역이었다. 이러한 문제를 투시형 담장과 가로등 보강 등을 통해 주변 주택에서의 자연적 감시 기회를 높여 줌으로써 범죄불안감을 완화시키려고 시도한 디자인 사례이다.

[그림 3-42]와 [그림 3-43]은 좁은 골목과 건물 사이사이 후미진 곳이 많은 원룸 밀집지역으로 여성 거주 비율이 서울시에서 두 번째로 높은 지역인 관악구 행운동을 대상으로 서울시 셉테드 시범사업에서 적용된 디자인 사례이다. 주로 대학생이나 직장인 20~30대 여성 1인 가구가 많이 거주하는 연립주택에 적용된 아이디어로서 우선 [그림 3-42]는 주동 현관문에 뒤편을 볼 수 있는 미러시

| 그림 3-42 |
건물현관에 설치한 후방경계에 효과적인 미러시트
(출처: 서울시 디자인정책과)

| 그림 3-43 |
어두운 사각지대를 인지하게 해주는 반사띠
(출처: 서울시 디자인정책과)

트(mirror sheet)를 부착하여 현관에 출입할 때 뒤에서 누가 따라 들어오는지를 볼 수 있도록 한 디자인이며, [그림 3-43]은 연립주택에서 흔히 볼 수 있는 필로티 주차장에서 어두운 야간에 공간의 윤곽을 파악하고 사각지대를 인지할 수 있도록 노란색 반사띠를 부착한 디자인으로 역시 자연적 감시가 원활하게 이루어지도록 한 디자인이다.

그림 3-44 **담장 허물기로 가시성이 확보된 주택**
(출처: 이경훈 외, 2015)

[그림 3-44]에 제시된 담장 허물기 디자인은 서울시 주민참여형 지구단위계획 수립 프로젝트에서 적용되었던 디자인으로 부지 경계를 표시하는 기능 외에는 별다른 기능이 없으나 역으로 범죄자에게 은폐할 장소를 제공하는 역기능을 갖는 담장을 허물어서 은폐장소를 제거하고 자연적 감시기회를 증대시키는 동시에 협소한 골목길에서 주차공간을 확보할 수 있는 이점까지 가질 수 있는 디자인 사례이다. 담장 허물기에 동의한 주택은 담장을 허물어서 도로와 주택 내부공간과의 시선 연결을 원활하게 하고 확보된 공간은 골목길에서 부족한 주차공간으로 사용하거나 환경미화를 위한 간이화단 등으로 활용한다. 또한 담장 허물기에 동의한 주택에 대해서는 인센티브로 경찰의 순찰함 성격을 가진 안심포스트를 설치하여 안전한 이미지를 형성할 수 있도록 유도하였다.

또한 구시가지의 일반주거지에 많이 존재하는 연립주택의 1층 부분은 주차대수를 채우기 위해 필로티 주차공간으로 계획되어 있는 경우가 많으며, [그림 3-45(좌)]와 같이 가벽의 구조로 담장이 설치된 곳도 많이 존재한다. 관리비 절감 등의 이유로 조명을 소등하여 필로티 하부가 밝지 않을 뿐 아니라 가벽에 의해 도로로부터의 시선도 차단되어 야간에 주민들의 불안감을 높이는 요소가 되어 왔다. [그림 3-45(우)]는 시선연결을 방해하는 가벽을 투시형 구조로 개선하여 도로와 필로티 하부공간 간의 시선연결을 원활하게 하였다.

가벽으로 인해 도로로부터 사각지대인 연립주택
의 필로티 주차공간

가벽을 투시형으로 개선하여 도로로부터 시선
연결이 확보된 필로티 주차공간

▎그림 3-45 ▎ 필로티 주차공간 (출처: 이경훈 외, 2015)

2) 접근통제

건물 사이 측벽공간은 주변에서 잘 보이지 않기 때문에 범죄자의 건물 침입을
위한 경로로 종종 활용되고 있다. 주택이 밀집해서 형성되는 측벽공간은 대부분
환기를 위한 창문이나 가스배관이 설치되어 있기 때문에 범죄자가 건물로 침입
하거나, 막혀있는 환경적 조건으로 인해서 불량청소년들의 일탈행위 장소로 변
질될 우려도 있다.

[그림 3-46]은 주택과 주택 사이의 틈새공간을 통해 주택 뒤편 공간에 숨어 있
다가 집 내부로 침입하는 침입절도범을 예방하기 위해 틈새공간에 게이트(alley
gate)를 설치하여 외부인의 출입을 통제한 사례이다. 이러한 게이트의 범죄예방
효과는 영국에서 이미 밝혀진 바 있으며, 접근통제 전략에 해당한다.

[그림 3-47]은 경기도 시범사업으로 진행된 고양시 범죄예방 환경설계 사업
의 성과물 중 일부로 공중전화 부스를 긴급 상황시 대피할 수 있는 안전구역으

▎그림 3-46 ▎ 주택 사이의 틈새공간에 게이트(alley gate)를 설치하여 외부인의 출입을 통제하는
디자인 (출처: 이경훈, 2013)

120

| 그림 3-47 | 안전구역으로 디자인된 공중전화 부스 (출처: 강석진, 2014)

| 그림 3-48 | 안심상점 (출처: 강석진, 2014)

로 개선한 계획안이다. 범죄가 발생할 수 있는 위급한 상황에서 피해자가 안전구역으로 대피하여 벨을 누르면 출입문이 자동으로 잠기고 경광등이 작동하는 구조이다. 밖에서는 열 수 없는 구조로 되어 있으며 강화유리로 제작되어 도구를 사용해서 돌파하는데 일정한 시간과 소음이 수반될 수밖에 없도록 되어 있으며, 블랙박스 영상도 촬영된다.

[그림 3-48]은 역시 경기도 시범사업으로 진행된 고양시 셉테드 사업의 성과물 중 일부로 전통시장에 위치한 상점을 안심상점으로 지정하여 시인성 높은 디자인과 CCTV, 비상벨 등을 설치하여 긴급 상황시 주민들이 이용할 수 있도록 계획하였다. 여기에 설치된 비상벨은 기본적으로 데시벨이 높은 경보음을 발생시키며 해당 지역 통합관제센터와 연계되어 시스템에 따라 가장 가까운 곳에 위치한 순찰차 또는 경찰관이 출동하도록 설계되었다.

3) 영역성 강화

영역성 강화 전략이란 크게 몇 가지로 구분할 수 있다. 첫째, 공간 간 영역의 위계가 명확하도록 바닥패턴의 변화, 상징적인 문주 설치, 단차를 주는 등 영역성을 강화하는 물리적 전략을 말한다. 둘째, 사랑방, 주민센터 등 주민공동시설의 설치 등으로 주민들의 활동거점을 마련해 주고 주민 간의 유대감, 교류 등을 강화하는 전략 역시 이를 통해 실제 일탈행위나 범죄행위에 대한 주민들의 개입의지를 높이는 전략, 즉 커뮤니티에 대한 관리의식, 책임의식을 강화하는 전략을 들 수 있다. 마지막으로는 벽화 그리기, 담장 도색, 한뼘 공원 가꾸기 등을 통해 지역의 취약한 이미지를 개선하고 주민들의 커뮤니티에 대한 참여의식 유도와 자긍심 제고 등을 꾀하는 전략을 들 수 있다.

| 그림 3-49 | 상징적 문주 설치로 주민 간 유대감 강화 / 영역의식 강화한 디자인
(출처: 이경훈, 2013)

| 그림 3-50 | 2014년 옛 폐상수도 가압장을 리모델링해 만든 염리동 마을안전센터 소금나루
(출처: 서울시 디자인정책과)

| 그림 3-51 | 주민들이 참여하는 한뼘 공원 가꾸기, 담장 도색 등을 통해 유대감과 자긍심 강
화를 유도한 사례 (출처: 서울시 디자인정책과)

[그림 3-49]는 서울시의 주민참여형 도시재생사업에서 적용된 아이디어로서 막다른 골목길 입구에 상징적 문주를 설치하여 골목길의 영역성을 강화하고, 골목에 고유의 길 이름을 부여함으로써 주민들에게 같은 곳에 산다는 동질감 부여와 유대감 강화를 통해 공간에 대한 책임 및 영역의식을 고취하고자 하였다.

[그림 3-50]은 서울시 염리동 셉테드 시범사업에서 적용된 것으로 폐시설 혹은 유휴시설을 활용하여 마을안전센터와 같은 주민공동시설을 설치하여 주민들

의 활동거점으로 개발한 사례로 이를 통해 주민 간의 네트워크를 구축하고 유대감을 공고하게 할 수 있을 것으로 기대된다.

또한 [그림 3-51]은 서울시 염리동 셉테드 시범사업에서 주민들의 참여를 통해 담장 도색을 한 사례로 이 역시 영역성 강화에 해당하는 전략이라고 할 수 있다.

다만 담장 도색이나 벽화그리기 등은 최근 셉테드 사업을 하는 모든 지자체에서 채택하는 사업이지만 이러한 담장 도색이나 벽화 그리기 등은 그 자체가 직접적인 범죄예방 목적을 위한 것이라기보다는 오히려 주민들의 참여를 유도해서 커뮤니티에 대한 자긍심을 높여주고 주민 간의 유대 강화, 커뮤니티에 대한 애착심 고양을 꾀하는 것으로 범죄에 대한 신고 등 개입의지를 높여주는 간접적인 효과를 노리는 것이라는 것을 이해하고 사업을 진행할 필요가 있다. 또한 이러한 담장 도색이나 벽화 그리기가 제대로 유지 및 관리되지 않는다면 오히려 물리적 무질서로 인식되어 잠재적 범죄자에게 더 많은 범죄를 불러올 수도 있다는 것을 명심해야 한다.

4) 활동성 지원

활동성 지원 전략이란 자연적 감시와 맥락이 같은 전략으로 공공장소에 다양한 활동을 유발할 수 있는 시설 및 공간을 배치하여 사람들의 활발한 사용을 유도하고 이를 통해 자연적인 감시기회를 증가시키는 방안을 말한다. [그림 3-52]는 호주 시드니 마틴플레이스(Martin Place)에 있는 엔젤플레이스(Angel Place)로서 일단의 예술가들이 도시화되면서 사라진 새들을 생각하며 공중에 새장을 매달고 녹음된 새소리를 들려주는 설치예술 작품이다. '잃어버린 노래(forgotten songs)'라는 이 예술작품을 통해 많은 관광객들이 이 거리를 찾

| 그림 3-52 | 시드니 엔젤플레이스
(출처: 이경훈 촬영)

| 그림 3-53 | 공간을 연결하는 계단 설치로 막다른 골목길의 활동 강화를 꾀한 디자인
(출처: 이경훈, 2013)

게 되었고 이로 인해 단순히 도심지의 뒷골목이던 이 거리가 사람의 통행이 빈번한 거리로 재생된 사례이다.

[그림 3-53]은 서울시 주민 참여형 도시재생사업에서 적용된 아이디어이다. 그림에 보이는 길은 그 말단부가 높이 7~8미터 되는 옹벽으로 조성되어 막다른 골목을 형성하고 있어서 자연적 감시가 취약하고 따라서 침입절도 등의 문제가 심각한 지역이었다. 그러나 이처럼 단절된 공간에 계단을 조성하고 조경을 식재하여 옹벽 위 지역과 연결시킴으로써 막다른 골목길에 통행량이 늘어나고 이를 통해 보다 안전한 환경으로 변화를 시도한 사례이다.

5) 유지 및 관리

체계적으로 정비된 환경은 일반인의 생활행위를 활성화시키고 삶의 만족도를 증가시키는 한편, 사람들의 준법정신을 강화시킬 수도 있고 잠재적 범죄자에게는 해당지역이나 공간이 지역주민들의 관심 속에 관리되고 있다는 인식을 심어줌으로서써 범죄행위를 위축시킬 수 있다.

깨진 유리창 이론(broken window theory)을 통해서 알 수 있듯이 쇠퇴되었거나 관리되지 않는 환경에서는 사소한 경범죄부터 심각한 강력범죄에 이르기까지 다양한 범죄행위가 증가할 수 있기 때문에, 해당지역 주민들의 관심과 책임의식에 근거해서 처음 설계된 대로 혹은 개선한 의도대로 기능을 지속적으로 발휘하도록 유지 및 관리하는 것이 중요하고 범죄예방에 실질적인 효과도 기대할 수 있다.

[그림 3-54]는 서울시 주민참여형 도시재생사업에서 적용되었던 아이디어로

┃ 그림 3-54 ┃ 방치된 공터에 주민 공동텃밭 설치로 활동 강화를 꾀한 디자인 (출처: 이경훈, 2013)

흔히 쓰레기 투기장소 혹은 청소년들의 일탈장소로 악용되는 방치된 공터에 대한 개선 사례이다. 노후한 일반주거지라면 대개 이러한 공터가 존재하지만 이런 공터는 쓰레기 불법투기 장소로 전락하거나 불량청소년들이 야간에 담배를 피우는 등 일탈행위의 온상으로 변하곤 한다. 개봉3동 지구단위계획에서도 방치된 공터에 주민 공동텃밭을 제안하여 주민들이 텃밭을 가꾸면서 활발한 이용을 통해 이러한 문제의 해결을 유도한 사례이다.

이상에서 공동주택, 일반건축물, 도시재생 디자인에서 적용된 다양한 셉테드 디자인 사례에 대한 리뷰를 통해 각각의 디자인이 어떤 원리에 근거하여 개발된 것인지를 살펴보았다.

디자이너들은 흔히 셉테드의 본질에 대해 제대로 이해하지 못하다 보니 적절한 디자인 해결책을 개발하는데 실패하곤 한다. 의사가 환자의 증상을 충분히 알고 또 그 질병에 대해 충분히 이해하고 있을 때 적절한 처방과 처치를 할 수 있으나 그렇지 못한 경우 적절한 처방과 처치를 할 수 없다. 또한 디자이너들은 예산이 부족하고 뭔가 가시적인 성과물이 나와야 할 때, 공간의 본질을 바꾸기보다는 흔히 공간에 화장만을 하려고 한다. 공간의 본질을 바꾸기 위해서는 디자인이 개발되어야 하지만 공간에 화장만 하려 한다면 디자인이 굳이 개발되지 않아도 된다.

이처럼 디자이너들이 디자인을 개발하지 않는, 혹은 못하는 이유는 다양하지만 디자인을 개발하지 않으려는 유혹에 항시 노출되어 있다. 그러나 각종 셉테드 관련 사업을 진행하면서 디자이너와 함께 협력, 또는 관리 감독해야 할 공무원들은 디자이너들이 단순히 공간에 CCTV와 같은 방범시설이나 가로시설물을 설치한다든가, 벽화 그리기를 한다든가 하는 일차원적 계획, 즉 화장하는데 그치지 말고 디자인 개발을 통해 취약한 공간의 본질을 변화시키는 입체적 계획을 할 수 있도록 장려하고 유도해야 할 것이며 그러기 위해서는 공무원들이 먼저 디자인의 개발 배경 등을 정확하게 이해하고 있어야 할 것이다.

1. http://krdic.naver.com/detail.nhn?docid=4665200

2. http://krdic.naver.com/detail.nhn?docid=27357400

3. http://krdic.naver.com/search.nhn?kind=all&query=%ED%99%9C%EB%8F%99%EC%84%B1

4. http://stdweb2.korean.go.kr/search/List_di.jsp

5. http://terms.naver.com/entry.nhn?docId=523492&cid=46636&categoryId=46636

6. 강석진(2014). 고양시 범죄예방디자인 최종보고서. 고양: 고양시청

7. 강석진, 안은희, 이경훈(2005). 공동주택단지 외부공간을 중심으로 한 안전한 생활환경 조성방안에 관한 연구: 근린관계 및 외부공간 활성화와 범죄불안감을 중심으로. 대한건축학회논문집 계획계, 제21권 제12호, pp. 19–28.

8. 강용길, 조준택(2010). 침입절도범의 행동분석을 통한 침입절도 예방대책에 관한 연구. 경찰학연구, 제10권 제1호, p. 201.

9. 국토교통부(2013). 건축물의 범죄예방설계 가이드라인. 서울: 국토교통부.

10. 권영걸(2008). 디자이너의 사회적 책임과 위상. 21세기 디자인포럼 발제 강연자료.

11. 김병석, 박진아(2013). 단독주택지 담장 허물기 사업 후 물리적 변화요소가 자연적 감시와 범죄불안감에 미치는 영향 분석. 한국도시설계학회지, 제14권 제3호, pp. 119– 130.

12. 문희채(2015). 디자인 칼럼, 응급실 폭력을 줄이는 디자인: 영국의 응급실 서비스 디자인 사례. http://www.designdb.com.

13. 박준휘, 강경연, 강석진, 강용길, 강은영, 강효진, 권은선, 김도우, 김태민, 박수진, 박형민, 성기호, 신의기, 이경훈, 이제선, 최민영, 최인섭, 홍영호(2014). 셉테드의 이론과 실무(I). 서울: 법무부, pp. 66–82.

14. 범죄과학연구소(2013). 방범인증제 국내 도입 모형 개발 및 법제화. 용인대학교 산학협력단, p. 27.

15. 부산시(2013). 범죄예방환경설계(CPTED) 가이드라인. 부산: 부산광역시청.

16. 서울대 산학협력단(2009). 범죄의 사회적 비용 추정 연구.

17. 서울시(2013). 범죄예방환경설계(CPTED) 가이드라인. 서울: 서울특별시청.

18. 신의기 외(2008). 범죄예방을 위한 환경설계의 제도화 방안(Ⅰ). 한국형사정책연구원, p. 148.

19. 이경훈, 강석진(2015). 사례로 이해하는 실무자를 위한 범죄예방디자인. 서울: 기문당.

20. 이경훈(2013). 개봉3동 주민참여형 재생사업 지구단위계획 수립용역 범죄예방설계보고서. 서울: 서울특별시청.

21. 이경훈(2011). 대림 e편한세상 공동주택 범죄예방환경설계 연구보고서. 대림리빙코퍼레이션.

22. 이경훈(2010). 힐스테이트 Crime—Free Design 개발 연구보고서. 서울: 현대건설.

23. 이유미, 백혜선(2008). 범죄로부터의 안전성 평가 지표와 범죄불안감간의 상관성 분석에 관한 연

구. 대한건축학회 논문집, 제24권 제10호 통권240호, pp. 121-128.

24. 이형복(2010). CPTED를 통한 대전의 범죄예방 정책방안. 대전발전연구원, pp. 32-43.

25. 장동국(2004. 02). 도시공간구조와 공간범죄. 국토계획, 제39권 제1호, pp. 21-32.

26. 장순익(1997). 고층 공동주택의 방범안전에 관한 실태조사연구. 대한건축학회 논문집, 제13권 제4호, pp. 15-28.

27. 조세현, 박찬규(2001). 저층 아파트 단지 불량행태 발생의 물리적 영향인자에 관한 연구-대전광역시-. 대한건축학회 논문집 계획계, 제17권 제5호, pp. 131-140.

28. 전은정(2015). 디자인 칼럼, 디자인이 꿈꾸는 안전한 동네, 살고 싶은 동네: 안전한 환경을 만드는 범죄예방디자인. http://www.designdb.com.

29. 최응렬(1997). 주거침입절도 방지를 위한 방범대책에 관한 연구: CPTED이론을 중심으로. 형사정책연구, 제31권, p. 113.

30. 한국셉테드학회(2011). 제2회 한국셉테드학회 학생공모전 작품집. 한국셉테드학회.

31. Minnery, J. R., & Lim. B.(2005). Measuring Crime Prevention Through Environmental Design. Journal of Architectural and Planning Research, 22(4), pp. 330-341.

32. Crowe T. D., & Fennelly, L. J.(2013). Crime Prevention Through Environmental Design. Third Edition, Elsevier, p. 28.

33. Newman, O.(1973). Defensible space: Crime prevention through urban design. New York: Macmillan. p. 9,167.

34. Soomeren, P.(2007). Tacking crime and fear of crime by urban planning and architectural design. International CPTED Conference Presentation.

35. Rubenstein, H., Murray, C., Motoyama, T., Rouse, W. V., & Titus, R. M.(1980). The Link Between Crime and the Built Environment: The Current State of Knowledge. Washington, D.C. : U.S. Department of Justice.

36. Soomeren, P.(2008). Tackling crime and fear of crime by urban planning and architectural desgin. International CPTED Conference Presentation.

37. Suk-Kyung Kim, You Mi Lee, Eunsil Lee(2013). The defensible space theory for creating safe urban neighborhoods: Perceptions of safety from crime and design suggestions for U.S. and Korean multifamily residential environments. Journal of Architectural and Planning Research, 30(3): pp. 181-196.

셉테드와 지역공동체

강석진 · 배기범

셉테드와 지역공동체

제1절　주민 참여형 셉테드의 이해

1.1 셉테드와 주민 참여

1) 셉테드 패러다임의 변화

국내에서는 셉테드와 관련된 각종 시범사업이 최근 몇 년간 서울시와 부산시, 경기도 등을 중심으로 추진된 이후, 범죄예방(불안감 저감) 및 주민 만족도와 관련된 각종 지표들이 긍정적으로 발표되면서 안전한 도시 만들기를 위한 선도적 사업으로서의 가치가 높아지자 중앙 행정부처와 지방자치단체에서도 유사한 사업에 대한 관심이 증가하고 있으며, 정책적 지원과 제도적 기반 구축도 빠르게 진행되고 있다.

지금까지 국내에서 진행된 셉테드 사업의 특성은 단위 건축물에 적용되어 효과가 검증된 셉테드 원리나 전략들을 확산시키기 보다는 블록 단위의 구역이나 소규모 행정동 규모에서 시범사업의 성격으로 추진되면서 주민들이 제한된 범위에서 사업에 함께 참여하는 형태로 진행되는 것으로 요약할 수 있다.

주민, 행정기관, 전문가집단이 함께 셉테드 사업을 추진하면서 범죄에 취약한 물리적 환경을 개선하는 동시에 이웃관계 회복을 통한 커뮤니티 활성화를 통해서 범죄 문제를 종합적으로 통제하는 것은 셉테드가 지향하는 궁극적인 목적이라고 볼 수 있기 때문에 지역사회의 성공적인 범죄예방을 위해서는 주민 참여형 셉테드의 개념과 특성을 이해할 필요가 있다.

(1) 1세대 셉테드

1세대 셉테드의 대표격인 오스카 뉴만(Oscar Newman)의 방어공간이론(defensible space theory, 1971)은 물리적 환경개선에 초점을 둔 주거지역의 범죄예방 원리로 주목받았으며, 제프리(Jeffrey)가 범죄예방 환경설계(Crime Prevention Through Environmental Design, 1972)라는 저서를 발표하면서 주거, 상업, 교육시설 등 다양한 환경에서 셉테드가 적용되기 시작하였다.

이와 같이 범죄에 취약한 물리적 환경을 개선하여 범죄 및 불안감을 저감시킨다는 개념은 특정한 범죄의 경우 발생패턴을 분석하면 뚜렷한 시·공간적 패턴이 존재한다는 사실에 기인하고 있다. 특히 환경이 제공하는 기회적 요인(자연적 감시, 접근통제 등과 연계됨)에 의해서 발생하는 대물범죄(절도범죄 등)와 대인범죄(강도, 유괴납치, 성범죄 등)는 건물의 노후도, 건물용도 분포, 방범시설 유무, 가로패턴 및 공간구조와 같은 물리적인 환경특성과 밀접한 관련이 있으며, 범죄자들도 이러한 환경적인 단서들을 적극적으로 활용하는 것으로 알려져 있다.[1]

따라서 셉테드가 학문으로 정립되고 범죄예방 대책의 일환으로 현장에서 적용되기 시작한 1세대 셉테드(1970년대 전후)에서는 주로 범죄에 취약한 환경개선이 강조되었다. 그러나 행정기관의 지원을 받은 전문가들의 실험적인 성격의 셉테드가 많이 적용됨에 따라서 지역별로 개선된 환경을 어떻게 유지하고 관리할 것인가와 지역 주민들은 범죄예방을 위해서 어떤 활동을 해야 하는지에 대해서는 간과된 문제가 있었다.

또한 대상 지역의 범죄특성을 면밀히 고려하지 못하고 주로 자연적 감시와 접

---

1 시간적 차원에서 범죄발생 패턴을 분석하면 빈 집이 많은 시간대인 오전이나 오후에는 침입범죄(대물범죄)가 발생할 확률이 높고, 인적이 드문 야간에는 노상범죄(대인범죄, 대물범죄)가 발생할 확률이 높아짐을 알 수 있다.

폐가 및 관리되지 않는 공간

건물 사이 공간, 필로티 공간

인적이 드문 골목길

이용이 적은 운동, 놀이공간

야산 주변, 농촌 논밭 주변

야간 조명이 부족한 공간

┃ 그림 4-1 ┃ **범죄에 취약한 물리적 환경 유형** (출처: 강석진 작성)

근통제 중심의 셉테드 원리가 적용된 것이나 보편화된 적용 방법 또는 상황에 따라 응용할 수 있는 방법(범죄예방을 위한 다양한 디자인 전략 등)이 제시되지 못한 한계와 함께 셉테드가 적용된 일부 지역에서는 오히려 범죄가 증가하거나 범죄의 전이효과(풍선효과)[2]가 나타나고, 가정 내에서 발생하는 범죄(또는 친밀한 관계의 사람들 사이에서 발생하는 범죄)에 대해서는 대안을 제시하지 못한 한계로 인해서 범죄예방 효과성에 대한 회의적인 시각도 나타나기 시작하였다.

이러한 1세대 셉테드에 대한 반성과 개선방안에 대한 논의는 2세대 셉테드가 태동하고 범죄예방의 패러다임을 변화시키는 계기가 되었다.

(2) 2세대 셉테드

물리적인 환경개선에 초점을 둔 1세대 셉테드의 문제점이 인식되면서 적용범위를 더욱 확산시키고, 대상지역 주민들의 관심과 적극적인 참여의 중요성이 강조되기 시작했다([그림 4-2] 참조).

결국 범죄에 취약한 환경만을 개선하는 것으로는 안전하면서도 지속가능한 사

---

2 셉테드가 적용된 지역에서는 범죄가 줄어들었지만 인접한 지역에서는 범죄가 증가함으로서 결국 범죄의 총량은 변하지 않는 현상을 의미한다.

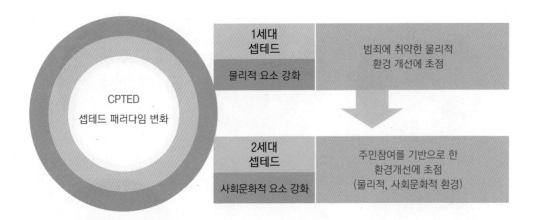

┃ 그림 4-2 ┃ 셉테드 패러다임의 변화 (출처: 강석진 작성)

회를 만들 수 없기 때문에 지역사회의 이웃관계, 응집력, 소통 등을 기반으로 하는 공식적 또는 비공식적 사회통제(Social Control)와 같은 사회문화적 환경개선의 노력이 범죄취약 환경개선과 함께 필요하다는 것이 2세대 셉테드 등장의 배경이 된 것이다.

실제로 범죄는 매우 다양한 형태와 방법으로 발생하고 있기 때문에 지속적으로 안전한 지역사회를 만들기 위해서는 정부부처와 지방자치단체의 노력과 지역주민들의 참여와 협조가 함께 이루어질 필요가 있다. 주민들이 밀접한 이웃관계를 유지하면서 지역 문제에 대한 관심이 높은 경우 영역의식(책임의식)을 통한 자발적인 주변 환경정비가 이루어지기 쉽고 지역 주민과 낯선 외부인의 행위를 구분할 수 있으며, 범죄피해를 막는 보호행위에도 참여할 가능성이 높기 때문에 궁극적으로 지역사회 안전이 확보되는 것이다.

이러한 2세대 셉테드의 핵심전략은 물리적인 환경개선, 주민들의 유대강화, 행정기관과 주민 공동체의 협조체계 구축 등으로 요약할 수 있다.

1세대 셉테드에서는 전문가들이 현장조사와 자료 분석을 통해서 문제점 규명과 대안(주로 자연적 감시와 접근통제 원리를 기반으로 한 대책)을 제시하고 행정기관은 이를 지원하는 역할이 강조되었다면, 2세대 셉테드에서는 주민들이 자주교류할 수 있는 환경 조성과 주민 교육 및 안전 활동, 거주자의 책임의식을 기반으로 하는 지역사회의 응집력(공동체를 활성화시키는 것)이 강조되기 시작했다. 이를 위해서 커뮤니티 활동 및 활성화와 밀접한 관계가 있는 영역성 강화(Territorial Reinforcement)와 활동성 지원(Activity Support)이라는 셉테드 전략이 디자인에 적극적으로 반영되기 시작했다.

주민들을 위한 프로그램에는 범죄예방을 위해서 왜 셉테드가 필요하고 지역사회의 역할은 무엇인지에 대한 교육과 주민들의 갈등해소 및 이웃관계 강화, 공간 활성화를 통해서 궁극적으로 범죄예방에 기여할 수 있는 다양한 문화 활동(예술활동, 축제, 기타 주민참여 행사 등) 등이 포함된다. 이러한 프로그램에 대한 자율적인 참여와 공동 활동을 통해서 주민들은 지역에 대한 애착심과 책임감을 가지게 되며, 개인별 역량강화를 통해서 더욱 적극적으로 범죄예방을 위한 지역사회 활동에 참여하게 된다.

따라서 셉테드의 효과를 극대화시키기 위해서는 대상 지역의 사회문화적 특성과 범죄취약 환경의 특성을 종합적으로 분석하여 필요한 요인들을 통제하거나 조작함으로서 범죄를 예방하려는 자세가 필요하다.

또한 환경개선사업(또는 건축도시 디자인)이 종료된 이후에 셉테드를 적용할 경우 실질적으로 범죄를 예방하거나 불안감을 저감시키는 것에 어려움이 많고, 상당한 비용손실도 초래할 수 있기 때문에 계획단계부터 셉테드를 적용하고 주민들은 환경을 자발적·주기적으로 유지 및 관리할 수 있는 역량을 갖추는 것이 중요하다.

2) 주민 참여의 중요성

최근에 발생하고 있는 일련의 강력범죄들은 취약한 환경요인과 함께 단절된 이웃관계나 사회적인 무관심에서 비롯된 것이므로 제도와 정책을 통해서 물리적 환경이 개선된다 하더라도 이웃관계와 밀접한 관계가 있는 지역사회의 관심과 참여를 유도하지 못한다면 범죄예방 효과를 기대하기 어려운 측면이 있다.

OECD 비교국 대비 한국인의 삶의 질을 평가한 2014년 자료에 따르면(강희종, 2014: 116)[3] 우리나라 국민들은 위험에 처했을 때 '사회적 관계(친척, 친구)에 의해서 도움을 받을 수 있을 것'이라고 생각하는 비율이 경제협력개발기구(OECD) 평균에 못 미치는 수준으로 나타났다([그림 4-3] 참조).

이는 공간적 밀도(단위 면적 당 거주비율)는 높지만 사회적 밀도(이웃 간 교류빈도 및 친밀도)는 낮은 한국의 상황을 잘 나타내는 것이며, 궁극적으로는 이웃관계 단절과 이웃에 대한 무관심, 소외계층에 대한 배려부족 등에 기인해서 발생하고

3 강희종(2014). 통계로 본 한국인의 삶의 질. 과학기술정책, 제24권 제2호, pp. 114-116.

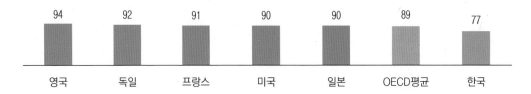

사회적 관계(친척, 친구)에 의해 도움받을 수 있는 비율(%)

영국	독일	프랑스	미국	일본	OECD평균	한국
94	92	91	90	90	89	77

┃ 그림 4-3 ┃ 사회적 관계 지표로 본 삶의 질 (출처: 강희종, 2014)

있는 최근의 범죄문제(범죄특성)의 심각성과도 연계되는 것이라 할 수 있다.

셉테드에서도 범죄예방을 위한 사회적 관계의 중요성을 인식하고 영역의식(또는 책임의식)과 관련된 공동체 강화가 강조되고 있는데, 이는 지역에 거주하는 주민들의 소통과 유대관계 강화를 통해서 지역사회 문제에 항상 관심을 가지면서 필요시 지역 활동에 적극적으로 참여하여 해결방안을 함께 모색하는 것을 의미한다. 물론 주민들이 만족할 수준의 안전이 확보되기 위해서는 주민들의 참여와 함께 공공부문의 지원과 협조도 필수적으로 동반되어야 한다.

이를 위해서 정책 집행과 행정을 담당하는 공무원의 경우 셉테드의 기본개념 및 특성을 이해하고 안전한 마을 만들기 사업을 지원할 필요가 있다. 일반적인 환경개선 사업이나 마을 만들기 사업과는 다르게 우리나라에서 진행되는 셉테드를 통한 안전한 마을 만들기는 범죄예방을 목적으로 한 시범사업의 성격으로 진행되고 있기 때문에 사업이 종료된 이후 해당 지역의 범죄문제가 해결되고 있는지 확인하고 예상치 못하게 발생한 문제점에 대해서는 주민과의 협의를 통해서 해결해야만 한다. 이러한 셉테드 사업에 대한 이해와 참여 경험은 공공기관의 후속사업(또는 유사한 사업) 추진에도 도움이 될 수 있다.

일반적으로 범죄안전의 책임은 주로 공공부문(국가, 지자체 등)에 있는 것으로 인식되고 있지만 범죄가 발생하는 환경의 물리적 또는 사회문화적 특성을 고려한다면 공공의 지원만으로는 안전한 마을을 만드는 것에 한계가 있음을 쉽게 알 수 있다. 따라서 공공부문에서는 범죄에 취약한 환경을 구조적으로 안전하게 개선할 수 있는 정책개발과 예산을 지원하고, 민간부문(주민)에서는 환경개선을 위한 활동에 적극적으로 참여하는 등 공공과 민간의 유기적인 협조와 상호 역할에 대한 이해가 있어야 한다.

결국 주민 참여형 셉테드의 개념은 사업의 기획과 실행, 유지 및 관리의 전 과정에 걸쳐서 주민들이 지역사회의 각종 위험요인과 활성화 가능성이 있는 요인들을 찾아내고 개선하는 과정에 참여하며, 행정기관은 이에 필요한 제반 사항들을 적극적으로 지원하는 것으로 요약할 수 있다.

물론 지역 주민들의 자발적인 참여와 능동적인 활동은 현대사회의 특성상 어려움이 있으며 해당 활동을 통해서 각종 범죄위험 요인들을 완전하게 통제하는 것에도 한계가 있다. 그럼에도 불구하고 단편적으로 끝나는 환경개선 사업이 아닌 지속 가능성에 기반한 근본적인 범죄예방과 안전 환경 확산에 기여할 수 있음을 고려한다면 주민 참여형 셉테드가 반드시 필요한 것임을 인식해야만 한다.

3) 주민이 참여하는 안전프로그램

(1) 해외의 안전프로그램

국내와 해외에서 전개되고 있는 주민이 참여하는 셉테드는 범죄발생의 특성과 사회문화적 차이에 따라서 다소 다른 특징이 있다.

범죄예방 선진국에서는 형사사법기관(경찰)과 지역주민 간의 파트너십 혹은 행정기관(지방자치단체)과 지역주민 간의 파트너십을 구축함으로써 안전을 확보하고 있다. 이는 지역사회 범죄를 예방하고 삶의 질을 향상시키기 위해서는 경찰과 지방자치단체, 지역주민 간의 협력관계 구축을 통한 문제해결 동반자 관계가 중요하다는 것을 의미하는 것이다(박준휘 외, 2014: 151).[4]

해외의 대표적인 사례는 미국과 영국의 '이웃감시 프로그램', 일본의 '안전안심 마을 만들기(まちづくり, 이하 마찌쯔꾸리)', 세계보건기구(WHO)의 '안전도시 또는 안전한 지역사회(Safe communities)',[5] UN의 '안전한 도시(Safer cities)' 등인데, 주민들이 스스로 범죄예방을 위한 자치활동을 실행하고 행정기관에서는 이를 지원하기 위한 협조체계를 구축한 특징이 있다.

▶ 이웃감시 프로그램(미국, 영국)

미국과 영국에서는 주거지역의 범죄예방과 일탈행위 감시 등을 위해서 주민들이 지역을 순찰하고 관리하는 자율적인 방범조직인 이웃감시(Neighborhood

---

4 박준휘 외(2014). 셉테드 이론과 실무. 한국형사정책연구원, p. 151.
5 세계보건기구(WHO)의 안전도시 프로그램은 교통안전, 노인안전, 범죄안전 등 다양한 분야를 대상으로 지정되고 있는데, 우리나라의 경우 2013년 광역지방자치단체에서 최초로 부산시가 범죄분야에 초점을 두고 안전도시 인증을 받은 바 있다.

(출처:
http://www.hoopestonpolice.org)

(출처:
http://www.fmtn.org)

(출처:
http://www.hunsburymeadows.co.uk)

(출처:
http://www.fmtn.org)

┃ 그림 4-4 ┃ 이웃 감시(Neighborhood Watch) 프로그램 표지판 예시

Watch) 또는 블록 감시(Block Watch) 프로그램을 운영하고 있다([그림 4-4] 참조). 이는 우리나라의 자율방범대 프로그램과 유사하며 해당 지역에는 특정 안내 표지판이 부착되고 있다.

이웃감시 프로그램은 지방정부에서 재정 지원을 하고 보안관서나 관할 경찰국에서 관리를 하는데, 평균 15가구가 한개조를 구성하여 프로그램 운영에 관한 규칙과 절차를 만들고 지역사회 문제와 관심사를 논의하기 위해 매달 정기적인 모임을 가지고 있다. 이 때 범죄자료 분석이나 범죄예방에 관한 내용을 포함한 지역신문을 발간하기도 한다.

블록감시(Block Watch) 프로그램은 주민이나 상인들이 의심스러운 사람을 보면 바로 신고하는 것으로 주민과 상인들에게 고유의 아이디를 부여하고 이들을 관리하는 시스템으로 운영되고 있다(강석진, 2014: 68).[6]

▶ 안전안심 마을 만들기 프로그램(일본)

1950년대 일본에서 시작된 초기의 마찌쯔꾸리는 지역 협의회에 의해 수립된 계획을 실현하기 위해서 지자체가 협력하는 형태로 진행되었지만 공공사업에 의존하는 비율이 높은 문제가 있었다. 또한 주민 참여 마찌쯔꾸리에서도 지역사회의 주체성을 확립하지 못하여 최종 단계에서 결국은 행정에 의지하는 경향도 나타나게 되었으며, 물리적인 환경개선 사업에서 주민들의 동의를 얻지 못해 사업성과가 파급되지 못하는 문제도 있었다. 이러한 문제를 인식하고 지역에 필요한 사업을 주민 스스로 만들어내고 실현하려는 시도와 함께 마찌쯔꾸리 시민사업과 같은 새로운 프로그램이 나타나기 시작했으며([그림 4-5] 참조), 1990년대 이후 제도적 안정과 체계화가 일정한 궤도에 오르면서 주민운동 차원을 벗어나 광

---

6 강석진(2014). 서울시 안전마을 사업 가이드라인. 서울시청, p. 68.

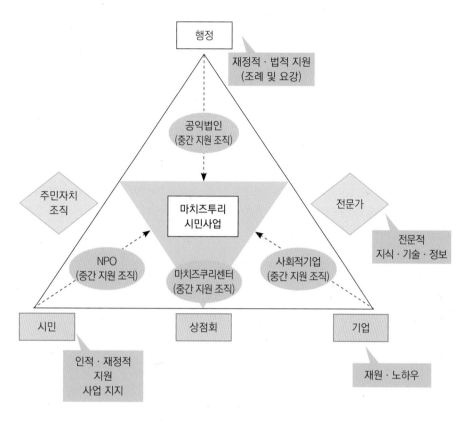

| 그림 4-5 | **지역사회의 시민사업** (출처: 이왕건 외, 2012)

범위한 영역으로 확대되기 시작하였다(이왕건 외, 2012: 10).[7]

마찌쯔꾸리 사업(프로그램) 중에서 범죄예방과 관련 있는 것이 안전안심 마을 만들기인데, 일본은 다른 국가와 비교시 상대적으로 치안환경이 잘 정비되어 있어 안전한 사회로 평가받고 있었지만, 대도시를 중심으로 주민들의 연대의식이나 준법의식이 낮아지면서 각종 범죄가 증가함에 따라 지역 차원에서 안전한 도시와 마을을 만들기 위한 노력이 진행되었다. 특히 공공부문의 지원만으로는 안전한 환경조성과 관리에 한계가 있음을 인식하고 민간부문의 적극적인 참여에 대한 필요성이 제기되면서 다양한 방법들이 강구되었는데, 대표적인 것이 안전안심 마을 만들기인 것이다(〈표 4-1〉 참조).

---

7   이왕건, 김우락, 류태희(2012). 마을 만들기 시민사업. 국토연구원, p. 10.

| 표 4-1 | 범죄로부터 안전한 마을 만들기 활동의 개요

방범진단	• 지역주민들의 자발적인 참여를 바탕으로 전문가 등과 함께 마을의 특성과 시설 상태를 점검하고 셉테드 관점에서 문제를 규명 • 체크리스트를 이용한 평가, 안전지도 만들기 등의 활동 진행
방범을 고려한 시설정비와 관리	• 신축주택은 셉테드 기준을 적용해서 설계하고, 기존주택은 방범진단을 통해서 필요한 셉테드 대안을 적용 • 공공시설은 자연적 감시를 강화시킬 수 있도록 디자인 및 관리하며, 향후 주민들의 자발적인 참여를 통해서 애착을 가지고 이용하도록 유도
지역공동체 활동촉진	• 범죄안전 마을 만들기는 쾌적하고 활력 있는 마을을 조성해서 자연스럽게 범죄를 예방하는 것이 중요하기 때문에 물리적 환경개선과 함께 지역사회 주민들의 유대강화가 동반되는 종합적인 관점에서 접근하는 것을 강조

출처: 이왕건 외, 2012.

안전안심 마을 만들기에서는 관련 행정부서, 경찰, 주민대표 등 지역사회 관계자들의 협력이 강조되는데, 시범사업 지구의 성과들을 토대로 전국에서 활용 가능한 가이드라인이 다음과 같이 도출되었다.

첫째, 범죄로부터 안전한 마을 만들기를 위해서는 지역사회 관계자들의 연계와 협력이 중요하다. 공공부문(행정기관)은 지역주민, 자치조직, 사회단체, 학교, 경찰 등 다양한 지역 주체들이 연대할 수 있는 협력의 장을 만들고 효과적인 실행방안을 도출한다.

둘째, 범죄로부터 안전한 마을 만들기는 지역 특성과 주민의사를 존중하면서 (지역이 주체가 됨) 추진되어야 한다. 특히 대규모 공동주거단지, 밀집시가지, 교외 주택지역, 도시정비사업 진행 지역 등 공간별 특성을 감안한 대응수법이 마련되어야 한다.

셋째, 방범이나 복지와 같은 지역문제 해결에는 많은 시간이 소요되기 때문에 충분한 시간을 가지고 중장기적 관점에서 사업과 프로그램이 진행되어야 한다. 특히 안심하고 살 수 있는 지역을 만들기 위해서는 지역 공동체 의식강화를 통한 예방적 차원의 접근이 중요하므로 주민 참여 프로그램의 지속성이 중요하다.

▶ 안전도시(safe communities) 프로그램(WHO)[8]

세계보건기구(WHO)의 안전도시는 모든 지역사회 구성원들이 사고(accident)

---

8 박금식, 하정화, 이혜주(2011). 여성이 안전한 도시 만들기 연구. 부산여성개발원, pp. 25-26 인용 재편집.

로 인한 손상(injury)을 줄이기 위해 지속적이고 능동적으로 노력하는 도시를 의미한다. 이러한 안전도시의 개념은 1989년 스웨덴 스톡홀름에서 열린 제1회 사고와 손상예방 학술대회의 "모든 사람은 건강하고 안전한 삶을 누릴 동등한 권리를 가진다."는 선언에 기초하고 있으며, 세계보건기구에서는 지역사회 손상예방 및 안전증진사업을 권장하고 있다.

세계보건기구 안전도시는 해당 지역이 각종 사고로부터 완전히 안전하다는 것을 의미하는 것이 아니라, 지역사회 구성원들이 안전(피해저감)을 위한 노력을 지속적이면서도 능동적으로 노력하는 도시를 의미한다. 안전도시로 공인받기 위해서는 다음과 같은 인증기준을 충족시켜야 한다.

- 지역사회에서 안전증진에 책임이 있는 계층별 상호 협력 기반 마련
- 남성과 여성, 모든 연령, 모든 환경, 모든 상황에 대한 장기적이고 지속적인 프로그램 개발 및 적용
- 고위험 연령, 고위험 환경, 고위험 계층의 안전 증진을 위한 프로그램 존재
- 손상의 빈도나 원인을 규명할 수 있는 프로그램 존재
- 손상예방 및 안전증진을 위한 프로그램의 효과를 평가
- 국내외적으로 안전도시 네트워크에 지속적으로 참여

이러한 기준이 충족된 도시에서는 해당 국가의 세계보건기구 안전도시 지원센터에 사업추진의사를 포함한 문서를 제출하고, 스웨덴에 있는 세계보건기구 안전도시 협력센터의 방문실사를 거쳐 기준 조건을 충족한 경우 안전도시로 공인받고 매 5년마다 재공인의 절차를 거치게 된다.

세계 각국의 안전도시는 지역별 특성에 따라 조금씩 다른 형태로 운영되고 있다. 모범사례 중 하나인 캐나다의 경우 안전도시 운영주체는 시민들이며, 지방정부(일부의 경우는 기업)가 지원하는 체계를 구축하고 있다([그림 4-6] 참조). 핵심은 자발적인 시민운동과 자체적으로 마련하는 재원인데, 이를 위해서 각종 안전관련 정보 및 안전 패스포트 등을 제작하여 인증 또는 판매하는 사업을 진행하고 있다(정지범, 2013 인용 재편집).[9]

---

9 정지범(2013). 지역안전 거버넌스의 구축의 한계와 과제. 지방행정연구 제27권 제1호, p. 31.

캐나다 국제안전도시 프로그램 분야(예시)

| 어린이 손상방지 및 화재예방 | 청소년 폭력예방 | 노인안전 | 직장에서의 안전 | 교통안전 | 비상대비 | 범죄예방 |

| 그림 4-6 | 세계보건기구의 안전도시 프로그램 유형 (출처: 신상영, 2013)

2013년 현재 국제 안전도시로 공인된 도시는 세계 33개국 317개 도시이며, 우리나라에서는 2002년 수원시가 최초로 안전도시 인증을 받은 이후 가장 최근 인 2013년에는 광역시 단위에서는 최초로 부산시가 안전도시 인증을 받은 바 있다.[10]

(2) 국내의 안전프로그램

주민이 참여하는 안전프로그램은 방재(풍수해, 화재예방 등) 및 생활안전(취약계층 돌봄사업 등)을 중심으로 진행되고 있는데, 범죄예방과 관련해서는 기초 자치단체를 중심으로 한 소규모의 안전프로그램들이 시작되고 있는 단계이며, 행정기관(정부와 자치단체 지원) 주도로 예산을 편성하여 선별적인 프로그램들이 하향식으로 지역단위로 보급되거나 지역 주민 스스로 자율방범대와 같은 조직을 구성하여 활동을 진행하는 특징이 있다.

대표적인 것으로 여성가족부 지원의 아동여성안전 지역연대 프로그램과 아동안전지도 만들기, 국토교통부의 살고 싶은 도시(안전분야) 만들기 사업, 안전행정부(현, 행정자치부)의 안심마을 시범사업, 서울시의 여성폭력 없는 안전마을 사업과 통합 안전마을 만들기 사업 등이 있는데, 대부분 시범사업 성격으로 진행되고 있어 범죄예방에 효과적인 사례들을 발굴하여 중장기적 관점에서 안정적으로 유지될 수 있는 사업 및 프로그램으로 정착시킬 필요가 있다.[11]

---

10 부산시는 보행낙후지역 기초시설 개선, 어린이 · 노인보호구역 개선, 교통사고 다발 우려지 정비, 교통약자 이동 편의 증진, 안전한 운전문화 만들기 등 교통안전 증진사업을 비롯해 노인 낙상 예방 프로그램, 안전한 동네 만들기, 심폐소생술 · 응급처리교육과 안전한 물놀이, 재난 대응 U-방재시스템 구축, 저소득층 주택 기초소방안전 시설 보급 등 사업에서 높은 점수를 받은 것으로 알려졌다.

11 다양한 주민참여 사업과 프로그램이 진행되고 있음에도 체감되는 범죄예방 효과가 높지 않은 것은 적은 예산과 짧은 기간으로 추진되는 시범사업의 특성과 정체성이 없는

▶ 여성가족부 아동 · 여성안전 지역연대 프로그램

여성가족부에서는 각종 범죄로부터 아동과 여성을 안전하게 보호하기 위한 다양한 지원 사업을 진행하고 있는데, 대표적인 것이 아동 · 여성보호를 위해 지역단위로 구성된 '아동 · 여성보호 지역연대'가 주체가 되어 추진하고 있는 안전프로그램 사업이다(〈표 4-2〉 참조). 지역연대는 전국 200개 이상의 광역 · 기초 지자체에 구성되어 있는데, 초기 시설 중심의 사후적 대책에서 지역사회 인간 네트워크 중심의 사전 예방 대책으로 정책기조를 수정한 이후 다양한 안전프로그램이 진행되고 있다.

▌표 4-2 ▌ 지역연대 안전프로그램 추진체계

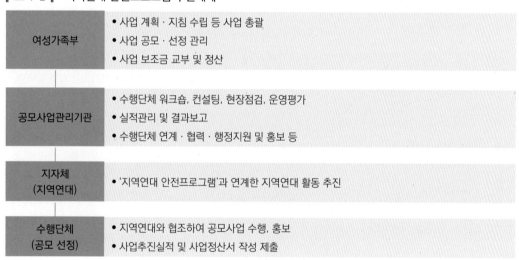

여성가족부	• 사업 계획 · 지침 수립 등 사업 총괄 • 사업 공모 · 선정 관리 • 사업 보조금 교부 및 정산
공모사업관리기관	• 수행단체 워크숍, 컨설팅, 현장점검, 운영평가 • 실적관리 및 결과보고 • 수행단체 연계 · 협력 · 행정지원 및 홍보 등
지자체 (지역연대)	• '지역연대 안전프로그램'과 연계한 지역연대 활동 추진
수행단체 (공모 선정)	• 지역연대와 협조하여 공모사업 수행, 홍보 • 사업추진실적 및 사업정산서 작성 제출

출처: 여성가족부 지역연대 사업계획 자료.

지역연대 안전프로그램은 지자체 지역연대에서 프로그램을 제안하면 여성가족부(지역연대 중앙관리기관)에서 심의 및 평가를 거쳐 예산과 컨설팅 인력 등을 지원하는 방식으로 운영되는데, 프로그램 내용, 운영 규모, 목표, 실적인원 등에 따라서 예산이 차등 지원되고 있다(〈표 4-3〉 참조).

사업 및 프로그램(일반적인 마을 만들기 사업이나 마을 공동체 사업과 차별화 없이 진행되는 특성), 체계화되지 못한 주민 조직, 프로그램 진행과정에서 주민과 주민, 주민과 행정기관 사이에 발생하는 갈등을 원인으로 지적할 수 있다.

표 4-3 **2012년 기준 아동여성안전 지역연대 프로그램 우수사례**

지자체명	사례명	세부 내용
강원도 (광역)	강원도 사례관리 실무 협의회 운영	• 18개 시·군 중 8개 시·군에 여성권익관련 시설이 없는 강원지역의 특성을 반영하여 도와 시군이 협력하여 매월 화상회의 등을 통해 사례 공유, 교육 실시
경기 군포시 (기초)	찾아가는 맞춤형아동·여성폭력 예방교육/홍보	• 아동안전지킴이집 업주 대상 교육, 움직이는 아동지킴이(집배원 등) 교육, 대상별 맞춤형 교육(영유아 대상 뮤지컬 운영, 결혼이주여성 및 미혼모 대상 교육)
경기 안산시 (기초)	심야시간 아동·여성안전귀가 동행 서비스	• 범죄 취약 시간 대 아동과 여성을 집까지 동행하여 안전하게 귀가 조치(안산시 자율방범대 등과 연계하여 1만명에게 서비스 제공)
경상남도 (광역)	경남행복하우스	• 친족성폭력 예방을 위한 부자가정 실태조사 실시, 민간기업과 연계한 전셋집 마련 및 해피하우스(부자가정 자녀 전용쉼터) 운영, 해피하우스 입소자 치료회복프로그램 진행
울산 (광역)	학부모 대상 학교폭력 예방교육	• 학교폭력(성폭력, 가정폭력 포함)의 예방을 위한 학부모 대상 프로그램 개발 및 교육 실시(26회), 효과성 분석 추진
제주도 (광역)	행복공동체 프로젝트-허브(HUB)와 함께 출발!	• 안전 환경에 대한 인식조사 및 마을 모니터링 실시, 2개 지역 HUB(마을별 30명)를 구성하여 마을의 위험요소·사례 발굴 및 개선(3개년 계획)
경기 광주 (기초)	아동·여성의 비해피, 비폭력을 위한 예방지원사업	• 아동, 여성 대상을 구분한 안전수칙 통합매뉴얼 제작·배포, 아동 대상 성교육·양성평등 인형극 실시, 여성인권영화상영 등
경남 거제 (기초)	찾아가는 방문상담서비스 사업	• 지역 내 취약계층(여성장애인, 조손가정 및 저소득 한 부모 가정 등의 홀로 남은 아동 등) 대상 매주 2~3회 방문 추진(상담원 4명)
경남 고성 (기초)	요보호 아동 연계 고성군 등 하곳길 도우미 운영	• 하곳길 지킴이(19개교, 35명) 운영 및 집중운영학교(5개교) 등을 통해 토요일 방과 후 프로그램 진행 추진하고 요보호 아동·여성 조사 실시
경남 창원 (기초)	우리동네 한바퀴 지킴이단 운영 활성화 사업 추진	• 62개 읍면동 단위 주 1~2회 지역안전조사, 사례 발굴, 찾아가는 폭력 예방교육 실시
서울 마포구 (기초)	안전한 마을 만들기 시범사업	• 염리동, 서강동, 합정동 동별 지역연대 구성, 다 같이 돌자 동네 한바퀴(안전 현장조사), 벽화그리기 등 환경개선 추진 등
경상남도 창원 (기초)	우리동네 한바퀴 지킴이단 운영 활성화 사업 추진	• 62개 읍면동 단위 주 1~2회 지역안전조사, 사례 발굴, 찾아가는 폭력 예방교육 실시

출처: 여성가족부 아동여성안전 지역연대 우수사례 요약자료, 2012.

▶ 여성가족부 아동안전지도 제작 사업[12]

아동안전지도는 '통학로 주변에서 범죄로부터 위험한 공간과 안전한 공간을 찾아내어 표시한 지도'라고 정의할 수 있다. 국내에서 아동안전지도가 하나의 프로그램으로 시작된 것은 2010년 과천시에서 관내 초등학교 학생들을 대상으로 학교 주변 안전지도 제작 교육을 실시한 것이 최초이다. 이후 여성가족부가 아동대상 범죄예방을 위해 2010년 10월 전국 16개 지자체를 대상으로 아동안전지도 제작 시범사업을 추진한 이후 2011년부터는 지자체 평가요소로 포함시켜 아동안전지도 제작 및 교육이 전국사업으로 확산되고 있다.

아동안전지도 교육 및 제작은 '사전준비-아동안전지도 제작-마무리 및 평가'의 3단계로 진행된다. 아동대상 범죄예방 효과를 기대하기 위해서는 단순히 지도를 제작하여 보급하는 것 보다는 피해 당사자가 될 수 있는 아동들에 대한 교육에 초점을 두고 학생과 교사, 주민(학부모)이 함께 참여하는 것이 중요하다([그림 4-7] 참조).

또한 범죄위험 또는 안전공간 판별법 교육을 기반으로 지역사회 구성원이 직접 학교 주변 현장조사를 통해서 확인한 내용을 지도에 기록하여 범죄에 대한 경각심을 높이고 공공부문(행정기관)에서는 이를 근거로 취약환경을 개선하는 선

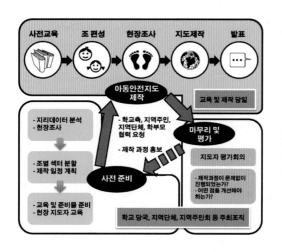

| 그림 4-7 | 아동안전지도 제작 개요 및 지도 사례 (출처: 강석진 외, 2013)

---

12 강석진, 박정은, 이승재, 이경훈(2013). 범죄로부터 안전한 도시를 위한 아동안전지도 제작 및 활용에 관한 연구. 서울도시연구, 제14권 제1호, pp. 153-166 인용 재편집.

순환의 과정이 구축될 때 아동안전지도 제작의 범죄예방 효과를 더욱 높일 수 있다.

▶ 안전행정부 안심마을 시범사업[13]

안전행정부 안심마을 시범사업은 기존에 진행되었던 안전사업과는 다르게 '주민참여가 강조' 되어 지역 주민들이 공동체 의식을 바탕으로 거주지의 안전 위협 요인들을 직접 관리하고, 행정기관은 이를 지원하는 시스템 구축을 목적으로 시작되었다.

2013년 7월 주민자치회 사업을 공모한 후 이들을 대상으로 8월 한 달간 민관합동 선정위원회의 서류심사와 현장실사를 거쳐 10개의 안심마을 시범사업 지역(서울시 은평구 역촌동, 경기도 수원시 송죽동, 경기 김포시 양촌읍, 경상남도 거창군 북상면, 부산시 연제구 연산1동, 광주시 남구 봉선1동, 전라남도 순천시 중앙동, 충청북도 친천군 진천읍, 충청남도 천안시 원성1동)이 선정되었고, 셉테드를 주요 프로그램으로 설정하고 재난, 교통, 생활안전이 동시에 확보될 수 있는 프로그램이 진행되었다.

다양한 안전 인프라를 구축하는 사업의 예시로는 우범지역 및 교통사고 위험 지역에 대한 CCTV 설치, 범죄 및 교통사고로부터 안전한 통학로 만들기, 장기간 방치되어 쓰레기 무단투기 · 우범지역으로 변해 버린 공터의 소공원 조성, 보행자 안전을 위한 일방향 주차면 구획 및 보 · 차도 분리, 노약자 낙상사고 예방을 위한 언덕길 핸드레일 설치사업 등이 있었다(〈표 4-4〉 참조).

┃ 표 4-4 ┃ 안심마을 시범사업에서 제안된 주민활동 프로그램 예시

지역	주민활동
부산 연산동	• 안전지도 맵핑으로 마을의 스토리 발굴 : 안전한 등하교길, 불량식품 NO 착한가게 • 주민교육으로 통하는 안심공동체 운영 : 마을안전지킴이 운영, 지구대 · 소방서 연계교육 • 100세 시대, 독거노인 안전네트워크 구축 : 보건소 · 병원 연계 마을주치의 운영, 야쿠르트 배달 일일 안부 확인 등
광주 봉선동	• '안심마을 지속발전위원회' 구성 · 운영 • 안전관리 현장대응 조직 구축 : 주민불편 조사단 현장 개선반 운영, 부엉이 네트워크 100 운영(관내 심야시간대 운영 상점을 '부엉이가게'로 지정, 긴급 피난처 등으로 활용), 5분대기 안전 활동가 조직 · 운영 • 주민 안전교육 강화 : 100% 주민 안전교육 실시, 마을안전 가이드 · 디자인 맵 제작

---

13 강석진(2014). 서울시 안전마을 사업 가이드라인. 서울시청, p. 37 인용 재편집.

지역	주민활동
광주 봉선동	• 안심 · 안전 붐 조성 확산 : 경로당(13개소)/어린이집(13개소) 결연 "봉선학당" 구성, 안심행복 주부 모니터단 운영
수원 송죽동	• 어르신 스쿨존 교통 지원 사업 : 학교 주변에서 하교시 교통지도 • 행복마을 한 바퀴 돌아보기 : 1일 3명씩 안심마을 내 취약지구 순찰 • 생활안전 어머니폴리스 : 학생 하교시 교통봉사 • 녹색어머니회 : 학생 등교시 교통사고 예방 안전지도와 캠페인
김포 양촌읍	• 안심마을 만들기 주민교육 : 교육, 강의, 토론을 통한 안전공감대 형성 • 커뮤니티 공간 확보 : 주민지킴이 활동의 거점지역 활용 • 안심마을 봉사단 운영 : 양촌 자율방범대, 교통안전 지킴이, 녹색어머니회와 연계 취약가정 돌보미 및 이웃 1촌 맺기 운동 전개 • 오라니장터 상표인증 사업 : 상표사업을 통한 자발적 안전식품 판매 촉진 • 양곡 건강나들이길 조성 : 생활체육, 걷기 활성화를 통한 자연적 감시 체계 구축
강원 간성읍	• 행복네트워크 협의회 구성 · 운영 : 주민자치회 중심 기관별 협조 • 주민 행복지킴이 본부 운영 : 권역별 주민 안전지킴이 지정, 지역순찰대 운영, 제설작업단 운영 • 포순이 교통안전 지킴이 운영 : 등하굣길 교통지도 및 안전귀가 활동 • 청소년 놀이문화 지원 사업 : 청소년 놀이문화 공간 확대, 방과 후 교실 프로그램 지원 • 범죄 안심 포순이 지정 및 운영 : 상가입구에 안심 포순이 스티커 부착
충북 진천읍	• 행복안심 네트워크 센터 운영 : 주민자치회, 자생주민조직 참여를 통한 문제점 파악 및 마을활동가 역량강화 교육 • 주민방범대 운영 : 우범지대, 학교주변, 안전취약지 등 순찰 • 안전지도 "Happy map" 제작 : 안전지킴이시설 등을 표시한 범죄안전지도 배포 • 안전시설 점검단 운영 : 지역 내 안전 취약지 일제조사(분기별) • 주민참여 봉사프로그램 "행복한 동행" - 독거노인 등 가정방문 건강상태 확인, 말벗도우미, 반찬서비스
천안 원성동	• 대상별 · 지역별 안심마을 아카데미 운영 - 안전지도 및 안심달력 등 참여식 프로그램 운영 • 학생 안전모니터 운영, 1가족 1안전요원 육성 등 • 마을안전 감시단 및 학교 안심지킴이 등 운영 • 안전 두레 제도 : 마을 안전 봉사활동에 참여하는 주민을 중심으로 안전 두레 조직
순천 중앙동	• 마을 안부축제 실시 • 보듬이 차량 운행 : 학생, 장애인 안전귀가 서비스 • 한솥밥 공동체 : 취약계층 · 유관기관 1대 1 결연, 복지서비스(의료, 목욕, 반찬 배달), 취약계층 · 참여회원 자매결연 • 상습 침수구역 배수구별 책임관리
거창 북상면	• 주민 안전네트워크 구성 : 안심모니터 봉사단 운영, 재난구조 봉사 및 취약지역 복지서비스 제공, 독거어르신 안부확인, 재난대비 안심차량 운영

출처: 안전행정부(2013), 안심안전마을 보도자료 인용하여 강석진 재편집.

▶ 서울시 여성폭력 없는 안전마을 사업

서울시는 2013년부터 여성폭력 없는 안전마을 사업을 추진하고 있는데, 갈수록 증가하는 성폭력, 가정폭력 등 여성폭력 문제에 대해 주민, NGO, 마을 내 경찰, 구청 등이 네트워크를 구성하여 주민들이 직접 파수꾼이 돼 '마을 안전망 구축, 여성 안심 귀갓길 및 골목길 조성, 마을 지킴이 양성, 주민 순찰대 운영 등'을 통해서 안전한 마을을 조성하는 사업이다. 이는 한국여성의 전화에서 시범 운영

┃ 표 4-5 ┃ 서울시 여성폭력 없는 안전마을 사업 예시

분야		운영내용(실천전략)
주민참여 프로그램		• 주민 욕구조사(설문조사 등) • 마을 지킴이 양성(안전마을 주민협의체 구성 및 정기적인 모임 등) • 폭력예방 상담 및 교육(특강, 연극 등), 홍보 • 마을 안전지도 만들기 및 활용 • 마을 순찰 및 귀갓길 도우미 • 기타 지역적 특성을 고려한 주민제안 프로그램
환경개선 프로그램	여성안심 귀갓길 조성	• 셉테드 적용 및 안심귀갓길과 골목길 조성 • 안심길 주민홍보 및 안내
	여성안심 아파트 조성	• 엘리베이터, 계단 등 위험지역 모니터링 • 아파트 셉테드 적용

출처: 서울시 여성정책과 보도자료(2014) 인용하여 강석진 재편집.

한 은평구의 '가정폭력 없는 움직이는 마을 만들기 프로젝트'에서 착안되었다. 여성폭력 없는 안전마을은 다음과 같은 주민참여 프로그램과 환경개선 프로그램으로 구분해서 진행되고 있다(〈표 4-5〉 참조).

이러한 여성폭력 없는 안전마을 사업과 함께 여성안심스카우트, 여성안심택배 등 서울시의 여성안전정책은 UN으로부터 인정받아 2015년 공공행정상 여성 정책분야 대상을 받았다.

1.2 주민 참여 셉테드 프로그램 유형

지역사회에 셉테드를 적용할 때 반드시 고려해야 하는 것은 물리적 설계 및 유지 및 관리를 어떻게 지역사회 활동과 연결시킬 것인가의 문제인데, 이는 지역사회에서 발생하는 범죄에 대한 통제력은 물리적으로 개선된 환경을 기반으로 주민들의 유대강화(이웃관계 증진)와 지역사회 활동의 참여를 통해 강화되기 때문이다.[14]

주민참여 셉테드는 하드웨어 측면의 '환경개선 프로그램(물리적 환경개선)'과 소프트웨어 측면의 '주민활동 프로그램(사회문화적 환경개선)'으로 구분해서 적용될 수 있다. 셉테드가 보편화된 다른 나라와는 다르게 우리나라에서는 시범사업 중심으로 셉테드가 적용되고 있기 때문에 행정기관 주도의 물리적인 환경개선 프로그램이 강조되는 경향이 있다. 이는 적은 사업예산과 짧은 사업기간, 홍보의 필요성, 그리고 소수의 이해관계자(주민, 공무원, 전문가 등)만이 참여하는 시범사업이라는 특수성과 함께 아직까지 셉테드나 주민들이 참여하는 각종 사업에 대한 이해와 경험이 부족한 국내 현실이 반영된 결과라 할 수 있다.

결국 정책당국의 의지와 다르게 아직까지 셉테드가 보편화되었다고 볼 수 없는 국내 현실을 고려한다면 당분간은 시범사업 중심으로 셉테드의 적용과 확산에 대한 노력이 필요하지만, 중앙 정부부처와 지방자치단체 등에서 경쟁적으로 셉테드에 대한 정확한 이해나 고찰 없이 정책의 홍보수단이나 단순한 환경정비 사업의 관점에서 셉테드 사업을 추진하는 문제도 나타나고 있음을 간과해서는 안 될 것이다.

---

14 실제로 주민들의 교류가 빈번하고 친밀도가 높은 지역일수록 비공식적 사회통제(informal social control)가 강하고, 지역현황과 범죄문제에 대한 이해도가 높아 범죄를 효과적으로 통제할 수 있음은 여러 연구결과와 실증사례를 통해서도 확인할 수 있다.

근본적인 범죄예방을 위해서는 지역의 상황을 가장 잘 알고 있는 주민들의 관심과 참여가 필요한데, 취약 환경개선의 대상이 되는 사적영역(개별 건물)에 대한 해당 주민의 동의를 구하거나 개선된 환경을 안전하게 유지 및 관리하고 이웃관계 회복 및 자율방범대와 같은 주민 활동이 활성화되기 위해서는 주민 참여 셉테드가 매우 중요하다고 볼 수 있다([그림 4-8] 참조).

┃ 그림 4-8 ┃ 지역사회 유대를 강화시킬 수 있는 활동 및 프로그램 유형 (출처: 강석진 작성)

1) 환경개선 프로그램(물리적 환경개선)

환경개선 프로그램은 범죄가 발생했거나 범죄에 취약한 환경(또는 범죄불안감이 높은 환경)을 대상으로 셉테드 원리에 입각해서 필요한 대책들을 적용하는 것으로, 건축물이나 가로 시설물 디자인이 필요하기 때문에 많은 비용이 소요될 수 있으며 전문가 참여가 필수적이다.

국내에서 진행된 주요 셉테드 사업에서는 감시와 접근통제를 위한 CCTV와 보안등과 같은 방범시설 설치, 영역성 강화를 위한 골목길 환경정비, 그리고 활동성 지원을 위한 휴게 및 운동시설과 주민 모임시설 설치와 같은 환경개선 프로그램이 주로 적용되고 있다. 셉테드 원리별로 적용 가능한 환경개선 프로그램을 요약하면 다음과 같다(〈표 4-6〉 참조).

┃ 표 4-6 ┃ 유형별 환경개선 프로그램 요약

적용원리	적용개요	적용방법
자연적 감시	건물 주변에 사람이 숨을 수 있는 공간 제거 및 주변 시야 확보	담장 허물기, 가벽 제거, 투시형 담장 설치
	야간 안전을 위한 조명설치 및 개선	어두운 공간을 중심으로 보안등 설치 및 고효율 조명(LED 등)으로 교체, 기존 조명시설 기능을 방해하는 가로시설 정비
	방범용 CCTV 설치 (넓은 범주에서 감시 원리에 포함)	감시의 사각지대와 대상 구역 주요 진출입로를 중심으로 CCTV 설치
접근통제	건물에 침입할 수 없는 외부 디자인	건물 외벽에 노출된 각종 배관을 타고 오를 수 없는 시설물 설치 및 디자인 적용, 건물 외벽에 노출된 각종 구조물이나 시설물을 디딤판 삼아 내부로 침입할 수 없도록 시설물 설치
	건물 출입구와 창문의 보안장치	출입문의 잠금장치 강화(경비업체 시설 설치 포함), 취약한 창문(건물사이 공간, 측벽 공간 등)에 방범창 설치
	취약한 환경에 대한 접근통제 시설	공·폐가나 건물사이 공간 등 감시의 사각지대를 통한 침입을 예방하는 시설 설치
영역성 강화	건물 주변과 골목길 환경정비	노후 건물이나 가로시설에 대한 정비, 골목길이나 지역의 밝은 이미지 조성을 위한 벽면 도색, 주민들의 관심과 책임의식을 유도하는 시설물 설치
	각종 안내시설 설치 및 정비	대상 구역을 안내하는 시설, 위치 확인을 위한 시설, 방범시설 설치를 알리는 명료한(시인성 높은) 표지판, 이웃교류와 소통을 위한 게시판 설치
활동성 지원	유휴공간 및 공공공간 활성화를 위한 시설	방치되어 있거나 기능을 상실한 공간 및 시설을 대상으로 욕구조사를 통해 주민들이 원하는 환경(자주 이용함으로서 공간을 활성화시킬 수 있는 환경)으로 개선
	주민활동 지원을 위한 커뮤니티 시설	주민 자치활동(모임, 교류, 자율 방범대 등)을 지원할 수 있는 거점공간 마련
유지 및 관리	쓰레기 관리를 위한 시설	공용공간을 중심으로 쓰레기 분리수거 시설 설치
	내구성이 있고 방범기능이 강화된 시설	쉽게 훼손되지 않으면서 외부 충격(침입시도 등)에도 오래 견딜 수 있는 시설 설치

출처: 강석진 작성.

2) 주민활동 프로그램

　　주민활동 프로그램은 주민 참여형 셉테드의 핵심이라고 할 수 있는데, 낮은 단계의 주민 참여를 위한 이웃 알아가기와 높은 단계의 주민 참여인 환경관리 및 개선활동 등이 포함된다. 주민활동 프로그램은 '행사 프로그램, 교육 프로그램,

안전 활동 프로그램' 등으로 구분되며 다음과 같이 진행될 수 있다.

(1) 행사 프로그램

행사 프로그램은 평소에 잘 알지 못하던 이웃들이 모일 수 있는 장(場)을 마련해서 교류하고 소통할 수 있는 시간을 가질 수 있다는 측면에서 낮은 단계의 주민활동 프로그램으로 분류할 수 있다. 대표적으로 마을 축제, 전시회, 각종 공연, 캠페인과 홍보자료 배포 등이 여기에 포함된다.

┃ 표 4-7 ┃ 홍보 활동

개요	마을 안전과 관련된 내용을 알리는 캠페인, 자료집 제작 등 다양한 홍보활동을 한다.
특성 및 주의사항	마을 안전과 관련된 정보, 주민들의 활동 등을 알릴 수 있는 캠페인과 홍보활동을 주기적으로 실행한다. 이러한 활동은 마을축제, 자료집 제작 등과도 연계되므로 통합 활동으로 추진될 수 있다. 캠페인 활동은 주로 야외에서 진행되는 것이며 자료집 제작보다 대민 접촉기회가 많다는 측면에서 홍보효과가 더 높을 수 있다. 마을 안전과 관련된 정보, 주민들의 활동 등을 알릴 수 있는 자료집을 만들어 책자로 주택에 제공하거나 인터넷을 통한 SNS활동(페이스 북, 마을 홈페이지 개설 등)과 병행할 수도 있다. SNS활동과 연계할 경우 자료집 제작보다 홍보 효과가 높을 수 있고 주기적인 정보교류가 가능하며 비상상황이 발생하거나 현안이 생길 경우 마을의 공지사항을 신속하게 전달하는데 유리한 장점이 있다.
사례	  출처 : 개봉동 주민 참여형 마을 재생사업 페이스북 ｜ 출처 : 강석진(2014), 고양시 범죄예방디자인 시범사업 최종보고서

출처: 강석진 작성.

표 4-8 | 마을 축제

개요	마을의 역사, 특징 등 지역의 스토리텔링을 발굴하여 마을 축제로 연계시킨다.
특성 및 주의사항	안전마을에 대한 지속적인 주민의 참여와 관심을 유도하는 방법의 일환으로 마을의 역사, 지리적 또는 사회문화적 특징 등을 활용한 스토리텔링을 개발하여 마을 축제, 전시회 등을 개최함으로서 지역 주민들의 자부심과 함께 안전에 대한 경각심도 고취시킬 수 있다.
사례	 출처 : 서대문구청 블로그　　출처 : http://moveon21kr.tistory.com/m/post/384

출처: 강석진 작성.

(2) 교육 프로그램

교육 프로그램은 각종 행사를 통해서 소통하기 시작한 주민들을 대상으로 지역사회 활동에 대한 관심과 참여를 유도하기 위해 진행하는 것으로 교양교육(문화, 인문학 등), 안전교육, 지역 리더 양성 등의 프로그램이 적용될 수 있다.

표 4-9 | 지역 리더 양성

개요	마을 활동을 주도적으로 이끌어가고 이해관계를 합리적으로 조정할 수 있는 마을 리더양성 교육 프로그램을 운영한다.
특성 및 주의사항	마을 활동 초기단계에서 필요한 것은 마을 단위의 조직을 구성하는 것인데 관 주도가 아닌 주민 자치로 운영되기 위해서는 지역 리더의 양성이 필수적이다. 따라서 안전마을의 개념과 활동범위를 명확히 이해하고 지역 주민들을 설득해서 활동이 원활하게 진행될 수 있도록 일정수준의 지역 리더를 양성하는 교육 프로그램을 운영할 필요가 있다.
	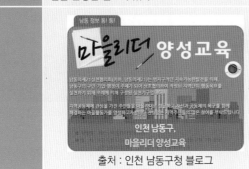　 출처 : 인천 남동구청 블로그　　출처 : 지역재단 홈페이지

출처: 강석진 작성.

| 표 4-10 | 안전교육 |

개요	셉테드 개념과 특성을 중심으로 마을안전에 대한 내용을 주민들에게 정기적으로 교육한다.
특성 및 주의사항	안전마을 활동의 취지와 효과, 주민들의 역할 등에 대한 체계적이고 구체적인 내용전달을 위해서 다양한 계층의 주민을 대상으로 한 교육 프로그램 개발이 필요하다. 프로그램 구성, 강사 섭외 등은 행정기관의 도움이 필요한데 초기단계에서는 행정기관의 협조로 진행하다가 일정기간이 지나면 지역 리더가 중심이 되어 자체적으로 교육이 진행될 수 있도록 기반을 구축한다. 교육에는 우수사례 지역 방문(답사)도 포함될 수 있다.
사례	  출처 : 염리동 답사현장, 강석진 촬영　　　출처 : 염리동 답사현장, 강석진 촬영

출처: 강석진 작성.

| 표 4-11 | 교양 교육(문화, 인문학 강좌 등) |

개요	주민들이 관심있는 내용을 주제로 다양한 교양 강좌와 같은 교육 프로그램을 운영한다.
특성 및 주의사항	안전마을에 대한 지속적인 주민의 참여와 관심을 유도하기 위해서는 일정기간 주민들이 참여할 수 있는 교양강좌 등을 개설하는 것이 필요하다. 생활 속의 지혜, 문화 및 예체능 활동, 인문학 등 다양한 주제로 주기적인 강의를 진행하는데, 유형별 안전교육과 마찬가지로 교육 프로그램의 특성상 초기 단계에서는 행정기관의 협조와 도움이 필요하다.
사례	 출처 : 서울시 통합안전마을 사업 보고서(2014)　　　출처 : 서울시 통합안전마을 사업 보고서(2014)

출처: 강석진 작성.

(3) 안전 활동 프로그램

활동모임 조직, 지역 조사, 셉테드 계획과정 참여, 지역 순찰, 환경관리 및 개선 활동 등으로 구성되는 프로그램은 범죄예방을 위해서 가장 필요하면서도 적극적인 주민 참여 프로그램이라고 할 수 있다. 앞선 행사 및 교육 프로그램을 통해서 이웃관계를 회복하고 범죄예방에 대한 중요성과 필요성을 인식한 주민들을 대상으로 대표성을 가진 협의체(주민 대표조직)를 구성하여 이들을 중심으로 자발적인 활동이 진행될 수 있다.

▌ 표 4-12 ▌ 지역 조사하기

개요	주민들의 욕구조사(설문, 인터뷰), 현장조사 등 직접 마을을 조사하고 위험요인을 파악한다.
특성 및 주의사항	마을을 조사하는 것은 가장 기본적인 활동 프로그램으로서 주민들이 모여 지도를 들고 마을을 둘러보며 각종 위험요인들을 파악할 수 있는 특징이 있다. • 1단계 : 마을을 조사하는 단계에서 마주하게 되는 주민들과 1대1 설문조사를 진행하거나 별도의 기간을 설정해서 마을에 대한 현황파악을 위해 설문조사를 수행한다. • 2단계 : 마을 조사목적, 조사방법, 지도 만들기, 결과의 활용방안에 대한 사전교육과 마을 조사 후 다 함께 모여서 문제점에 대한 토론과 대안들을 모색한다. 이러한 마을조사는 평소 무관심하게 지나치거나 불편함을 느끼지 못했던 마을의 안전문제를 객관적인 관점으로 파악할 수 있는 장점이 있다. 또한 마을조사를 통해서 주민들은 사업의 수혜자이면서 동시에 함께 행동해야 하는 주체라는 점을 인식하는 계기가 되며, 마을조사 과정에서 주민들은 개인적인 경험 또는 타인의 경험 등을 다양하게 표출하고 바람직한 안전마을의 비전 설정과 개선방향을 논의할 수 있다. 마을조사에는 주민들과 행정기관, 전문가, 디자인 및 시공업체 등이 함께 참여하는 것이 다양한 관점에서 의견을 개진하고 문제점을 파악하는데 유리하다.
사례	  출처 : 강석진 촬영　　　　　　　　　출처 : 서울시 통합안전마을 사업 보고서(2014)

출처: 강석진 작성.

| 표 4-13 | 지역안전을 위한 주민 자율조직 구성 |

개요	안전한 마을 만들기를 위해서 필요한 활동을 수행할 수 있는 조직을 만든다.
특성 및 주의사항	주민 자율조직 만들기는 가장 기본적인 프로그램으로서 초기 단계에서는 마을 대표자들을 중심으로 조직할 수 있다. 그러나 궁극적으로는 역할을 분담하여 순번제를 적용하는 등 가급적 많은 주민들이 관심을 가지고 참여할 수 있도록 유도하는 것이 중요하다. 동 단위 주민 조직인 생활안전 거버넌스의 활용도 고려할 수 있을 것이다.
사례	 출처 : 강석진 촬영　　　　　　　　출처 : 강석진 촬영

출처: 강석진 작성.

| 표 4-14 | 마을 지도 만들기 |

개요	주민들이 주체가 되어 마을에 대한 안전지도를 만든다.
특성 및 주의사항	안전마을 만들기에서 가장 많이 사용되는 마을 문제 진단방법 중 하나는 마을조사와 지도 만들기인데, 지역을 다니면서 확인된 안전을 위협하는 요인들을 지도에 표시하는 것이다. 주민들과 함께하는 마을조사가 마무리되면 현장에서 찍은 사진들과 논의된 내용들을 지도에 다양한 형태로 정리하게 되는데, 지도는 마을의 안전문제를 시각적으로 쉽게 확인할 수 있는 특징이 있다.
사례	 출처: 강석진 촬영　　　　　　　　출처: 강석진 촬영

출처: 강석진 작성.

| 표 4-15 | 셉테드 계획과정에 참여하기

개요	전문가들의 지원을 통해서 주민들이 셉테드 아이디어를 제안하거나 전문가들이 계획한 셉테드 아이디어에 대한 평가를 진행한다.
특성 및 주의사항	**(1) 디자인 워크샵** 안전마을 만들기에 참여하는 지원그룹(전문가집단, 디자인업체 등)이 주민들과 함께 워크샵을 개최하여 새로운 아이디어를 도출하고, 실용적인 사업계획에 대해 논의한다. **(2) 디자인 주민평가** 디자인 워크샵을 통해서 도출된 사업계획이나 지원그룹(전문가집단, 디자인업체 등)에 의해서 제안된 사업계획에 대한 주민들의 선호도를 조사하고 수정의견을 반영하는 프로그램이다. 여기서는 1) 기능적으로 안전에 대한 욕구를 충족시키는지 2) 사용자인 주민관점에서 계획내용이 명확한지 3) 제안된 계획들이 주민들의 관심과 참여를 유도할 수 있는지 등을 고려해서 제안된 사업계획을 주민들이 직접 평가하게 된다. **(3) 카드게임** 카드게임(또는 브레인스토밍)은 안전마을 만들기에 참여하는 다양한 주체들이 빈 카드에 개인적인 생각들을 정리하고 공유함으로서 계획안을 만들어가는 프로그램이다. 특정한 방법이나 순서가 체계가 없이도 자유로운 분위기에서 순간적으로 떠오르는 생각과 아이디어들을 정리하는 것이 핵심이기 때문에 형식에 얽매이지 않고 진행할 수 있다. **(4) 디자인게임** 디자인게임에서는 사업 대상지의 배경지도와 적용 가능한 안전계획 요소들을 나타내는 블록이나 조각들로 준비한다. 준비 후 주민들은 자신들이 원하는 계획안이 도출될 때까지 블록이나 조각들의 위치와 형태를 조정하고 토론한다. 블록이나 조각들이 부족할 경우 메모지나 포스트 잇 등에 아이디어를 적어서 지도에 부착할 수 있다.
사례	  출처: 강석진 촬영 출처: 강석진 촬영

출처: 강석진 작성.

| 표 4-16 | 지역 순찰 및 안전관리 활동

개요	주민들이 자체적으로 모임을 결성하여 일정 시간대에 주기적으로 마을을 순찰하여 안전을 확보한다.
특성 및 주의사항	마을을 조사하는 것은 일시적으로 끝날 수 있지만, 마을을 순찰하는 것은 주기적, 장기적으로 진행될 수 있는 프로그램이다. 주로 야간시간대 방범을 목적으로 마을의 주요공간들을 순찰하는 자율방범대, 생활안전을 위한 순찰활동, 초등학교 등하교시간 어린이 안전 활동(walking school bus, 녹색어머니회 등) 모두가 이에 해당한다.
사례	 출처: 경찰청 블로그　　　　　　　　　　출처: 경찰청 블로그

출처: 강석진 작성.

| 표 4-17 | 안전 지킴이집 지정 또는 안전을 위한 이웃관계 맺기

개요	마을의 주요 거점 공간, 주택을 지정하여 안전주택으로 지정하거나 일정단위로 이웃간 관심을 가지고 안전을 확인하는 프로그램을 운영한다.
특성 및 주의사항	안전주택, 안전상점 등을 지정하여 긴급 상황시 도움을 요청할 수 있는 마을안전의 거점공간으로 활용한다. 이렇게 안전의 거점공간으로 지정된 곳은 안심표지판, 비상벨, CCTV 등을 설치하고 건물 입면이나 출입문은 명료한 색상(주변과 차별화된 색상)으로 도색하여 쉽게 인식할 수 있도록 한다. 또한 10개 가구 정도를 기본으로(기본 가구단위는 조정 가능) 이웃끼리 서로 교류하고 안전상태를 확인하는 프로그램을 운영하는 것은 범죄예방과 함께 다른 위험요인들을 사전에 예방하는데 도움이 될 수 있다.
사례	 출처: 강석진 촬영　　　　　　　　　　출처: 강석진 촬영

출처: 강석진 작성.

제2절 주민 참여형 셉테드의 특성

2.1 마을 만들기와 셉테드

1) 마을 만들기 사업

우리나라에서는 1990년대 후반 지방자치제도가 정착되면서 지역에 대한 주민들의 관심이 증가하고 주민참여를 통한 지역문제 해결의 중요성이 부각되기 시작하였고, 비슷한 시기에 일본의 마을 만들기가 소개되면서 주민과 시민단체를 주축으로 하는 마을 만들기 개념 및 사업이 시작되었다.

초기의 마을 만들기 사업에는 도시연대, YMCA 등과 같은 시민단체가 주민들과 함께 진행한 차 없는 거리조성, 꽃길 골목 조성, 담장 허물기 등이 있다. 이러한 시민운동 중심의 마을 만들기의 가치와 효과가 재조명되면서 정부 및 지자체 차원의 마을 만들기가 확산되었는데, 중앙정부 차원에서는 행정자치부의 살기 좋은 지역 만들기, 국토교통부의 살기 좋은 도시 만들기, 농림부의 살기 좋은 농촌 만들기 등이 있으며 지방자치단체 차원에서는 서울시 북촌 가꾸기, 경관협정, 휴먼타운사업, 주민 참여형 재생사업(주거환경관리사업) 등이 있다([그림 4-9]

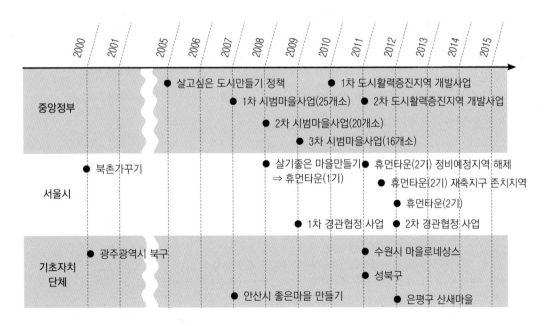

┃ 그림 4-9 ┃ 2000년대 이후 마을 만들기 추진동향 (출처: 양재섭 외, 2015)

참조).[15]

이러한 주민 참여 마을 만들기는 주민 스스로가 거주하고 있는 환경을 긍정적
으로 개선하기 위해서 적극적으로 정책결정 및 활동에 참여하고 지속될 수 있도
록 행하는 각종 노력과 활동이라고 할 수 있다(〈표 4-18〉 참조).[16]

| 표 4-18 | 마을 만들기 사업요소 결정

분류	사업유형	구분
• 생활환경개선 • 공동체 문화형성 • 지역 활성화 도모 • 생태환경 조성	• 공간시설 만들기 • 프로그램 만들기	• 민간부문 • 공공부문

출처: 이상훈 외, 2013.

마을 만들기는 '생활환경개선, 공동체 문화형성, 지역 활성화 도모, 생태환경
조성' 등으로 분류할 수 있으며, 세부 실행방법(사업유형)으로는 민간부문과 공공
부문으로 구분해서 공간시설 만들기(물리적 환경개선)와 프로그램 만들기(커뮤니
티 활성화)가 적용되고 있다.

이러한 마을 만들기는 궁극적으로 환경개선을 통한 지역재생을 목적으로 하고
있는데, 이를 위해서는 주민이 주체가 되는 운영조직 설립과 행정기관과 전문가
집단의 지원을 통한 공동체 강화계획 수립이 필요하다([그림 4-10] 참조).

마을 만들기는 추진 주체에 따라서 공공지원형, 민간주도형, 공공계획형, 공공
교육형으로 구분될 수 있는데, 여기서의 핵심은 주민들이 적극적으로 참여하고
의사표현을 한다는 점이다(〈표 4-19〉 참조).[17]

---

15 양재섭, 남선희(2015). 주민참여 마을 만들기 활성화를 위한 지자체의 역할, 대한건축
학회 건축지 제59권 제6호, pp. 57-62.

16 이상훈, 이건원, 정윤남, 김세용(2013). 마을 만들기 추진과정의 성과 및 한계에 관한
연구: 성북구 2011 제2기 도시아카데미의 교육 대상지(정릉1동)를 중심으로, 도시설
계학회논문집 제14권 제1호, pp. 137-149.

17 김세용, 최봉문, 김현수, 이재준, 조영태, 김은희, 최석환(2013). 우리나라 마을 만들기
의 현재와 앞으로의 방향. 대한국토도시계획학회 도시정보지, 제264호, p. 5.

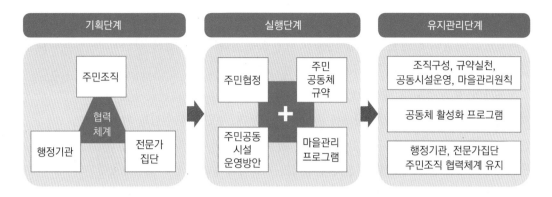

| 기획단계 | 실행단계 | 유지관리단계 |

주민조직
협력체계
행정기관　　**전문가집단**

주민협정　　**주민공동체규약**
＋
주민공동시설 운영방안　　**마을관리 프로그램**

조직구성, 규약실천, 공동시설운영, 마을관리원칙
공동체 활성화 프로그램
행정기관, 전문가집단 주민조직 협력체계 유지

| 그림 4-10 | **주민 참여형 마을 재생사업 개요** (출처: 강석진 작성)

| 표 4-19 | **사업 주체에 따른 마을 만들기 유형**

유형	절차	사례
공공지원형	정책>공모(평가, 선정)>지원>실천>(평가 및 모니터링)	• 행정자치부 그린마을, 국토교통부 살고 싶은 마을 만들기 • 진안군 마을 만들기, 수원시 마을 르네상스
민간주도형	계획>실천>(평가)>(지원)>(평가 및 모니터링)	• 서울시 성미산 마을 만들기, 홍제동 개미마을, 인사동 가꾸기 • 통영시 동피랑 벽화마을
공공교육형	정책>교육>(공모)>지원>실천>(평가 및 모니터링)	• 국토교통부 도시대학 • 경기도 뉴타운 시민대학 • 수원시 마을 르네상스 • 서울시 성북구 도시아카데미
공공계획형	정책>계획(주민참여)>지원>실천>(평가 및 모니터링)	• 전주시 한옥마을 • 서울시 북촌/명동, 경관협정, 휴먼타운

출처: 김세용 외, 2013.

　　주민이 참여하지만 기본적으로 지자체 주도로 진행되어 온 마을 만들기 분야에서는 중간 지원조직이 구성되어 활발하게 운영되는 곳이 많은데, 중간 지원조직은 행정조직과 주민조직을 연결시키고, 다양한 실험적 사업을 추진함에 따라 주민조직의 의식변화, 마을 정체성 확립, 거주환경개선 등의 긍정적인 성과를 만들어내고 있다(이삼수, 2015: 63).

　　이와 같이 우리나라의 마을 만들기 사업은 단순하게 환경을 개선하는 것이 아니라 주민 참여를 기반으로 한 공동체 강화와 함께 궁극적으로는 지역의 재생을 목적으로 하면서 발전하고 있는데, 마을 만들기 사업이 필요한 지역은 주로 기반시설이 열악하고 범죄에 취약한 곳이 많아서 최근에는 셉테드가 중요한 사업내용으로 포함되어 안전한 마을 만들기 사업으로 진화되는 양상도 확인되고 있다.

서울시의 경우 주거지 재생사업의 일환으로 진행되는 주거환경관리사업이나 지구단위계획에 주민들이 참여하도록 유도하고 있는데, 주민의견 수렴과 가이드라인 적용을 통해서 CCTV나 보안등과 같은 기본적인 방범시설의 위치선정에서 영역성 강화나 활동성 지원을 위한 환경정비와 커뮤니티 공간설치와 같은 2세대 셉테드의 핵심전략들이 사업에 반영되고 있다.

주민 참여형 마을 만들기에서는 [그림 4-11]과 같이 행정기관과 전문가집단, 지역주민으로 구성되는 거버넌스 구축이 강조되고 있으며 지역주체가 조직을 설립하여 사업을 기획·운영하고, 스스로 수익을 만들어내는 지속가능한 자치조직 구성에 대한 논의도 진행되고 있다([그림 4-11] 참조).

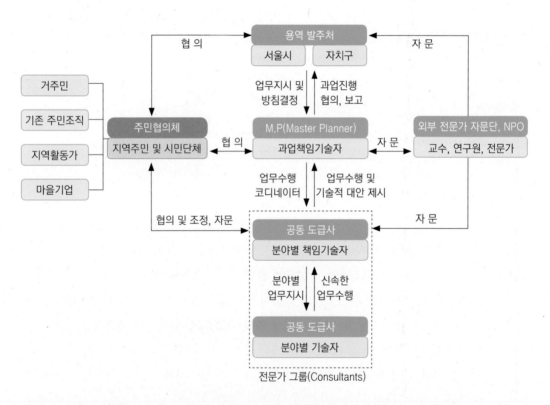

| 그림 4-11 | 서울시 주민 참여형 재생사업 조직구성 사례, 개봉3동 주민 참여형 지구단위계획 수립 제안서
(출처: 아키플랜(2013))

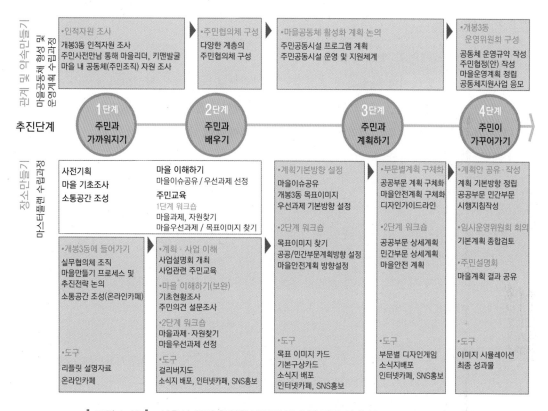

| 그림 4-12 | 서울시 주민 참여형 재생사업 수행 전략 사례 (출처: 아키플랜, 2013)

　　서울시 주민 참여형 재생사업 조직구성과 수행전략 사례([그림 4-12] 참조)에서 보는 바와 같이 지역주민과 시민단체 등으로 구성된 '주민협의체'는 마을 만들기의 핵심주체로서 전문가와 사업시행자, 행정기관(용역 발주처)과 함께 비전과 계획수립, 사업실행에 적극적으로 사업에 참여하고 있다.

　　이와 같이 주민이 주체가 되어 참여하는 마을 만들기 사업의 틀과 특성은 2010년 이후 국내에서 추진되고 있는 각종 셉테드 시범사업에 반영되고 있는데, 이는 아직까지 셉테드 사업을 위한 프로세스나 표준모델이 부족한 현실과 함께 셉테드의 본질이 범죄예방과 함께 공동체 강화(또는 지역재생)를 통한 삶의 질을 향상시키는 데 있음을 인식한 결과에서 비롯된 것이라고도 할 수 있다.

　　결국 우리나라에서 진행되고 있는 셉테드 사업은 기존의 마을 만들기 사업과 유사한 맥락을 유지하면서도 범죄예방이라는 특수한 성격이 강조되는 시범사업으로서 주민 참여가 강조되는 2세대 셉테드로 정착되는 과정에 있는 것으로 평가될 수 있다.

2) 셉테드 사업

(1) 국내 셉테드 사업의 개요 및 특성

2012년 서울시 범죄예방 환경설계 프로젝트를 기점으로 국내에서 활성화되고 있는 셉테드 사업의 특징을 요약하면 '기반시설이 열악하고 범죄에 취약한 계층이 다수 거주하고 있는 (주거)지역에서 추진되는 범죄예방에 초점을 둔 마을 만들기 시범사업'으로 정리할 수 있다.

그림에서 보는 바와 같이 서울시, 부산시, 경기도 등 주요 도시에서의 셉테드 사업은 대부분 노후 건물이 많은 서민밀집주거지역이나 재개발·재건축 예정지역, 치안활동 강화지역과 같은 공통된 환경조건에서 부분적으로나마 지역주민들이 참여하는 형태의 시범사업으로 진행되고 있다.

앞서 마을 만들기 사업의 개요와 특징을 요약한 이유도 여기에 기인하고 있는데, 셉테드 이론을 정립하고 다양한 연구와 현장적용을 통해서 단계적으로 2세

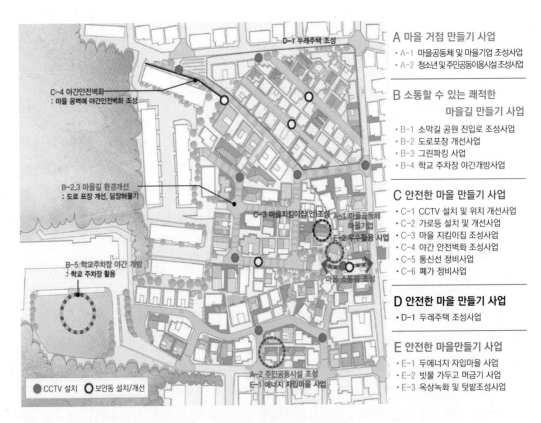

│ 그림 4-13 │ 서울시 개봉동 이심전심마을 마스터플랜 (출처: 아키플랜, 2013)

164

대 셉테드로 진화중인 해외사례와는 다르게 셉테드 적용을 위한 정책 및 제도, 시범사업이 동시에 진행됨에 따라 셉테드 사업의 틀과 기반, 사례 등이 부재한 국내의 특수한 상황에서 효율적인 사업 추진을 위한 대안으로 기존에 진행되고 있는 각종 마을 만들기 사업의 모델이 응용된 것이다.

셉테드 사업은 단위건물(공간)과 지구지역으로 구분해서 적용될 수 있는데, 단

표 4-20 국내 주요도시 셉테드 시범사업 개요

도시	셉테드 시범사업 지역
서울시	• 2012년 : 염리동, 공진중학교 • 2013년 : 관악구, 용산구, 중랑구 • 2015년 : 금천구
부산시	• 2013년 : 감천2동, 구포2동, 모라1동, 남부민2동 • 2014년 : 범천동, 개금동, 문현동
경기도	• 2014년 : 고양시, 안양시 • 2015년 : 평택시, 시흥시
공통 환경 특성	• 노후 서민밀집주거지역 • 재개발재건축 예정지역 • 치안활동 강화지역 • 강력범죄 다발지역

출처: 강석진 작성.

| 표 4-21 | 셉테드 적용 대상별 특성 요약

단위건물 및 공간	지역지구
 출처 : 강석진 촬영	 출처 : 강석진 촬영
• 셉테드 적용대상이 명확하고 규모가 제한 • 자연적 감시와 접근통제 같은 기본 원리 수준의 셉테드 적용 • 주민참여는 낮은 수준에서 적용(사업동의 및 유지 및 관리 등)	• 셉테드 적용범위 및 대상이 다양 • 공공부문의 기반시설 환경개선과 함께 공동체 활동, 지역주민 유대강화를 위한 영역성 강화 및 활동성 지원과 같은 셉테드 원리와 높은 수준의 주민참여 프로그램 필요

출처: 강석진 작성.

위건물과 공간은 적용 대상이 제한적이고 명확하기 때문에 상황에 따라 기본적인 셉테드 원리만으로도 범죄예방의 효과를 기대할 수 있다.

그리고 2015년 4월 1일자로 고시된 국토교통부의 '건축물 등의 범죄예방 기준'에 따라서 단위건물에 대한 셉테드 적용이 의무화되었기 때문에 별도의 사업을 통하지 않고서도 일반적인 건축물 설계에서 셉테드를 적용할 수밖에 없는 환경이 조성되었으며, 일정한 시간이 지나면 지역사회 곳곳에 셉테드가 적용된 다양한 건물들이 들어설 것으로 예상되고 있다.

그러나 지구지역(행정동 단위 이하 규모의 근린지역)에서는 다양한 건물과 기반시설(가로시설)이 존재하기 때문에 적용 대상 및 범위의 결정이나 지역주민들의 (건물주인, 세입자 등) 이해관계를 조정하는데 어려움이 존재한다. 또한 개별 건물들에 셉테드가 적용된다 하더라도 지역의 맥락에서 단위건물이나 공간별로 셉테드 적용에 대한 편차가 있고 기반시설(공공가로 등)에 셉테드가 적용되지 않는다면 범죄예방 효과는 반감될 수 있다.

따라서 지역사회의 범죄문제를 근본적으로 통제하기 위해서는 지구단위 또는 지역단위의 셉테드 적용은 반드시 필요한데, 지구지역 단위 셉테드는 아직까지 제도에 의해서 강제화 된 사항이 아니므로 지역재생(도시재생)의 성격이 가미된 시범사업의 성격으로 진행될 수밖에 없으며 대부분 마을 만들기 수준의 범위에서 예산편성과 조직구성, 계획의 수립과 실행이 이루어지는 것이다.

(2) 셉테드 사업의 조직 구성과 역할

주민 참여형 셉테드가 정착되고 활성화되기 위해서는 몇 가지 원칙에 따른 조직구성과 프로세스 정립이 중요하다. 가장 먼저 사업 및 프로그램에 참여하는 주체별로 안전한 지역 만들기를 위한 역할과 책임은 무엇인지 정확하게 이해해야만 한다.

셉테드에 참여하는 주체는 크게 주민조직과 전문조직으로 구분할 수 있다.

먼저, 주민조직은 일반주민들의 동의를 거쳐서 계층별 대표성을 가진 사람들로 구성되는 주민 협의체가 주축이 되어 각종 활동에 주도적으로 참여하게 된다.[18] 일반적으로 지역사회 활동에서 필요한 주민 협의체(또는 주민대표자회의)는 통장, 반장, 각종 주민자치활동 대표자 등으로 구성되고 있다. 대부분의 주민들은 일상생활이나 직장 등의 이유로 지역사회 활동에 참여가 어려운 현실을 고려한다면 주민 협의체를 조직하여 대다수 주민들의 의견을 직간접적으로 수렴하여 셉테드 사업과 프로그램을 추진하는 것이 필요하다.

전문조직은 행정조직과 전문가집단으로 구성되는데 분야별 전문성을 가지고 사업을 지원하게 된다.

행정조직의 경우 셉테드를 전담하는 부서나 공무원을 지정하고 중앙정부, 광역자치단체, 기초자치단체 등 수직적으로 연결되는 체계를 구성해야 하며, 수평적으로는 건축, 도시, 경관, 교통, 주거, 여성, 복지 등 다양한 관계부서와 협조체계가 구축되어야 한다. 셉테드 담당부서 및 공무원은 주민과 긴밀한 유대관계를 가지면서 현장에서 필요한 요구조건들을 수용하게 된다.

전문가집단은 MP(master planner, 총괄계획가)로 지정된 셉테드 전문가와 범죄, 디자인, 마을 만들기 등 분야별 전문가로 구성되며, 계획을 수립하거나 시공하는 업체에 대한 자문과 지역주민들의 활동을 지원하는 역할을 수행하게 된다.

---

18 주민 참여형 셉테드는 주민들의 관계 맺기 없이는 불가능하기 때문에 다양한 계층의 이해관계를 대변하고 공동의 이익달성을 위한 조직을 구성하는 것이 초기 단계의 중요한 현안이 된다.

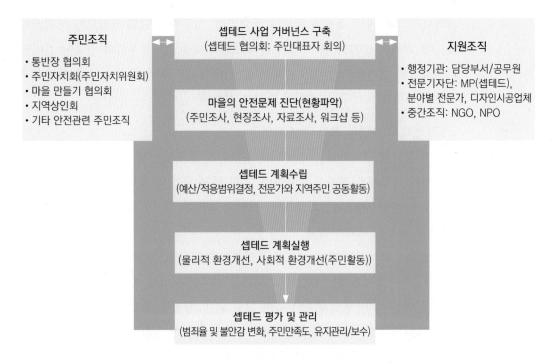

| 그림 4-14 | 주민 참여형 셉테드 사업의 추진과정 (출처: 강석진 작성)

　　전문가집단이 주민조직과 행정조직 또는 주민과 주민사이에서 발생하는 갈등이나 문제를 조정하는 역할을 수행할 수 있지만 경우에 따라서는 지역주민과 교류가 가능한 NGO(또는 NPO)에서 해당 역할을 수행할 수도 있다.

　　이와 같은 조직구성이 완료되면 '현황파악, 계획수립, 계획실행, 평가 및 관리'와 같은 과정을 통해서 셉테드 사업과 프로그램이 적용되는데, '누가(Who), 왜(Why), 언제(When), 어디서(Where), 무엇을(What), 어떻게(How)'와 같은 6하 원칙에 따른 문제의식과 해결방안 도출이 중요하다.

- 1단계 현황파악에서는 주민들의 설문조사나 인터뷰를 통해서 범죄피해현황 및 불안감 수준을 분석하며, 현장조사를 통해서 취약환경의 특성을 규명하게 된다.
- 2단계 계획수립에서는 규명된 범죄문제를 해결하고 지역을 활성화시킬 수 있는 방안을 모색하게 되는데, 환경개선 프로그램과 주민활동 프로그램으로 구분해서 주민들이 동의하고 범죄예방에 효과가 있는 대안들이 선택된다.

- 3단계 계획실행에서 환경개선 프로그램은 디자인 및 시공 전문업체를 중심으로 진행되지만 간단한 환경정비의 경우는 주민들이 참여하게 되며, 주민활동 프로그램(커뮤니티 활성화를 위한 다양한 활동)을 위한 준비도 진행된다.
- 4단계 평가 및 관리에서는 안전한 환경을 지속시키기 위한 본격적인 주민활동 프로그램이 운영되고 셉테드 적용에 따른 효과성 평가가 진행된다.

2.2 주민 참여형 셉테드 사업 사례

1) 서울시 안전마을 사업[19]

(1) 사업개요

서울시 안전마을 사업은 지역에 필요한 안전과 관련된 사업내용 제안과 함께 계획수립과 실행, 유지 및 관리 전 과정에 주민이 주도적으로 참여하고 이끌어가는 것을 목표로 기획되었기 때문에, 주민 참여형 셉테드 사업의 실증 사례로서 프로그램을 분석할 필요가 있다. 2013년부터 2014년까지 진행된 서울시 안전마을 시범사업의 기본개념은 다음과 같다.[20]

- 주민의 자발적 참여 및 자치구와의 협력을 통해 안전문제를 해결하기 위해 지속적으로 노력하는 마을
- 재난, 범죄, 생활안전 등 각종 사고로부터 마을환경을 안전하게 개선하기 위해 노력하는 마을

이러한 개념으로 정립된 서울시 안전마을의 사업은 주민모임과 자치구 협업방식으로 추진되었는데, 종전에 진행되었던 '지역안전단체 지원' 중심에서 더 나아가 '커뮤니티 기반'의 마을 단위의 종합적 사업추진을 목표로 설정하여 마을 공동체가 지향하는 '주민관계망 회복'과 안전사업을 연계하여 추진하였다. 서울시 안전마을 사업 공모시 사례로 제시된 내용은 다음과 같다.

---

19 강석진(2014). 서울시 안전마을 사업 가이드라인. 서울시청, pp. 71-85. 인용 재편집.
20 사업 기획단계에서는 범죄, 재난, 교통, 생활안전 등을 포괄하는 통합안전마을 조성을 목적으로 하였으나, 사업이 추진되면서 셉테드 개념을 반영한 범죄안전이 강조되었다.

- 기본프로그램: 주민욕구조사, 안전지도 제작, 마을안전계획 수립, 이웃간 자연적 감시, 인문학강좌, 음주폭력 예방 등
- 주민활동 프로그램(S/W): 마을순찰, 안전콘서트, 재난안전 체험교육, 어린이와 여성 등 취약계층 안전사업 등
- 안전환경 개선프로그램(H/W): 마을 게시판, 주민소통 공간, 어린이와 노약자 보행환경 개선 등

최종 선정된 사업지역은 동대문구 회기동과 서대문구 홍은 1동인데, 회기동의 경우 일반상가지역과 단독·다가구·원룸 위주(서민보호 치안 강화구역으로 지정)의 서민주거지역이 혼재되어 있으며, 지역 내 대학과 주민, 시민단체 등의 협력을 통한 시너지 효과를 기대할 수 있는 특징이 있었다.

그리고 서대문구 홍은1동은 재개발 해제지역으로서 주민들 사이의 갈등해결이 시급한 문제가 있는데, 공동체 강화의 일환으로 공동부엌 및 공동보육이 가능한 거점 공간 마련이 용이한 특징이 있었다.

(2) 회기동 안전마을 사업

회기동 안전마을은 동대문구 회기동 102, 103번지 일대에 조성되었는데, 서민보호 치안강화 구역 및 성폭력 예방구역으로 지정되어 있으며, 대학생 1인 가구를 위한 다가구와 원룸이 많은 특징이 있다.

회기동 안전마을 사업을 위한 사업주체는 동대문구(관련 공무원)와 지역주민 대표자들로 구성된 '회기동 안전 두드림'인데, 지역주민 대표자들은 사업계획 제안서 작성 및 현장조사, 사업실행 및 유지 및 관리의 전 과정에 걸쳐 참여하였다.

이 지역은 인근 대학교에 재학 중인 학생들(외국인 포함)이 많이 거주하는 등 세입자가 많은 특성을 반영하여 사업 초기단계에서 안전마을 사업을 위해 조직된 주민 대표자들의 역량강화 및 일반 주민들의 사업에 대한 관심과 참여유도를 위해 '주민조사 및 워크샵, 마을회의, 사례답사, 엄마밥상 및 김장체험, 마을축제, 소식지 발행' 등이 진행되었고, 원주민(건물주 등)을 중심으로 '여성안심귀가 서비스, 환경개선 참여'와 같이 지역안전을 실질적으로 담보할 수 있는 프로그램이 진행되었다(〈표 4-22〉 참조).

| 표 4-22 | 회기동 안전마을 주민 참여프로그램 개요

프로그램 개요	세부 적용방법	
주민욕구조사, 워크숍 (2회)	• 안전에 대한 주민욕구 파악 • 주민욕구조사 220명 참여, 주민설명회 2회 개최	
마을회의 (주 1회, 총 18회)	• 의제 논의, 갈등조정 등 • 회기동 안전 두드림, 동대문구, 동주민센터, 시(도시안전과) 등	
타 마을사례 답사 (각 1회)	• 사업 참여동기 부여, 할 수 있다는 자신감 고취 • 마포구 염리동 소금길, 금천구 시흥동 '암탉우는 마을'	
인문학강좌 개최 (5회)	• 마을공동체 이해 및 주민 간 소통의 장 • 공동체와 이웃, 도시화와 마을공동체 등 주민 삶을 주제로 한 강좌 운영	
여성안심귀가 서비스 (수시)	• 주민 스스로 야간시간대 여성안전지킴활동 • 자율방범대, 생활안전 거버넌스, 청회 파출소 등 참여	
외국인과 함께 하는 엄마밥상, 김장체험	• 외국유학생과 주민 간 이해 도모 • 함께 음식을 만들고 식사하는 자리, 김장 체험하기 등	
동네 한바퀴 골목탐방 및 축제 (1회)	• 주부, 어린이, 청소년 등이 함께 모여 골목길 탐방 및 게임 진행 • 사업 설명회, 음식 나눔, 장기자랑 등	
안녕마을 소식지 발행 (수시)	• 주민과 함께 사업실적 공유	

출처: 강석진 작성.

(3) 홍은동 안전마을 사업

홍은동 안전마을은 서대문구 홍은1동 일대에 조성되었는데, 재건축 해제지역으로 기반시설이 노후화되어 있고, 특히 북한산 등산로를 이용하는 외부인들이 많고 상업시설 주변에서 음주 등으로 인한 폭행범죄가 많으며, 회기동과 마찬가지로 여성을 대상으로 하는 성범죄 및 절도 등의 문제로 인해서 서민보호 치안

강화 구역으로 지정된 특징이 있다.

홍은동 안전마을 사업을 위한 사업주체는 서대문구(관련 공무원)와 지역주민 대표자들로 구성된 '호박골 안전복지 주춧돌 모임'이며, 지역주민 대표자들은 사업의 전 과정에 걸쳐 참여하였다.

이 지역은 65세 이상 노인계층이 많이 거주하고 있으며, 홀로 남은 아이들이

| 표 4-23 | 홍은동 안전마을 주민 참여프로그램 개요

프로그램 개요	세부 적용방법	
주민욕구조사, 워크숍 (2회)	• 안전에 대한 주민욕구 파악 • 주민욕구조사 200명 참여, 주민설명회 2회 개최	
마을회의 (주 1회, 총 18회)	• 의제 논의, 갈등조정 등 • 호박골 주춧돌 모임, 서대문구, 동주민센터, 시(도시안전과) 등	
토크콘서트 (4회)	• 주민들이 편하게 대화를 통해 사업내용 공유 • 통 단위로 4회 개최	
인문학강좌 개최 (8회)	• 마을공동체 이해 및 주민 간 소통의 장 • 주민 관심을 유도할 수 있는 실생활 관련 내용 및 마을 공동체에 관한 강좌 병행	
먹거리강좌 (3회)	• 유기농 유자차를 만들며 주민 간 소통 유도	
마을 안전지도제작 (1회)	• 주민들이 직접 지도제작에 참여 • 커뮤니티 매핑센터와 연계 추진	
담벼락 영화제 (1회)	• 안전마을에 대한 관심과 참여유도 • 지역주민(이준익 감독)의 영화 상영	
청소년 성교육 및 청소년 마을 지킴이	• 청소년들을 대상으로 한 성교육 강좌 • 주민과 청소년이 함께 환경순찰	

출처: 강석진 작성.

많은 점 등을 고려하여 주민관심과 사업 참여를 유도하기 위해 '주민조사 및 워크샵, 마을회의, 토크콘서트, 인문학강좌, 먹거리 강좌, 담벼락 영화제' 등이 진행되었고, 지역안전을 위해서는 '마을 안전지도 제작, 청소년 성교육 프로그램, 청소년 마을 지킴이'와 같은 프로그램이 진행되었다(〈표 4-23〉 참조).

2) 사업에 대한 평가

두 지역에서 공통적으로 진행된 주민활동 프로그램은 주민욕구조사(설문조사), 마을조사 및 지도 만들기, 마을회의, 인문학 강좌, 순찰활동, 마을 축제 등이다.

회기동의 경우 원주민과 세입자 간의 소통부재와 지역문제에 대해서 주민들이 관심을 가지거나 참여할 수 있는 방법이 부재한 현실에서 소통을 위한 다양한 활동과 프로그램을 실행했다는 측면에서 의의가 있다.

홍은동의 경우 일과시간에 집에 남아 있는 어린이들을 돌볼 수 있는 어른들이 없고, 등산을 위해 지역을 방문하는 외지인과 원주민 간의 갈등 문제, 그리고 경사지에 노인계층이 많이 거주하여 생활이 불편한 문제들을 해결하기 위해서 보육과 안전을 함께 확보할 수 있는 공간 및 프로그램을 개발했다는 측면에서 의의가 있다.

다만, 주민이 주도적으로 마을 안전 프로그램을 제안하고 실행한 사례가 드문 현실과 많은 노력을 기울였음에도 불구하고 소수의 주민들만이 사업에 참여하는 문제로 인해서 사업 초기단계부터 마을 개선을 위한 방향설정에 어려움이 있었다.

또한 주민들이 가장 원하는 것은 취약한 환경개선이었지만 행정기관과 지역주민, 전문가 사이의 소통이 원활하게 이루어지지 않아 모든 참여주체가 주민활동 프로그램에 대한 가치를 이해하고 실행하는데 어려움이 있었으며, 결국 환경개선도 단편적으로 진행된 한계가 있었다.

그럼에도 불구하고 이러한 프로그램 및 활동을 통해서 사업에 대한 주민들의 관심과 참여를 유도하고 이웃관계를 회복시키며 나아가 지역에 필요한 각종 안전 활동을 주민 스스로 이끌어나가는 가능성을 확인할 수 있었다는 측면에서 긍정적인 평가를 할 수 있으며, 향후 주민 참여형 셉테드 사업 활성화를 위한 참고자료가 될 수 있을 것이다.

참고문헌

1. 강경연, 강석진, 강용길, 강은영, 강효진, 권은선, 김도우, 김태민, 박수진, 박준휘, 박형민, 성기호, 신의기, 이경훈, 이제선, 최민영, 최인섭, 홍영오(2014). 셉테드 이론과 실무(I). 서울: 한국형사정책연구원.

2. 강석진(2014). 고양시 범죄예방디자인 시범사업 최종보고서. 고양: 고양시청.

3. 강석진(2014). 서울시 안전마을 사업 매뉴얼. 서울: 서울특별시청.

4. 강석진, 박정은, 이승재, 이경훈(2013). 범죄로부터 안전한 도시를 위한 아동안전지도 제작 및 활용에 관한 연구. 서울도시연구, 제14권 제1호, pp. 153–166.

5. 강희종(2014). 통계로 본 한국인의 삶의 질. 과학기술정책, 제24권 제2호, pp. 114–118.

6. 김세용, 최봉문, 김현수, 이재준, 조영태, 김은희, 최석환(2013). 우리나라 마을 만들기의 현재와 앞으로의 방향. 대한국토도시계획학회 도시정보지, 통권264호, pp. 3–20.

7. 박금식, 하정화, 이혜주(2011). 여성이 안전한 도시 만들기 연구. 부산: 부산여성가족개발원.

8. 서울시청 도시안전과(2014). 서울시 통합안전마을 사업 보고서. 서울: 서울특별시청.

9. 서울시청 여성정책과(2014). 서울시 여성폭력 없는 안전마을 사업 보도자료. 서울: 서울특별시청.

10. 신상영(2013). 주민 참여형 안전한 마을 만들기 구현방안. 서울: 서울연구원.

11. 아키플랜(2013). 서울시 개봉3동 주민 참여형 지구단위계획 수립 보고서.

12. 아키플랜(2013). 서울시 개봉3동 주민 참여형 지구단위계획 수립 제안서.

13. 안전행정부(2013). 안심안전마을 보도자료. 서울: 안전행정부.

14. 양재섭, 남선희(2015). 주민참여 마을 만들기 활성화를 위한 지자체의 역할. 대한건축학회 건축지, 제59권 제6호, pp. 57–62.

15. 여성가족부(2012). 아동여성안전 지역연대 우수사례 요약자료. 서울: 여성가족부.

16. 이삼수(2015). 주민참여 마을 만들기 활성화를 위한 마을 만들기 지원조직 발전방향. 대한건축학회 건축지, 제59권 제6호, pp. 63–67.

17. 이상훈, 이건원, 정윤남, 김세용(2013). 마을 만들기 추진과정의 성과 및 한계에 관한 연구: 성북구 2011 제2기 도시아카데미의 교육 대상지(정릉1동)를 중심으로. 도시설계학회논문집, 제14권 제1호, pp. 137–149.

18. 이왕건, 김우락, 류태희 옮김(2012). 마을 만들기 시민사업. 안양: 국토연구원.

19. 이왕건, 류태희(2012). 일본의 방범형 안전도시 마을 만들기. 안양: 국토연구원.

20. 정지범(2013). 지역안전거버넌스의 구축의 한계와 과제: 정책사례분석을 중심으로. 지방행정연구, 제27권 제1호, pp. 25–44.

셉테드 사업의
기획 및 운영

정지범 · 김은희 · 오윤경

정지범 · 김은희 · 오윤경 05

셉테드 사업의 기획 및 운영

제1절 **셉테드 사업의 기획**

사업의 기획이란 누가(who), 어디에서(where), 무엇을(what), 어떻게(how) 추진할 것인가를 결정하는 문제이다. 전통적 셉테드 사업은 단독주택 혹은 공동주택지에서(where), 범죄 가능성을 줄이기 위해(what), 설계자 혹은 시공자(who)가 추진하는 사업으로 알려졌다. 물리적 환경만을 강조하는 이른바 1세대 셉테드이다. 하지만 최근 강조되는 2세대 셉테드는 시공자 혹은 설계자를 포함하는 주민협의체(who)가 마을단위 근린주구 나아가 도시계획적 차원에서(where) 범죄를 포함한 다양한 위험을 제거하는(what) 형태로 추진되곤 한다. 2세대 셉테드는 사업의 추진 방법(how) 역시 전문가의 일방적 · 하향적 추진이 아닌, 다양한 이해당사자들의 협의적 · 상향식 추진을 강조한다. 이른바 마을 만들기와 안전개선사업의 결합이다. 본 장에서는 사업의 기획에서 유념해야할 몇 가지 중요한 요소들을 다루고자 한다.

1.1 셉테드 적용 대상 단위와 시범사업(where)

셉테드 사업을 수행하는데 있어 첫 단계는 대상지를 결정하는 것이다. 셉테드 사업의 근본적 목적은 '범죄예방 환경설계'이다. 따라서 물리적 환경변화를 이끌 수 있는 공간적 대상의 선정이 필요하다. 대상지의 첫 번째 요건은 당연히 범죄의 발생, 혹은 그 가능성이 높은 곳이어야 할 것이다. 이 절에서는 대상지 선정에서 고려해야 할 몇 가지 중요한 요소들을 제시하고자 한다.

최근 우리나라에서도 셉테드를 현장에 적용하여 범죄 발생 가능성을 낮추기 위한 다양한 형태의 사업들이 진행되고 있다. 이러한 사업들은 국토부의 지침과 가이드라인(건축법 제53조의2), 개별 지방자치단체의 조례, 혹은 개발 시행사의 자체적 기준이나 셉테드학회 등에서 제공하는 인증기준에 따라 실시되고 있다. 지금까지 진행된 다양한 사업들을 살펴보면 대상지의 선정을 다음과 같이 구분할 수 있다.

1) 대상지의 크기

셉테드 사업은 다양한 단위로 적용이 가능하다. 하나의 개별 주택이나 학교 등에도 적용이 가능하며, 마을 단위의 적용, 나아가 도시기본계획을 활용하여 시군구 단위에서도 적용이 가능하다.

가장 작은 단위에서의 적용은 개별 건축물에 대한 것이다. 하나의 단독주택에 대해서 담장의 높이, 출입구 위치, 조명, 조경 등을 적절히 활용하여 자연적 감시, 접근통제, 영역성 강화 등 다양한 셉테드 전략을 구사할 수 있다. 또한 공공시설물로서 학교 등에도 이러한 원칙을 적용할 수 있다. 우리나라의 경우 2015년 국토교통부에서 〈범죄예방 건축기준〉(국토부, 2015)을 통해서 단독주택 등에 적용할 수 있는 셉테드 권장기준을 제시했다. 특히 범죄로부터 어린이들을 보호하기 위해 안전한 학교 설계를 위한 건축 기준들이 제시되기도 했는데, 2013년 교육부에서 제시한 학교 셉테드 가이드라인 등이 대표적이다.

셉테드 사업의 적용이 가장 활발한 대상은 공동주택이다. 특히 국토교통부는 2015년 건축법에 따른 법적 기준(고시)으로 〈범죄예방 건축기준〉(국토부, 2015)을 통해 500세대 이상 공동주택에는 셉테드 기준을 의무적으로 적용할 것을 요구했다. 국토부의 기준 이전에도 한국셉테드학회가 제시한 인증 기준에 따라 공동주택을 설계·건축한 사례도 있었다.

마을 단위의 접근은 근린주구적 접근으로 생활공동체를 공유하는 공간적 대상지로서 마을을 대상으로 한다. 마을 단위의 접근은 기존 개발지역에 대한 재개발을 통한 경우가 많다. 부천시의 재정비촉진지구 사업이나 서울시의 주거환경관리사업 등에서는 기존 주거지를 재개발하면서 셉테드를 고려한 사업이 될 수 있도록 지침을 제시했다.

읍면동 단위의 사업 혹은 시군구 단위의 사업의 경우 도시계획과의 연계가 필요하다. 그러나 도시계획의 적용은 이미 개발이 완료된 지역을 대상으로 하기에는 한계가 있을 수밖에 없다. 따라서 신규 개발지 혹은 신도시를 대상으로 사업을 진행하는 경우가 많다.

국가표준인증 통합정보시스템(http://standard.go.kr)의 "범죄예방 환경설계(CPTED) — 기반표준"(KS A 8800: 2012)[1]에 따르면 셉테드의 적용 대상을 소규모(건축설계)와 대규모(도시설계)로 구분하여 제시하고 있다.

2) 신규개발 여부

셉테드 사업은 또한 새롭게 개발하는 지역을 대상으로 하는지, 아니면 기존 개발 완료된 지역을 대상으로 하는지에 따라 구분할 수 있다. 판교신도시나 행정중심복합도시 등의 경우에는 신도시에 대해 셉테드를 적용한 대표적 사례로 볼 수 있다. 특히 행정중심복합도시 사업의 경우에는 지구단위계획, 환경상세계획에서 '안전한 도시조성계획'을 통해 셉테드를 적용했다.

반면 기존 개발지역에 대한 셉테드의 적용은 이미 개발된 주거지 혹은 복합용도지역(상업지 등) 중 범죄발생 가능성이 높은 지역을 대상으로 진행되곤 한다. 이른바 '깨진 유리창 이론'이 제시하는 바 제대로 관리되지 않은 낙후 지역에 범죄가 발생할 가능성이 높다. 따라서 이러한 지역을 재개발 혹은 환경개선작업을 하면서 셉테드를 적용하곤 한다. 또 다른 예로는 시범사업을 통해 기존 지역의 범죄예방 환경개선작업을 수행하는 경우도 있다. 대표적인 예로 2014년 안전행정부가 수행한 '안심마을 시범사업'(2015년에는 국민안전처의 '안전마을시범사업'으로 전환)과 '법질서 실천운동' 사업의 일환으로 법무부가 진행한 시범사업들이 있다. 안심마을 시범사업의 경우, 마을 단위 사업으로 마을의 재난안전, 교통안전, 생활안

---

1 범죄예방 환경설계(CPTED) — 기반표준 (KS A 8800: 2012)(http://standard.go.kr).

전 부문과 함께 범죄안전을 주요 사업 부문으로 정하고 셉테드 적용을 요구했다.

이러한 시범사업에서 무엇보다도 중요한 것은 모범사례 창출을 통해 타지역에 유사사업을 파급시킬 수 있는지의 여부이다. 따라서 성공적 사업 창출 가능성이 가장 중요한 선정 기준이 되어야 한다.

이와 함께 대상지의 용도로서 주거, 상업, 복합지역 등을 고려한 셉테드 적용 역시 고려가 가능하다. 국가표준인증으로서 "범죄예방 환경설계(CPTED) ― 기반표준"(KS A 8800: 2012)에서 제시하고 있는 다양한 셉테드 사업 대상지에 대한 사업의 주체, 대상, 과정을 정리하면 〈표 5-1〉과 같다.

┃ 표 5-1 ┃ 다양한 셉테드 사업 대상지에 따른 주체, 대상, 과정

구분		대상(where)	주체(who)	과정(how)	규모
건축 설계	1	일상적인 방범의식 고취	점유자, 관리자, 보안담당자	일상적 활동, 보안절차, 관리절차의 변화	소규모
	2	방범장치 업그레이드	경비업체, 보안담당자, 건설사업자	보안장비(시건장치, 경보기, CCTV, 센서 등) 설치 개선	
	3	건축물 개선 및 변경	건물주, 시설관리자, 건축가, 건설사업자	건축물(창문, 문, 내부시설 등) 개조	
	4	새로운 건물 설계	건물주, 개발사업자, 건축가, 건설사업자	주변 환경을 고려한 건축설계	
도시 설계	5	대규모 개발 –쇼핑센터, 주택, 산업단지	건물주, 개발사업자, 건축가, 건설사업자	단지에 대한 설계(건물배치, 주차, 보행통로, 조경 등에 대한 종합적 계획)	
	6	공공장소	주민, 도시계획가, 지자체, 지역단체(NGO 등)	공공시설 설계(오픈스페이스, 조명, 조경, 보행로 등)	
	7	지구단위 계획	주민, 도시계획가, 지자체, 지역단체(NGO 등)	근린주구 개선 관점에서의 점진적 재개발	대규모

출처: 범죄예방 환경설계(CPTED) – 기반표준(KS A 8800: 2012)의 내용을 일부 수정함.

한편, 다양한 셉테드 사업 대상지에 대하여 국내에서 마련된 다양한 기준들을 함께 제시하면 〈표 5-2〉와 같다.

최근의 셉테드 사업은 중앙정부 혹은 지자체 주도의 시범사업 형태로서 기존 주거지개선을 목표로 추진되곤 한다. 시범사업의 목표는 선정된 지역을 모범사례로 만들어 관련 사업의 자연스러운 확산을 목표로 한다. 따라서 시범사업지의

| 표 5-2 | 다양한 셉테드 사업 대상 선정을 위한 기준

구분	내용	관련 지침, 가이드라인
대상지의 크기	주택 공동주택 마을(근린주구) 읍면동 시군구(기초체)	건축물의 범죄예방설계 가이드라인(국토부, 2013) 범죄예방 건축기준(국토부, 2015) 주거환경관리사업 셉테드 가이드라인(서울시, 2013) 행정중심복합도시 지구단위계획(행정중심복합도시, 2007) 등
신규 개발 여부	신규개발 (신도시, 단지)	판교신도시 범죄예방설계지침(판교신도시, 2005) 행정중심복합도시 지구단위계획(행정중심복합도시, 2007) 등
	기존 개발지	부천시 재정비촉진지구 내 범죄예방환경설계지침(부천시, 2009) 주거환경관리사업 셉테드 가이드라인(서울시, 2013) 등
대상지 용도	주거 상업 복합 등	대부분 주거환경 중심으로 지침이 구성되어 있으나 행정중심복합도시, 부천시 등의 지침에서는 용도별로 개략적 지침 제시

출처: 정지범 작성.

선정 역시 모범사례로 만들 수 있는 지역을 대상으로 하는 것이 바람직하다. 시범사업지 선정에 있어서 고려 사항은 다음과 같다.

(1) 범죄 취약지역(where)

셉테드 사업은 범죄예방을 목표로 하는 것이므로 당연히 범죄 취약지역을 대상으로 삼아야 한다. 따라서 시범사업으로 취약지역을 개선할 수 있어야 한다는 필요성이 높은 지역을 대상지로 선정해야 한다.

(2) 누가 사업을 추진하는가?(who)

시범사업을 누가 추진하는지가 매우 중요하다. 대부분의 시범사업이 기존 주거지를 대상으로 하기 때문에 관 주도의 일방적 사업은 민관 간 갈등을 유발시킬 수 있고, 실제로 범죄가 취약한 지역에 대한 파악 및 적절한 개선 방법의 선택에 어려움이 있을 수 있다. 따라서 실제 해당지역에 거주하거나 그 지역을 이용하는 사람들을 사업추진의 주체로 포함할 필요가 있다. 시범사업 선정 시에도 사업을 실제로 주도할 수 있는 주민협의체 혹은 이용자협의체로서 '지역안전거버넌스'가 제대로 구축되었는지 확인할 필요가 있다. 여기서 지역안전거버넌스란 "지역공동체의 안전을 위하여 지역주민, 지방자치단체, 소방, 경찰, 보건, 시민사회단체 등 다양한 이해당사자들이 협력하고 노력하는 것"을 의미한다(정지범, 오

윤경, 2015: 5).[2]

(3) 어떤 사업을 어떻게 추진하는가?(what, how)

셉테드를 어디에 어떻게 적용하느냐에 따라 매우 다양한 종류의 사업이 있을
수 있다. 물리적 인프라를 개선하는 작업을 수행하기도 하고, 주민활동을 기획하
는 소프트웨어적 사업을 추진할 수도 있다. 이러한 활동들의 적합성을 판단하기
위해서는 다음과 같은 기준들을 참고할 필요가 있다.

- 효과성: 실제로 범죄 예방에 도움이 되는 적절한 사업인가?
- 실현가능성(예산 및 기간 등): 예산과 사업기간 및 기술 역량 등을 고려할 때 실현가능한
  사업인가?
- 전략의 적합성: 셉테드 전략이(자연적 감시, 접근통제, 영역성 강화, 명료성 강화, 활용성 증대,
  유지 및 관리 등) 효과적으로 구현되었는가?
- 창의성: 제안한 사업이 기존 사업들에 비하여 얼마나 창의적인가?

2014년 안전행정부에서 추진했던 안심마을시범사업의 경우 〈표 5-3〉과 같은
시범사업지역 선정 기준을 활용했다.

┃표 5-3┃ 2014~2015 안심마을(안전마을) 시범사업 선정 기준

구분	세부항목	배점	내용
주민 역량	주민 자치역량	25	• 주민공동체를 구성, 주민조직이 지역안전 구심체로서의 역할 가능성, 대상마을 주민들의 자기조직화 정도 및 향후 발전 가능성 등
	지역안전 거버넌스 구성	25	• 지자체, 기업 사회공헌조직, 중간지역조직과의 네트워크 구성 및 안전전문성 확보 • 기업사회공헌활동 조직 등 외부 자원과의 협력연계 가능성(가스·전기공사, 각종 사회공헌활동 수행 민간기업 및 시민단체 등) • 중간지원(연구소, 시민단체, 기업 등 전문가 조직) 조직 연계 현황, 안전개선에 대한 전문적 지원 가능성
안전 인프라	안전 취약수준	25	• 사업 대상마을의 현 안전상황, 안전수준 개선을 위한 지원의 필요성 및 시급성 등
	사업내용 타당성	25	• 사업계획의 현장적용 가능성, 계획대비 목표달성 가능성, 실질적 효과성 등 • 안전활동 및 안전인프라 구축 계획을 종합적으로 검토
예산	지방비 확보노력	가점 (1~5)	• 지자체 예산을 지원하는 경우 가점 부여

출처: 안전마을 만들기 사업 추진계획, 2015.

---

2 정지범, 오윤경(2015). 안심마을 만들기 가이드라인. 한국행정연구원·국립재난안전
   연구원·국민안전처.

1.2 셉테드 사업 추진 협의체의 구성(who)

셉테드 사업에는 지역주민, 지방자치단체, 경찰 등 지역 내 유관기관과 전문가 자문단 등 중간지원조직 등의 사업 주체들이 참여한다. 이러한 사업 주체들이 모두 참여하는 사업을 추진하기 위해서는 다수의 참여자 간 협의체를 구성할 필요가 있다. 셉테드 국가표준에 따르면, 셉테드 사업을 추진하기 위해서는 의사결정기구 격인 '책임기구'(RB: Responsible Body)와 실제 실행을 담당하는 '작업그룹'(Working Group)을 구성하도록 하고 있다.

특히 주민의 경우, 이러한 사업 추진 협의체에서 사업의 주체로 인식되기 위해서는 조직화된 실체로 존재해야 한다. 주민조직은 지속가능해야 하고, 행정 및 유관기관에서 공식적으로 인식되는 조직 실체여야 하며, 협의체는 주민조직의 의사결정 사항이 실제 정책에 반영될 수 있도록 검토하는 메커니즘을 갖추어야 한다(정지범, 오윤경, 2014). 대체로 주민자치회, 주민자치위원회, 통반장협의회 등 조직화가 이미 이루어진 주민조직에 안전 관련 사업을 결합하여 셉테드사업에 참여하는 방법을 활용할 수 있고, 핵심적인 주민조직이 없는 경우 조직 신설을 고려해 볼 수 있다. 신설 주민 조직은 셉테드 사업의 종료 후 지속적 유지 및 관리 단계까지 고려하여 조직의 형태를 갖추는 것이 중요한데, 이를 위해서는 지자체의 조례 등 법적 근거를 두는 방법과 협동조합 등과 같이 법적으로 법인격을 부여받을 수 있는 공식적인 조직을 구축하는 방법이 있다(정지범, 오윤경, 2014).

2014년 안심마을 시범사업은 주민자치회 시범사업지를 대상으로 하였기 때문에, 주민자치회가 핵심 주민조직으로 역할을 담당하고 지역 내 다른 주요 주민조직들이 결합하여 추진위원회('안심마을추진협의회')를 구성하는 형태를 취했다. '안심마을 추진협의회'는 사전기획 및 주민조직화, 협력네트워크 구축의 구심점 역할을 하는 조직체로, 상시 협의하고 의사결정할 목적으로 구성되며, 행정, 유관기관, 전문가 등을 포함하는 셉테드 사업 추진 협의체 내에서 주민의 의견을 대표하는 역할을 담당한다(정지범, 오윤경, 2014).

마을 단위의 셉테드 사업 추진의 실질적인 주체는 지방자치단체라 할 수 있다. 시·군·구 기초자치단체 공무원들은 셉테드 사업을 기획하고 예산을 배정하는 등 실제 집행의 주체가 되며, 광역자치단체와 함께 다양한 참여자들이 사업 추진

│ 표 5-4 │ 안심마을추진협의회의 구성

주민공동체   자문단

안심마을
추진협의회

주민

행정   전문가
집단

중간
지원조직

- 주민자치회를 중심으로 마을 반상회, 부녀회 및 각종 동호회와 함께 마을 모임을 가지고 서로의 의견을 나누는 시간을 가지는 것이 중요합니다. 이러한 모임을 통해 협의회를 구성할 주민대표를 선출하도록 합니다.
- 마을 활동의 경험이 있고 리더십이 있는 주민 등을 추천하여 협의회 구성원 및 리더를 선출합니다.
- 안심마을추진협의회를 지원하는 조직으로 중간지원조직 및 전문가집단, 행정 등의 자문단 또는 고문기관을 구성합니다.
- 안심마을 추진을 위한 주민협약, 지역이해당사자 간 약정서(MOU) 등의 추진을 통해 네트워크를 구축합니다.
- 추진협의회는 안심마을 조성사업에 착수하기까지의 모든 과정을 관리, 총괄하는 역할을 수행합니다.

출처: 안심마을 만들기 표준매뉴얼(한국지방행정연구원); 정지범, 오윤경(2014: 16)에서 재인용.

절차에서 적절한 역할을 수행할 수 있는 거버넌스 구축을 위한 법제도적, 행정절차적 지원을 제공하는 역할을 담당한다.

사업 추진 주체라 할 수 있는 기초자치단체의 경우, 셉테드 사업의 총괄 조직으로 범죄 등 지역사회의 안전관리를 담당하는 부서와 주민자치를 지원하는 부서 간 협업 체계를 구축하여 사업을 추진하는 것이 중요하다. 안전관리 담당 부서, 즉 시설 관리를 담당하는 부서가 총괄을 맡을 경우, 사업과정에서 주민들의 적극적인 참여를 효과적으로 엮어내기 어렵고, 주민자치를 담당하는 부서가 총괄을 맡을 경우는 시설의 설계, 시공 등의 단계로 적절하게 연계되기 쉽지 않다. 따라서 두 부서가 협업체계를 구축할 필요가 있고, 그 예로, 2014년 안심마을 시범사업 대상지 중, 수원시 송죽동 안심마을의 경우에는 부시장 직속으로 안심마을 T/F를 구성하여 협업체계를 구축한 바 있다(정지범 외, 2014).

1.3 마을 단위 위험분석 및 사업 선정³(what, how)

지역에서 발생하는 범죄를 예방하기 위해서는 범죄를 직접 일으키는 범죄자(agent), 피해를 받는 피해자(host), 그리고 범죄가 발생한 취약환경(environment)에 대한 분석이 필요하다. 이와 같이 범죄 혹은 사고를 예방하기 위하여 가해자-피해자-환경(agent-host-environment)에 대한 분석을 하고, 이를 바탕으로 예방활동을 전개하는 분석 모델이 '손상의 역학모델'이다(정지범, 2014). 손상(injury)이란 사고로 인하여 우리 몸에 "병변 또는 기능의 장애가 발생한 상태"를 의미하는데(정지범, 2014), 범죄가 발생하는 경우도 손상모델을 통해 효과적으로 설명할 수 있다.

예를 들어 어떤 어린이가 어두운 골목길에서 성범죄자에게 성폭력을 당했다면 이는 손상의 역학모델을 통해 아래와 같이 묘사할 수 있다. 즉, 가해자(성범죄자)와 피해자(어린이)가 범죄가 발생하기 쉬운 환경(어두운 골목길)에서 만났기 때문에 범죄가 발생했다는 것이다. 따라서 범죄의 예방활동은 이러한 세 요소의 교집합을 분리하기 위한 각각의 개별 활동을 통해 이루어진다. 피해자인 어린이에게는 위험한 환경 및 가해자를 피할 수 있도록 적절한 교육을 수행하고, 성범죄자를 격리하거나 주변 주민들에게 정보를 공개하는 위치공개를 할 수 있다. 그리고 환경개선을 위해 어두운 골목에 조명 및 CCTV를 설치하고, 주변에 어린이 지킴이집을 설치하는 것도 고려할 수 있다. 이상의 모델을 그림으로 제시하면 [그림 5-1]과 같다.

범죄예방 환경설계(CPTED)—기반표준에서는 셉테드 사업의 추진절차⁴를 제시하고 있다. 이 표준에서는 범죄영향평가(crime assessment)를 범죄자(offender, 가해자), 피해자(victims), 감시인(guardians, 환경)으로 구분하여 수행하고 있으나 그 내용적 특성은 본서가 제시한 방법과 큰 차이가 없다고 볼 수 있다.

지역에 적합한 셉테드 사업의 선택은 이와 같은 지역의 범죄에 대한 분석을 통해 이루어질 수 있다. 이 절에서는 지역의 범죄위험을 확인하고, 이에 대한 적합한 예방전략으로서 셉테드 사업을 선정하는 방법에 대하여 다룬다.

---

3 이 내용은 정지범(2014)의 "안전사회 실현을 위한 국가 통계 관리 실태 및 개선방안 연구" 결과의 일부를 발췌·수정한 것이다.
4 범죄분석 또는 범죄영향평가 → 방향/세부목표 설정 → 추진계획서 작성 → 책임기구의 의사결정 → 착수와 실행 → 모니터링, 감사와 피드백.

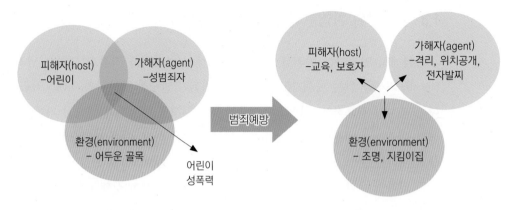

│ 그림 5-1 │ 범죄의 역학 모델 (출처: 정지범(2014)의 내용을 일부 수정)

1) 지역의 위험에 대한 통계 분석

지역의 범죄자, 취약계층, 취약환경에 대한 정보를 얻기 위한 가장 기본적인 방법은 지역 안전에 대한 공공통계를 활용하는 것이다. 최근 우리나라 통계청 등에서는 여러 통계들을 제공하고 있고, 이러한 통계를 보다 쉽게 사용하기 위해 다양한 웹서비스도 이루어지고 있다. 그러나 범죄관련 통계의 경우에는 피해자 인권보호, 낙인효과 예방 등을 위해 공개가 되지 않는 경우가 많아 자료의 확보가 쉽지 않은 편이다. 여기서는 범죄관련 정보를 포함한 주요 안전관련 통계를 확인하는 방법을 제시한다.

(1) 통계청 사망 원인 통계

통계청의 '사망 원인 통계'는 국민의 사망률과 사망 원인을 파악하여 국민복지 및 보건의료 정책 수립을 위한 기초자료로 활용하기 위해 작성되는 통계이다. 통계청 사망 원인 통계는 우리 국민들의 사망 원인, 성·연령별 사망자수와 사망률을 알려주기 때문에 우리 국민의 생명을 위협하는 위해요인, 누가 피해자인지를 보여주는 취약계층을 알려주는 유용한 자료이다. 일반적으로 사고 등 안전문제로 인한 사망은 외인사망(외부의 원인으로 인한 사망)으로 정의할 수 있다. 2012년도 기준 우리나라의 외인사망율(10만 명당 사고로 죽는 사람의 비율, 자살제외)은 10만 명당 32.8명 정도[5]이다. [그림 5-2]는 우리나라의 외인사망 통계를 다른

---

5 그러나 이 자료는 자살을 제외한 결과로서 자살까지 포함했을 때는 10만 명당 70.2명으로 데이터를 확보할 수 있는 OECD 국가 중 3위이다(정지범, 2014).

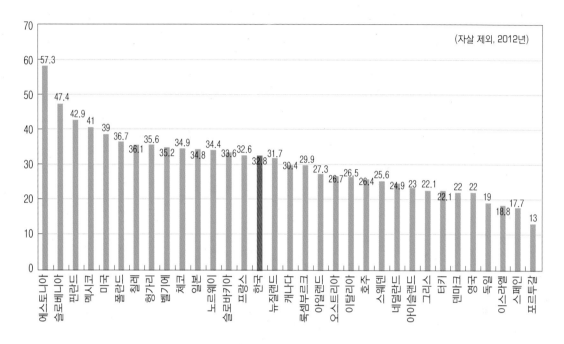

| 그림 5-2 | OECD 회원국 외인사망 비교 (출처: 정지범, 2014)

OECD 국가들과 비교한 결과이다.

통계청 사망 원인 통계를 바탕으로 사고 등 안전문제로 인한 사망자 추이를 살펴보면 [그림 5-3]과 같다. 그림에서 확인할 수 있듯이 국민들의 생명을 위협하는 가장 중요한 문제는 자살이고, 그 다음은 교통사고다. 추락사도 매우 많은 편인데 이는 공사장 추락사고 등과 같은 산업재해로 인한 것이다(정지범, 오윤경, 2014). 한편, 범죄로 인한 사망자(타살)의 경우 통계청 사망 원인 통계에 따르면 2012년 542명으로 집계되었는데, 이는 운수사고(6,502명) 및 자살(14,160명)에 비하면 적은 숫자이다. 그러나 범죄로 인한 사망의 경우, 언론에 의해 크게 확산되며, 따라서 일반 국민들이 갖는 심리적 불안감이 높아질 수 있기 때문에 특별한 관리가 필요하다. 범죄 문제는 물리적 안전의 문제라기보다는 심리적 '안심'의 문제일 수 있다.

지역별 사망 원인은 통계청에서 매년 발간하는 사망 원인 통계 연보(시도편)를 통해 확인할 수 있다. 그러나 셉테드 사업이 기초자치단체 혹은 읍면동 단위로 진행될 경우에는 통계청에서 제공하는 마이크로데이터 서비스(http://mdss. kostat.go.kr/)를 활용해야 한다. 마이크로데이터 서비스를 이용하면 읍면동 단위의 사망 원인 통계를 얻을 수 있다. 그러나 통계 분석에는 어느 정도 전문적 지식

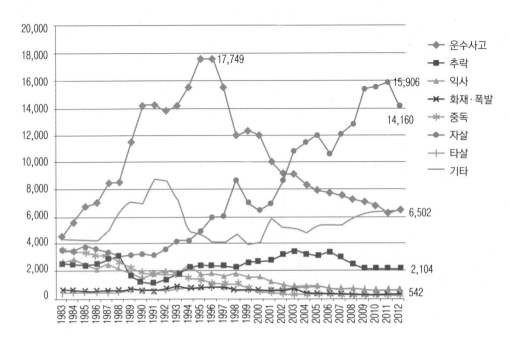

| 그림 5-3 | 우리나라 외인사망 변화 추이 (출처: 정지범(2014)의 내용을 일부 수정)

이 필요하기 때문에 관련 내용을 통계청에 위탁해서 처리하는 '위탁처리'를 활용
할 수도 있다(정지범, 오윤경, 2014).

통계청 사망 원인 통계를 활용하면 기초자치단체 단위 사망자들의 사망 원인,
사망 시 연령 · 성별 · 직업 등에 대한 정보(취약계층 관련)를 얻을 수 있다.

(2) 지역 범죄 현황 데이터의 수집

다른 통계들에 비하여 범죄 통계의 경우 개인 사생활 보호 및 보안상의 이유
로 자세한 데이터를 얻는 것이 매우 힘들다. 특히 읍면동 단위의 지역 범죄 데이
터 및 발생 장소에 대한 정보 확보는 매우 어렵다. 따라서 지역 범죄 현황 데이터
의 경우에는 지역 경찰서(혹은 파출서)의 도움을 받는 것이 바람직하다(정지범, 오
윤경, 2014).

성폭력전과자 등의 경우에는 정보공개제도에 따라 일부 정보가 공개되고 있
으므로 이를 적극적으로 활용할 수도 있다. 대표적인 것으로는 여성가족부와 법
무부가 제공하는 성범죄자 알림e (http://www.sexoffender.go.kr) 서비스가 있다.
이 서비스는 「청소년 성보호에 관한 법률」(이후 「아동 · 청소년 성보호에 관한 법률」
로 개칭)에 따라 2008년 7월에 도입된 '성범죄자 신상정보 열람제도'에 근거한다.

| 그림 5-4 | 성범죄자 알림e 서비스 지도

(출처: 성범죄자 알림e 서비스(http://www.sexoffender.go.kr), 2014년 10월 12일 접속)

이에 따라 만 20세 이상의 성년자로 실명인증을 거친 자는 '성범죄자 알림e' 서비스를 이용하여 공개된 범죄자 신상정보를 열람할 수 있게 되었다(정지범, 2014: 209). 이 서비스를 활용하면 [그림 5-4]와 같이 잠재적 가해자로서의 성범죄자 거주지를 파악할 수 있다.

2) 마을 안전지도 작성[6]

안전 통계를 활용하여 지역의 전반적 안전 현황을 확인할 수 있지만, 주민 생활권 단위의 보다 좁은 지역에 대한 정보를 얻기는 쉽지 않다. 특히 범죄에 대한 데이터를 얻는 것은 매우 어렵다. 또한 범죄 발생 유무와 관계없이 주민들이 불안하게 느끼는 장소 혹은 미래 범죄 발생 가능성이 높은 지역의 경우에도 기존 통계를 통해서는 확인이 불가능하다. 주민들이 불안감을 느끼는 곳, 그리고 미래에 범죄발생 가능성이 있는 지역에 대해서는 해당 지역에 거주하는 주민들이 직접 참여하여 마을 안전지도를 작성하면서 위험지역을 확인할 수 있다.

마을 안전지도는 마을의 주민들이 직접 참여하여 마을의 위험요인, 취약지구, 안전시설의 위치를 확인하여 지도상에 표시하는 것을 의미한다. 이렇게 만들어

---

6 정지범, 오윤경(2014). 안심마을만들기 가이드라인. 한국행정연구원 · 국립재난안전연구원 · 국민안전처, pp. 24-32 내용을 재정리.

진 마을 안전지도는 이후 마을 안전개선 사업을 하는데 유용하게 활용되곤 한다. 마을 안전지도는 다음과 같이 다양한 형태로 만들 수 있다.

(1) 마을 주민들의 직접 참여를 통한 간단한 손지도 만들기

마을 안전지도를 만드는 가장 간단한 방법은 마을 주민들이 같이 참여하여 종이지도 위에 직접 마을의 위험요인 및 취약지구를 표시하는 방법이다. 마을 안전지도는 셉테드 사업을 추진하는 주민공동체가 모여서 워크숍을 하는 형태로 간단하게 작성할 수 있으며, 일반적 절차는 다음과 같다.

- 각자 거주지별로 소규모 그룹으로 나누어, 마을의 위험에 대해 알고 있는 정보에 대해 토론(가해자, 위험환경, 취약계층)
  - 범죄위험을 포함하여 되도록 마을의 모든 위험요소에 대하여 논의
    재난위험(풍수해, 침수, 붕괴위험지역 등), 교통사고위험, 생활안전위험(미끄러운 곳, 어두운 곳 등과 같은) 다양한 위험요소 및 취약지구에 대하여 논의
  - 마을의 취약계층(노인, 어린이 등)은 누구이고 이들이 어떠한 위험에 노출되어 있는지 논의
  - 어린이 통학로, 평상시 생활경로 등 주민들의 주요 활동 지역 논의
- 마을의 안전시설(파출소, 소방서, 소화전, CCTV 등)에 대하여 토론
  - 마을 안전시설의 위치, 활용용이성 등
  - 새로운 안전시설의 필요성 등
- 현장답사
  - 현장답사를 통해 지금까지 알아본 정보에 대해 직접 눈으로 확인하고 누락된 정보에 대해 확인
- 지도상에 토론한 내용에 대하여 직접 표시
  - 위험요인 및 위험환경 표시
  - 안전시설 표시
  - 어린이 통학로 등 취약계층 보호를 위한 지역 표시
  - 새로운 안전시설 및 안전활동이 필요한 지역 표시

[그림 5-5]는 2014년 안심마을 시범사업에 참여했던 수원 송죽동에서 주민들이 작성안 마을지도의 예이다.

┃ 그림 5-5 ┃ 수원시 안심마을 시범사업 중 주민들이 작성한 마을지도
(출처: 수원시 송죽동 마을지도 사례)

(2) 설문조사의 활용

만일 보다 광범위한 마을주민들의 의견을 반영하고 싶다면 설문조사를 활용할
수도 있다. [그림 5-6]은 수원시 송죽동 안심마을 시범사업에서 수행했던 설문조

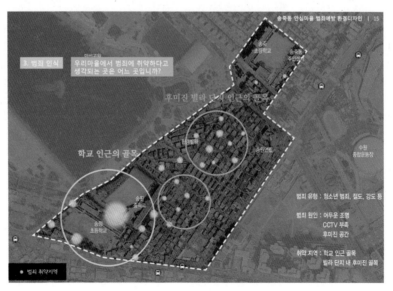

┃ 그림 5-6 ┃ 수원시 안심마을 시범사업 설문조사 결과
(출처: 수원시 장안구 송족동, 안심마을 범죄예방 환경디자인, 2014)

사의 결과이다.

(3) 어린이 참여 활용 – 교육 효과

마을 안전지도는 셉테드 사업을 추진하는 협의회에서 만들 수도 있지만 모임이 용이하고, 가장 중요한 취약계층의 하나인 어린이들을 참여시키는 것도 좋은 방법이다. 특히 어린이들이 직접 마을 안전지도를 그리면서 마을 주변의 범죄취약공간과 안전한 공간을 판단할 수 있는 능력을 키우는 교육적 효과를 거둘 수도 있다. [그림 5-7]은 여성부에서 추진했던 어린이 마을 안전지도의 사례이다.

  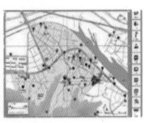

현장조사   지도제작 과정   디지털 지도 가공사례

| 그림 5-7 | 어린이들이 참여하는 마을 안전지도 그리기
(출처: 여성부 아동안전지도 작성 표준매뉴얼, 2011)

(4) IT 기술을 이용한 커뮤니티매핑서비스의 활용

최근에는 휴대폰 및 PC를 이용하여 마을 안전지도를 보다 쉽게 제작할 수 있는 방법들이 등장하고 있는데 대표적으로 한국 커뮤니티매핑센터(http://www.cmckorea.org/)의 서비스(매플러 K)를 들 수 있다.

그림 5-8 ┃ 커뮤니티매핑 서비스
(출처: 한국 커뮤니티매핑센터(http://www.cmckorea.org/))

그림 5-9 ┃ 커뮤니티매핑 사례 (출처: 숭덕초등학교 유해시설 및 교통안전, 커뮤니티 매핑 센터)

3) 적절한 지역안전 개선 프로그램 기획

마을의 가해요인, 위험환경, 취약계층이 확인되었으면 이를 해소할 수 있는 안전개선 프로그램을 기획하여 운영해야 한다. 안전개선 프로그램은 마을의 위해요인(가해요인)을 막고, 취약계층(피해자)을 보호하거나 교육하고, 위험환경을 개선하는 과정을 통해 사고를 예방하기 위한 것이다. 2014~15년에 수행된 안심마을 시범사업을 통해 관련 프로그램의 기획 예를 살펴보면 다음과 같다.

안심마을 사업에서 지역안전 개선사업은 주민들의 자발적인 활동을 통해 지역의 안전을 개선하는 '주민안전활동'(software)과 지역의 물리적 안전인프라를 개선하는 '안전인프라개선사업'(hardware)으로 구성된다. 주민안전활동과 인프라개선사업은 별개의 사업이라기보다는 서로 밀접한 연관을 가지고 유기적으로 결합해야 안전개선효과 및 사업의 지속성이 높아질 수 있다. 지역의 현황에 따른 안전개선사업의 예는 〈표 5-5〉와 같다.

┃ 표 5-5 ┃ 2014년 안심마을에서 활용된 지역안전 현황별 안전개선사업 예

구분	내용	주민안전활동	안전인프라 개선사업
위해요인 (가해자)	인적재난 (화재, 폭발, 붕괴 등)	• 소방 훈련, 의용소방대 구성 · 활동	• 소방전 설치, 소화기 배치 등
	자연재난 (폭우, 폭설, 전염병 등)	• 집중호우 시 배수구 청소, 눈오는 날 내집 앞 눈치우기 교육 · 협정 등 • 전염병 예방 교육 등	• 배수구 · 배수펌프 개선, 제설제 · 제설장비 배치 등 • 전염병 백신 확보, 전담병원 · 보건소 운영 등
	범죄	• 주민순찰단, 주민 참여를 통한 환경 개선 등	• 범죄예방을 위한 환경개선 사업 (CCTV, 야간 조명, 수목 전지를 통한 시인성 개선 등)
취약계층 (피해자)	통학길 어린이 보호	• 녹색어머니회, 워킹스쿨버스, 어린이 교통안전 교육 등	• 스쿨존 사업, 과속방지턱, 통학로 보차분리 사업, 어린이 보호구역 등
	노약자 보호	• 야광조끼, 야광 지팡이 보급, 교통안전 교육 등	• 과속방지턱, 통학로 보차분리 사업, 노인 보호구역, 경로당 환경개선 등
	어린이 범죄 위험 예방	• 아동지킴이집, 주민순찰단 운영 (자율방범단 등)	• CCTV 설치 등
위험환경 (환경)	교차로 교통안전	• 녹색어머니회, 교통안전교육 등	• 고원식 횡단보도, 과속방지턱 등
	범죄 위험 지역	• 주민순찰단, 주민 참여를 통한 환경 개선 등	• 범죄예방을 위한 환경개선 사업 (CCTV, 야간 조명, 수목 전지를 통한 시인성 개선 등)
	침수 · 미끄럼 지역	• 집중호우 시 배수구 청소, 눈오는 날 내집 앞 눈치우기 교육 · 협정 등	• 배수구 개선, 미끄럼 방지 포장, 손잡이 설치 등

출처: 정지범 외, 2014.

1.4 셉테드 사업의 전체 과정

본서에서는 셉테드 사업이 주민이 참여하는 형태, 나아가 주민이 기획하고, 운영하고, 주도할 수 있는 형태로 진행되어야 한다고 전제한다. 즉, 기존의 1세대 셉테드가 아니라 2세대 셉테드가 효과적인 모형이라는 것이다. 따라서 전반적인 셉테드 사업의 기획 및 운영 역시 지역주민들이 참여하는 지역안전거버넌스의 구성이 출발점이 되어야 한다. 본서에서 제시하는 셉테드 사업의 전체 과정은 크게 '지역안전거버넌스의 구축'과 '지역안전개선사업 시행'으로 구분되고, 상세 단계로서 [그림 5-10]과 같은 과정을 제시한다.

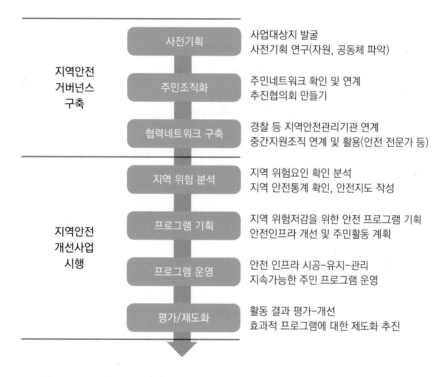

│ 그림 5-10 │ 셉테드 사업의 전체 과정 (출처: 정지범 외(2014)의 내용을 수정)

정지범, 임완수 외(2014)는 "공동체 기반 생활안전생태계 활성화 방안 연구"에서 안심마을 사업과 같은 마을단위의 안전 개선사업에서의 주요 행위자를 주민, 중간지원조직, 지방자치단체, 중앙정부로 구분하고 위의 각 단계에서 이들이 수행해야 하는 역할을 제시했다. 이를 셉테드 사업의 성격을 고려하고 수정하여 제시하면 〈표 5-6〉과 같다.

| 표 5-6 | 셉테드 사업 각 단계에서 주요 행위자들의 역할

단계	행위자	역할
사전 기획	주민	• 사업주도 주민조직 선정 – 주민자치회, 자율방범대 등 • 타 주민조직 및 외부 협력 기관 연계 방안 마련
	중간지원조직	• 기획 업무 지원
	지방자치단체	• 업무 총괄 조직(행정과, 안전과 등) 선정 및 협력 TF구축 • 사업대상지 및 협력 주민조직 선정 • 광역 차원의 중간지원조직 구축 • 사업대상지에 대한 기획 연구(자원, 공동체 파악)
	중앙정부	• 사업 공모 계획 수립 – 공모 • 예산 확보 • 중앙차원의 중간지원조직 구축
주민 조직화	주민	• 타 주민조직 연계, 주민협의체 구성 • 셉테드 사업 추진위원회 구성
	중간지원조직	• 주민조직화 지원
	지방자치단체	• 주민협의체 구성 지원 • 안심마을 추진위원회 공동 구성
	중앙정부	• 주민조직화 관련 가이드라인 제공 • 주민협의체 및 공무원 교육과정 운영 • 지역 사업에 필요한 예산 지원
협력 네트 워크 구성	주민	• 경찰 등 외부 협력 기관 연계 • 지역에 적합한 중간지원조직 선정 및 연계 • 중간지원조직과 연계를 통한 효과적 운영체계 구축
	중간지원조직	• 주민조직화 지원
	지방자치단체	• 경찰, 소방, 보건, 교육 등 외부 기관 연계 협력 지원 • 다양한 형태의 중간지원조직(대학, 기업, 시민단체 등) 구성 • 중간지원조직에 대한 검증 및 재정적, 행정적 지원
	중앙정부	• 중앙의 중간지원 조직을 활용하여, 전국 중간지원조직에 대한 교육 및 가이드라인 제공 • 지역 사업에 필요한 예산 지원
지역 위험 분석	주민	• 협의체 회의, 주민 간담회 등을 통한 개략적 지역 위험 파악 • 통반장 협의회 등 지역 주민조직 의견 수렴 • 주민대상 설문조사 등을 통한 범죄/위험 관련 민원 확인 • 중간지원조직의 도움을 받아 범죄지도/지역안전지도 등 각종 위험요소 확인활동 시도
	중간지원조직	• 지역안전통계 분석 및 지역범죄 분석 • 커뮤니티 매핑 등 지역안전지도 작성 지원 • 지역 안전 현황 분석 및 사업 대상지 선정 지원

단계	행위자	역할
프로그램 기획	지방자치단체	• 지방자치단체 안전통계 확인 • 지역경찰서 등을 통한 지역 안전데이터 확보 • 주민, 중간지원조직과 함께 사업대상지 선정
	중앙정부	• 중앙차원의 안전데이터 유지, 관리 – 사망 원인 통계 등 • 공개 가능한 각종 위험지도 제공 – 교통사고지도, 범죄위험지도 등
	주민	• 지역활동에 적합한 인프라 및 주민활동 계획 수립 • 중간지원조직이 제시한 다양한 지역안전 개선 프로그램 중 지역에 적합한 대안 선택 • 안전인프라 설치 계획에 대한 주민의견 수렴
	중간지원조직	• 범죄, 재난, 교통안전 등 분야별 안전개선 방안 제시 • 지역 안전 개선을 위한 주민활동 제시
	지방자치단체	• 각종 인프라 계획 등이 지자체의 도시계획에 부합하는지 확인하고 대안을 제시 • 예산 가능 여부 확인하고 예산 마련 추진 • 교통 개선계획 등의 경우 경찰 등과 협력 • 각종 인프라 계획 및 주민활동 지원 • 공청회 개최 등 주민 의견 수렴 절차 공식화
	중앙정부	• 각종 안전인프라 설치 가이드라인 제시 • 주민활동 모범사례 등 모범 사례집 제공
프로그램 운영	주민	• 주민활동 지속적 추진 • 안전인프라 설계안 최종 확인 및 동의
	중간지원조직	• 안전인프라 설치를 위한 적합한 설계, 건축 회사 선정 지원 • 안전인프라 설계안 검토 및 자문 • 주민의견을 반영한 대안 제시
	지방자치단체	• 기본설계 및 실시설계, 시공 등 지자체의 기본적 절차에 따른 시공 추진 • 인프라 시공 및 주민활동 지원
	중앙정부	• 중간 점검 실시 • 진도 점검
평가 제도화	주민	• 주민활동 자체 평가 • 안전 인프라 만족도 조사 및 개선 방안 제시 • 지속적 활동 및 유지 및 관리를 위한 방안 마련 – 협정 등
	중간지원조직	• 주민활동 및 인프라 평가 • 지속화 방안 제시
	지방자치단체	• 주민활동 및 조직체 지원 조례화 추진 • 교통신호 개선 등 제도화 추진 • 주민협정 등 주민활동 지속적 추진 및 인프라 유지 및 관리 방안 마련 • 자체 모범 사례집 발간 등 기록화 추진
	중앙정부	• 지역 사업 추진 결과 평가 • 모범 사례 발굴 및 사례집 발간

출처: 정지범 외(2014)의 내용을 수정.

2.1 셉테드 인프라 사업의 종류 및 프로세스

1) 셉테드 인프라 사업의 종류

셉테드 인프라는 범죄로부터 안전한 생활환경을 위한 물리적 공간환경을 의미한다. 공간환경으로서 셉테드 인프라는 일반적인 건축 및 도시공간 계획의 구성요소에 해당하는 건축물, 도로, 조경, 안내시설, 공용시설, 시설용도, 주차장 등으로 분류할 수 있다.[7] 이들은 '자연적 감시'(Natural Surveillance), '접근통제'(Access Control), '영역성 강화'(Territorial Reinforcement), '활동성 지원'(Activity Support), '유지 및 관리'(Management & Maintenance)라는 셉테드 전략을 구현하기 위한 계획적 요소로서, 개별 항목들이 독립적으로 기능한다기보다 상호 관계 속에서 연속적으로 구성된다.

| 표 5-7 | 셉테드 인프라 계획요소

계획요소	세부요소
건축물	건축물 외관, 창문, 담장 및 울타리 필로티, 출입구, 옥상 및 지하공간, 상가건물
도로	보행로, 지하출입로 및 농로, 도로시설
조경	수목의 수고, 지하고, 식재위치, 식재간격
안내시설	관련 시설 및 공간의 안내시설물
조명	건축물 및 공공 공간에 설치하는 조명, 방법등
공용시설	CCTV, 비상벨, 반사경, 가로시설, 휴게 및 운동시설, 커뮤니티시설
시설용도	상업시설, 공동주택, 공원
주차장	방문자주차장, 내부공간색채, 필로티형 주차장, 방문자 주차장, 여성우선 주차장

출처: 유광흠 외, 2014.

셉테드 인프라를 구축하기 위해서는 먼저 사업대상을 결정해야 한다. 이는 공간환경의 관점에서 크게 '시설물 설치사업'과 '공간조성 및 정비사업'으로 구분할

---

7 유광흠 외(2014). 범죄예방 환경설계 매뉴얼 개발 방안 연구. 건축도시공간연구소, p. 37.

수 있다. 여기서 '시설물 설치'사업이란 가로등, CCTV, 안내시설물, 간판, 담장 등의 시설물을 새롭게 설치하는 것을 말하고, '공간조성 및 정비'는 벽화거리 조성, 보행안전길 조성, 빈집철거 후 텃밭조성 등 범죄 위험에 노출된 공간을 철거하고 다시 만들거나 수리 또는 정비하는 사업을 일컫는다.

사업대상으로서 셉테드 인프라는 공공시설과 민간시설 모두를 포함한다. 공공시설은 도로, 공원 및 녹지 등 '도시기반시설'과 안전표지판, 가로등, 화단, CCTV 및 예·경보시설의 개별 '설치물' 등에 해당하고 민간시설은 대지와 건축물, 건축설비 관련 시설을 일컫는다. 대지주변의 후미진 공간을 개선하거나 옹벽 및 축대 정비, 울타리 철거 또는 설치와 관련된 사업과, 건축물 외관 및 창호 개선사업, 우수관, 가스관 등 범죄 유발 요소들을 정비하거나 설치하는 사업 등이 이에 해당한다.

각각의 사업은 개인 소유 및 공공이 관리하는 공공용 시설을 함께 기획, 관리하여야 하며 따라서 셉티드 인프라 사업추진 시 공간환경 요소 간 연속성 있는

우범지대 가로환경 정비

비상벨 + CCTV

(출처: 김포시 양촌읍 안심마을 시범사업 대상지, 김은희 촬영)

담장훼스   출입문 등   가스관 등

(출처 : 수원시(2014). 송죽동 안심마을 범죄예방 환경디자인 발표자료, p. 45)

▎그림 5-11 ▎ 셉테드 인프라 사업 예시

| 표 5-8 | 셉테드 인프라 사업 유형

사업 유형		세부 사업	
시설물 설치	공공시설 정비, 설치 (공공시설)	기반시설	도로, 공원, 녹지 등
		설치물	안전표지판, 가로등, CCTV, 예/경보시설 등
공간조성 및 정비	건축물 정비, 설치 (사유시설)	대지	옹벽, 축대, 담장, 울타리, 대지 출입구
		건축구조	건축물 외관, 창문, 출입구 등
		건축설비	우수관, 가스관 등

출처: 김은희 외, 2014.

계획과 타당한 성과 도출을 위해서는 사업 대상 범위의 설정 및 사업추진 주체 간 협력이 전제되어야 한다.

2) 셉테드 인프라 사업 프로세스

셉테드 인프라 사업 추진을 위한 절차는 여타의 공간환경 조성사업과 마찬가지로 계획, 설계, 시공, 유지 및 관리로 구분할 수 있고 모든 단계는 연속적으로 일관성 있게 추진되어야 한다. 여기서 초기 사업 계획단계의 주요내용이 설계와 시공의 품질 및 업무 효율, 유지 및 관리의 편익을 결정짓는다. 모든 단계의 업무는 사업추진 주체가 실행하는 것이 원칙이지만 각별한 전문성이 요구되는 설계 및 공사의 경우 설계사무소, 건설회사 등 관련분야 전문 업체에 사업을 발주하여 수행하는 것이 일반적이다. 또한 거주환경의 일부로서 셉테드 인프라의 유지 및 관리는 사업주체와 더불어 지역주민과 함께 관리해 나가야 한다.

(1) 계획

사업계획은 해당 사업을 추진하는 목적과 대상 범위, 예산, 실행방법 등 전반적인 사업내용과 추진방법 등을 결정하는 것을 말한다. 이는 인프라 사업의 출발점으로서 범죄 환경의 분석과 그 대응방안인 셉테드 인프라 사업의 종류를 결정하며, 설계 및 시공 방법, 전체 사업일정과 관리방법 등을 결정한다. 계획단계에서 결정된 사업의 목적은 설계 및 시공, 유지 및 관리 단계에 일관되게 구현되어야하고 따라서 가급적 사업계획 초기에 다양한 이해관계자들의 의견 수렴 및 각종 정보를 수집, 반영하여야 한다. 이 과정에서 관련분야 전문가 자문, 협력 등 사업계획의 내실을 제고하는 방안을 강구하여야 한다.

(2) 설계

사업계획을 토대로 설계용역을 발주하고 설계자가 선정되면 초기에 수립한 사업목적과 주요내용에 부합하는 구체적인 설계안을 마련하여야 한다. 만약 설계자를 공모방식으로 선정하게 될 경우에는 설계공모지침서를 작성하고 참가자들로부터 설계안 또는 제안서를 제출받아 평가해야 한다. 사업내용이 구체화되지 않은 상태에서는 설계자를 선정한 경우에는 잦은 설계변경과 그로인한 사업기간 지연 등 실행에 많은 어려움이 따르므로 각별한 주의가 요구된다.

설계단계에서는 대상지역을 보다 면밀하게 분석하고 사업의 세부 디자인을 도면과 설계설명서 등으로 구현한다. 설계자가 제안한 대안에 대해 발주자는 사업목적과 예산 등을 비교·검토하고 의견을 제공함으로써 보다 나은 대안 마련을 위한 협력이 이루어져야 한다. 특히 설계안에 대한 다양한 이해관계자들의 의사수렴과 결정이 요구되면 최종 실시설계를 완성하기 이전에 충분한 논의 및 협의 기간을 미리 확보하여 사업일정에 차질이 발생하지 않도록 유의하여야 한다. 설계자는 설계안에 대한 개략적인 공사비와 기간 등을 계획하여 제시함으로써 사업주체의 공사 발주를 지원한다.

(3) 시공

설계가 완료되면 사업추진 주체는 해당도서를 근거로 공사를 발주하는데, 공사발주를 위한 과업지시서 작성 등 준비과정에 설계자의 자문을 받는 것이 효율적이다. 공사업체는 공사방법 및 공사기간 등에 대한 구체적인 검토, 협의를 거쳐 상세 내역을 작성하고 공사를 실시한다. 공사는 체계적인 절차와 합리적인 공법으로 추진되어야 하며 발주처는 주요 공정단계 및 수시로 공사 진행상황을 파악하여야 한다. 사업추진 주체가 현황을 파악하고 문제 발생 시 대처 가능하여야 하기 때문이다. 특히 공사중에는 초기 계획과 다른 변수들이 항상 내재하며 이는 공사기간 지연, 공사비 증가 등 사업 성공여부에 결정적 요인이 될 수 있으므로 체계적인 관리가 필요하다. 또한 셉테드 인프라처럼 외부공간이 주요 사업대상인 경우에는 안전사고에 대한 각별한 주의가 요구된다.

(4) 유지 및 관리

물리적 환경으로서 셉테드 인프라는 공사 완료이후 지속적인 유지 및 관리가 필요하다. 특히 공공이 이용하는 시설의 경우 관리 주체가 모호하면 방치되어 훼손되기 쉽다. 사업 계획 단계에서부터 누가 해당 시설을 관리할 것인지, 발생비

절차	계획	→	설계	→	시공	→	유지관리
내용	• 현황분석 • 사업목적, 범위 • 사업범위, 방법, 예산규모 등 방향 설정		• 대상지역 분석 • 설계방향 설정 • 사업종류 및 디자인결정 • 설계도서 작성 • 개략 예산 및 공정계획 수립		• 공사방법 및 공정계획 수립 • 공사비 산출 • 공사실행		• 지속적 관리 • 개·보수 (지역주민의 방법 활동과 연계)
실행주체	발주자		설계업체(용역발주)		공사업체(공사발주)		발주자(관리자)

┃ 그림 5-12 ┃ 셉테드 인프라 사업추진 절차 및 내용 (출처: 김은희 작성)

용은 어떻게 충당 할 것인지 미리 계획을 수립하고 대처하여야 한다. 지역의 유관 공공기관, 자생적 지역 조직과의 네트워크를 통한 인프라 시설의 유지 및 관리 방안의 수립이 중요하다.

3) 셉테드 인프라 세부사업의 결정[8]

사업 대상지역의 실질적인 범죄 위험요인을 발굴하고, 사업을 결정하기 위해서 다양한 참여자의 의견을 효율적으로 수렴할 수 있는 의사결정 도구의 활용을 고려한다. 위해요인 발굴단계에서는 안전지도를 사용하였고, 인프라사업 결정 과정에서는 '인프라 지표(셉테드 세부 인프라 선정표)'를 활용한다. 인프라 지표[9]는 각종 인프라사업을 체계적으로 정리한 목록으로서, 사업주체가 인프라사업의 종류를 파악하고 사업 대상지에 필요한 세부사업의 우선순위를 결정하는데 유용하게 활용할 수 있다.

---

8 김은희 외(2014). 주민주도형 안심마을조성 시범사업 모니터링 및 운영지침 마련연구. 건축도시공간연구소, pp. 155-164 참조.

9 인프라 지표는 인프라 종류와 세부사업 종류, 그리고 중요도 평가척도로 구성된다. 인프라 종류는 앞서 규정한 바와 같이 시설물 설치와 공간조성 및 정비로 구분되고 공간조성 및 정비는 다시 주거환경조성과 벽화조성, 보도환경조성, 공원조성으로 나누어진다. 평가척도는 1차에서는 단순히 필요한 사업을 선정하고 2차에서는 해당 사업의 중요도를 5점척도로 평가하도록 이루어져있다. 결과의 취합과 분석은 사업주체의 책임자가 역할을 수행하며, 일반적으로 사업중재자로서 코디네이터가 수행한다. 인프라 지표에는 범죄 안전지도 작성, 범죄안전구역 지정 등 셉테드 인프라에 대한 조사와 관리를 위한 시스템 지표를 포함하고 있다. 이는 셉테드 인프라를 효과적으로 구축하기 위한 관리 및 운영 방식이며, 인프라 사업 추진과정의 전략이기도 하다.

　이러한 지표를 보다 효과적으로 활용하기 위해서는 의견 수렴 및 조정자로서 코디테이터(coordinator)를 필요로 하는데, 일반적으로 사업의 내용을 잘 이해하고 해당 분야의 전문성이 있는 사람을 선정하는 것이 바람직하다. 선정된 코디네이터는 지자체와 각종 공동체, 주민, 유관 협력기관 등의 의견을 경청하여 균형 있는 협의를 유도해야 하며 그 과정에서 인프라 지표를 활용해 협의 결과를 공유하고 새로운 논의를 이끌어낼 수 있어야 한다. 또한 해당 지표를 모두가 이해할 수 있도록 별도의 보완 설명 자료도 준비해야 한다.

　인프라 지표가 사업 선정을 위한 의사결정 도구라면, 사업위치와 방법 결정을 위한 도구로서 '가중 시각적 접근-노출 모델'(WVAE: Weighted Visual Access&Exposure)을 활용할 수 있다. 이는 시각적 접근-노출모델(VAE: Visual Access&Exposure)[10]을 개선한 것으로, 관찰자의 시점으로부터의 이심정도, 시점과 목표점 사이의 물리적 거리에 의한 효과 등을 반영하는 기법이다. 즉, 특정 위치의 시각적 접근과 노출의 정도를 다른 위치와 상대적으로 비교함으로써 범죄 발생 가능성을 도출할 수 있고, 결과적으로 CCTV 등 셉테드 인프라 설치 시 적정 위치와 합리적인 설치방법을 결정할 수 있도록 도와준다. 이러한 분석을 효과적으로, 정확히 수행하기 위해서는 관련분야 전문가의 직접적인 지원과 협조가 요구된다.

　한편, 셉테드 인프라 세부사업 결정 시에는 사업목적에 따른 주안점을 사전에 모두 공유하여야 한다. 해당 셉테드 인프라사업의 취지를 이해하고, 시범사업 또는 지속사업으로써의 효과성을 판단하여 선정하고자하는 항목의 타당성을 재고하여야 한다. 이러한 관점에서 셉테드 인프라 세부사업 선정 주안점을 다음과 같이 규정할 수 있다.

　첫째, 셉테드 인프라사업으로서 합목적성이다. 선정한 인프라가 본 사업의 추진 목적에 부합하는 지, 그리고 사업 완료 후 그 효과는 무엇인지 사전에 검토하여야 한다.

10　공간에서 일상적인 대인관계가 발생하는 상황에서의 물리적 환경의 영향에 대한 이해를 돕기 위해 만들어진 모델로서 공간 내의 임의의 한 지점이 다른 지점을 보거나, 다른 지점으로부터 보이는 정도를 수치화하여 이를 시각적 접근과 시각적 노출로 정량화하는 기법이다. 시각적 접근은 임의의 위치에서 공간 전체를 둘러보는 것으로 위치한 곳에서 주변의 사람들과 그 밖의 정보에 대해 주의를 기울일 수 있는 정도를 의미하고, 시각적 노출은 시각적 접근과 반대되는 개념으로 임의의 위치에서 주변의 사람들에게 얼마나 잘 관찰되는지를 의미한다(유광흠 외, 2014: 51).

표 5-9 셉테드 인프라 지표(셉테드 세부 인프라 선정표)

예방			1차	2차 중요도				
		세부종류	SYS	TEM	중요 (3)	보통 (0)	중요 하지 않음 (−3)	전혀 중요 하지 않음 (−5)
물리적 환경 개선	A. 시설설치	가로등 설치		●	●			
		보안등 설치						
		블랙박스 설치	●				●	
		CCTV 설치	●				●	
		안심 비상벨 설치						
		경계펜스 설치 (울타리)	●		●			
		동네 표지판 설치						
		바닥포장재 구분설치						
		방범창 설치(안심방범등 설치)	●		●			
		벤치설치						
		출입통제장치(자물쇠)						
		우편함 설치	●			●		
		조경설치						
		기계경비가입(세콤)						
	B. 공간 조성 및 정비 / a. 주거환경 개선	노후된 건물개선						
		담장정비		●	●			
		불법주차 방지를 위한 도로정비						
		명확한 주소표시						
	b. 벽화조성	테마가 있는 거리 조성						
		낙서 없는 골목길(불법부착물 제거)		●			●	
	c. 보도 환경 조성	바닥디자인						
		이면골목길 정비		●	●			
		보도 · 도로 파손수리						
		쓰레기 없는 골목길 조성						
	d. 공원조성	우범지역 공원 조성						
		공원 내 cctv 및 방범초소 설치		●	●			
관리 SYSTEM	범죄예방 SYSTEM	범죄지도(Crime Map)		●	●			
		범죄예방교육	●	●				
		SOS국민안심서비스						
		지리적 프로파일링 시스템(geo-pros)						
		범죄자료 데이터 공개						
		스마트 ICT활용						
		경찰 순찰 횟수증대	●	●				

출처: 김은희 외, 2014.

둘째, 선정된 인프라의 세부 내용의 적절성이다. 추진하고자 하는 사업내용이 여타의 공간환경 조성 사업과 달리 범죄예방 환경 구축에 도움이 되는지, 주민활동과는 어떻게 연결시킬 수 있을 지를 재고해야 한다. 또한 지역적 특수성 및 지역에서 추진하고 있는 타 사업과의 상관성도 살펴보아야 한다. 무엇보다, 주어진 예산 범위에서 효과적인 사업실행이 가능한지를 판단하고 더불어 시설 조성 후 관리 및 운영체계도 검토해 보아야 한다.

셋째, 지역에 산재해있는 다양한 공동체들 간 원활한 협력과 협업의 가능성이다. 셉테드 인프라는 사업 대상 지역 주민의 참여와 지자체 및 공공기관의 지원과 기존에 범죄예방을 위해 활동하던 지역 공동체의 적극적인 협력이 요구된다. 특히 건축물 및 공간환경으로서 셉테드 인프라의 경우 토목, 조경, 전기, 디자인 등 대상 범위가 광범위하므로 각각의 시설을 담당하는 행정기관의 협조·지원 없이 성공적인 사업실행을 담보할 수 없다. 이러한 협업이 원활히 수행될 수 있는 사업인지 사전에 확인하여야 한다.

(1) 합목적성
- 사업의 목적에 부합하는가?
- 지역의 안전사고 발생 현황 및 특성을 고려하였는가?
- 사업 완료 후 실질적인 효과와 성과는 무엇인가?

(2) 안전인프라 세부 내용의 적절성
- 지역의 안전문제 해결에 직접적인 도움이 되는가?
- 주민의 안전 활동네트워크와 상관성이 있는가?
- 지역에서 시행하고 있거나 추진계획 중인 사업들과 연계성이 있는가?
- 주어진 예산 범위와 기간에 실행이 가능한가?
- 추후 지속적인 유지 및 관리가 용이한가?

(3) 공동체 협업의 용이성
- 사업추진협의체와 지역주민, 지역 공동체의 협조가 원활한가?
- 토목, 조경, 전기, 디자인 등 다양한 분야의 안전인프라 사업을 효율적으로 추진하기 위한 지자체 부서간 협력과 지원이 용이한가?[11]

---

11 김은희 외(2014). 주민주도형 안심마을조성 시범사업 모니터링 및 운영지침 마련연구. 건축도시공간연구소, p. 160.

4) 셉테드 인프라 사업 예산 및 관리

지역별 안전인프라 사업이 결정되면 대상 사업의 중요도에 따라 합리적으로 예산을 수립해야 한다. 예산집행은 지자체가 수행하되, 사전에 사업추진협의체와 관련 정보를 공유하여 소통하는 분위기를 조성해야 한다. 시범사업이 종료된 이후에도 셉테드 인프라의 지속적인 유지 및 관리를 위한 예산을 미리 반영하여야 한다. 셉테드 인프라는 시범사업의 실행주체 및 지역주민, 지역 공동체가 각각의 역할에 맞게 책임을 분담하여 관리함으로써 직접적인 유지 및 관리 소요경비를 절감할 수 있다. 예를 들어 CCTV는 자율방범대 또는 야간순찰대에게, 학교주변 방법시설은 지역 녹색어머니회 등과 협력함으로써 셉테드 인프라의 일상적인 유지 및 관리를 유도하고 경비발생을 최소화하는 것이다. 또한 협동조합, 사회적 기업운영 등을 통해 발생된 지역공동체의 수익이 안전인프라 시설 유지 및 관리에 일부 투입될 수 있도록 지자체와 주민의 적극적인 지원과 협조가 필요하다.

한편, 시범사업 추진협의체는 사업계획에서부터 실행 및 완료에 이르기까지 사업 추진과정을 기록하고 DB화 하여야 한다. 사업이 완료 된 후 매 1년마다 시범사업 추진협의체 및 중간지원조직, 유관기관, 지역주민과 함께 사업의 효과 및 소요 비용을 분석할 필요가 있다. 이는 향후 셉테드 인프라의 추가 계획 또는 기존 시설의 보완이 요구될 때 합리적인 방향설정과 적절한 사업종류 결정, 다음 회기 예산 수립 및 반영에 도움이 될 수 있다. 사업효과분석은 주민 설문조사를 실시하거나 경찰서의 범죄 발생 통계자료 등을 활용한다.

2.2 셉테드 인프라 사업 사례

1) 안심마을 시범사업 셉테드 인프라 개요

셉테드 인프라사업 계획의 주안점은 2014년 안전행정부가 실시한 안심마을 시범사업에 우선 적용되었다. 안심마을은 국가의 안전관리 대상이 소규모의 일상생활 안전사고로까지 확대되고 있는 상황에서, 관 주도의 관리만으로 대응에 한계가 있음을 인식하고 범정부적 안전문화 활성화를 위한 민관 협력네트워크 구축과 함께 지역안전문화정착 및 확산의 거점 구축을 위해 전국 10개 시 읍면 동 단위로 기획·시행되었다. 안심마을 시범사업의 안전인프라는 '시설물 설치'와 '공간 조성 및 정비'로 유형을 구분하고 범죄, 교통, 재난, 생활안전 등 시범사업 과업에서 규정하고 있는 포괄적 안전사고를 대상으로 하는데, 이 중 범죄예방을 위한 인프라가 셉테드 인프라에 해당된다.

10개 지역에서 시행된 안심마을 시범사업에 나타난 셉테드 인프라는 공간조성 및 정비 계획보다 'CCTV', '비상벨', '보안등', '펜스', '가로등', '방범등' 등 대체로 시설물 설치사업에 주력하였고 따라서 상대적으로 관련 예산의 비중도 높다. 반면 공간조성 및 정비는 '주거환경개선', '교육환경개선', '벽화조성', '보도환경조성', '공원조성', '보행산책로', '경관다리', '이면골목길정비', '폐가 및 공가정비' 사업 등을 시행하였는데 비교적 작업이 용이하고 주민 참여를 유도하기 쉬운 담장 도색 및 벽화 조성 사업을 많이 시행한 것으로 확인된다. 여기서 벽화조성 사업은 타 설치물에 비해 노후화가 빠르게 진행되므로 지속적인 유지 및 관리가 요구되는 사업이라 할 수 있다.

┃ 표 5-10 ┃ 범죄예방 부문 안전인프라 사업 현황   (개소, 백만원)

세부사업 (시설물 설치)	대상 지역 (10개소)	예산 (평균)	세부사업 (공간조성 및 정비)	대상 지역 (10개소)	예산 (평균)
CCTV설치	8	124	주거환경개선	1	40
비상벨 설치	2	–	교육환경개선	1	20
보안등 설치	4	·	담장도색 및 벽화조성	5	87
펜스 설치	1	17	보도환경조성	1	241
가로등 설치	1	193	공원 조성	1	111
방범등 설치	0	26	화단 정비	1	29
안심표찰 설치	2	10	경관 다리 조성	1	300
안전지대 전화부스 설치	1	0	이면골목길 정비	1	229
바닥조명 설치	1	70	폐가 및 공가 정비	1	25
무인택배함 설치	1	10			
간판 설치	1	–			

출처: 김은희 외, 2014.

(1) 수원송죽동 안심마을 시범사업의 셉테드 인프라[12]

시범사업 대상 중 수원에 위치한 송죽동의 경우 학교주변 청소년 범죄문제해결, 성범죄 사전 예방의 측면에서 셉테드 인프라 계획에 초점을 두었다. 이러한 사업을 결정하는 계획 과정에서 마을현장 확인 및 안전지도를 작성하였고, 설계 단계에서는 주민의견을 수렴하고 연구 및 관련분야 전문가 컨설팅을 활용하는 등 지역에서 필요로 하는 사업을 결정하고 내실을 다지기 위한 다양한 방법들을 병행하였다. 또한 아동안전지킴이 집에 대한 포상을 통해 지역 주민의 적극적인 참여를 유도하고, CCTV설치 및 관리담당에 대한 교육 등 추후 유지 및 관리를 위한 방안도 함께 고려하였다.

마을현장확인　　　　　　　　의견수렴　　　　　　　　안전지도 작성

┃ 그림 5-13 ┃ 셉테드 인프라 사업추진 절차 및 내용
(출처: 수원시 장안구 송죽동(2015), 송죽동 안심마을 만들기 발표자료)

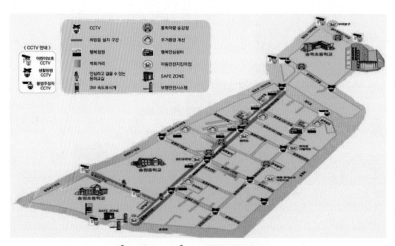

┃ 그림 5-14 ┃ 송죽동 마을지도
(출처: 수원시 장안구 송죽동(2015), 송죽동 안심마을 만들기 발표자료)

---

12 김은희 외(2014). 주민주도형 안심마을조성 시범사업 모니터링 및 운영지침 마련연구. 건축도시공간연구소, pp. 39-50 참조.

　송죽동의 셉테드 인프라 사업의 내용은 시설 설치 및 공간조성 또는 정비 사업에 주력하였고 범죄 발생 취약 지구를 중심으로 물리적 환경을 조성하는 것과 범죄 심리 자체를 차단할 수 있는 사업을 병행한 것으로 나타난다. 범죄예방 부문의 시설설치 사업으로 'CCTV설치', '보안등 설치' 사업을 계획하였는데, 특히 '우먼하우스케어 방범서비스'와 '안심마을 안전지대 전화부스' 등 범죄에 노출되기 쉬운 어린이, 여성의 안전한 생활환경 조성을 위한 위급상황 대응시설 설치사

│ 그림 5-15 │　아동지킴이 사인
(출처: 수원시 장안구 송죽동(2015), 송죽동 안심마을 만들기 발표자료)

│ 그림 5-16 │　송죽행복정원 만들기
(출처: 수원시 장안구 송죽동(2015), 송죽동 안심마을 만들기 발표자료)

벽화 그리기

건축물 벽과 담장에 벽화를
그릴 수 있도록 바탕면 정비
향후 벽화작업 진행

▎그림 5-17 ▎ 송죽동 범죄예방 환경설계
(출처: 수원시 장안구 송죽동(2015), 송죽동 안심마을 만들기 발표자료)

▎그림 5-18 ▎ 수원 송죽동 안심마을 안전인프라 공간지도 (출처: 김은희 외, 2014)

업이 특징적으로 시행되었다.

공간 조성 및 정비 사업은 '우리동네 만들기', '한평 정원 조성' 사업을 포함하는 '송죽 행복정원 만들기', '범죄예방환경 디자인추진' 사업 등이 계획되었다. 범죄위험이 우려되는 건축물 대지 경계부에는 투시형 담장을 설치하여 가시성을 높이고 결과적으로 생활안전사고의 발생에도 대처가 가능하도록 하였다. 이러한 셉테드 인프라사업 및 기타 주민활동 결과 2013년과 2014년 동일기간 범죄 관련 경찰신고건수 39건이 감소한 것으로 확인되었다.[13]

(2) 천안 원성1동 안심마을 시범사업 셉테드 인프라[14]

또 다른 사업대상지로 천안 원성1동에서 실시한 안심마을 시범사업도 범죄예방 부문에 가장 많은 비중을 두고 사업을 추진하였다. 원성1동 셉테드 인프라 사업의 목표 및 전략은 주민스스로 범죄를 예방하여 모두가 안심하며 살 수 있는 마을을 조성하는 것으로 우범화 가능성이 높거나 범죄에 취약한 지역에 우선적으로 셉테드를 구축하고 CCTV 및 안심방범등 등의 설치를 병행하여 범죄를 사전에 차단함과 동시에 사후 검거율을 높이고자 하는 것이다.

이를 위해 지역주민의 자발적 참여와 지자체의 행정지원을 유도하고 보다 전문적인 현황 분석과 문제도출을 위해 계획 및 설계 전문가를 위촉하는 등 다양한 대안을 모색하였다. 전문가는 대상 지역의 기초정보 분석에서부터 범죄발생 통계조사, 물리적 환경분석에 이르기까지 다각적인 사업추진 환경을 분석함으

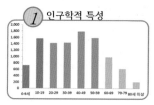  

그림 5-19 | 원성1동 지역 환경 분석
(출처: 천안시 원성1동(2014), 천안 원성1동 안심마을 안전인프라 조상사업 기본 및 실시설계용역 보고서)

---

13 송죽동(2015). 안심마을 만들기 발표자료. 수원중부경찰서 장안문지구대 제공.
14 김은희 외(2014). 주민주도형 안심마을조성 시범사업 모니터링 및 운영지침 마련연구. 건축도시공간연구소, pp. 70-78 참조.

│ 그림 5-20 │ 원성1동 범죄발생 현황 조사
(출처: 천안시 원성1동(2014), 천안 원성1동 안심마을 안전인프라 조상사업 기본 및 실시설계용역 보고서)

│ 그림 5-21 │ 원성1동 우범가능 지역 현황조사
(출처: 천안시 원성1동(2014), 천안 원성1동 안심마을 안전인프라 조상사업 기본 및 실시설계용역 보고서)

로써 설계안 도출의 기반을 마련하였다. 한편 원성1동의 경우 타 지역과 차별적으로 전문 코디네이터를 상주시켜 사업추진 주체인 주민자치회와 지원조직인 지자체, 기타 사업 이해관계자의 의견을 수렴하고 조율함으로써 사업의 당위성을 확보하는 등 등 사업추진과정에 운영 및 관리의 실효성을 높일 수 있는 행정적 지원도 이루어졌다.

　이러한 현황분석 및 문제점 도출을 토대로 '빈집', '골목길', '청소년'을 원성1동의 핵심적 사업요소로 설정하고, 위험한 빈집, 어둡고 후미진 골목, 불안감을 주는 청소년 문제를 해결하기 위해, 우범지역 커뮤니티 장소 만들기, 셉테드 인프라 및 환경개선사업을 주요 과제로 선정하였다. 우범지역 커뮤니티 장소는 마을 텃밭, 마을주방, 게릴라 정원, 담장색칠하기 등 주민활동을 유도하는 프로그램이 필요한 사업이라 할 수 있다.

　셉테드 인프라의 시설물 설치사업으로는 CCTV · 보안등, 비상벨, 무인택배함, 방법창을 설치하였고, 공간조성 및 정비사업으로 공가 및 폐가 철거 후 텃밭조성, 공원 · 녹지 정비 및 가스관정비가 시행되었다. 이러한 사업의 세부 디자인을 결정하는데 있어서 전문가는 다양한 측면에서 사업의 개연성을 높이기 위해 각종 법규, 도시관리계획 차원의 운영기준 및 지침 등을 검토하고, 타당성을 확보하여야 한다. 특히 셉테드 인프라의 경우 시설유형별 세부기준을 사전에 미리 검토함으로써 현행 법 규정에 위배되지 않도록 조치하여야 한다.

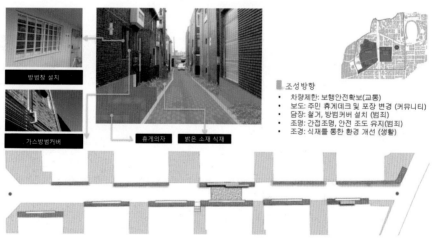

┃ 그림 5-22 ┃ 원성1동 셉테드 인프라 사업계획안 / 방법창 등
(출처: 천안시 원성1동(2014), 천안 원성1동 안심마을 안전인프라 조상사업 기본 및 실시설계용역 보고서)

　게릴라 정원은 정원이 지역 환경을 분석하고 대상지 결정 후 주요 색채 선정을 위해 대상 공간의 분위기 조사, 천안시 경관기본계획 기준 파악 등의 작업을 거쳐 도안을 작성하였다.

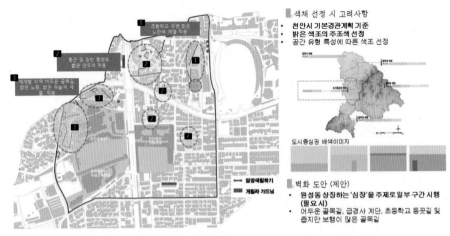

│ 그림 5-23 │ 원성1동 셉테드 인프라 사업계획안 / 색채 계획
(출처: 천안시 원성1동(2014), 천안 원성1동 안심마을 안전인프라 조상사업 기본 및 실시설계용역 보고서)

보안등의 경우 10m 전방에 위치한 사람을 인식할 수 있도록 조도의 연속성을 유지하되 눈부심 등 거주자의 불편이 유발되지 않도록 계획하였고 지속적인 유지 및 관리가 용이한 내구성 있는 재료를 선정하였다.

│ 그림 5-24 │ 원성1동 셉테드 인프라 사업계획안 / 보안등
(출처: 천안시 원성1동(2014), 천안 원성1동 안심마을 안전인프라 조상사업 기본 및 실시설계용역 보고서)

소공원은 가급적 개방된 공간으로 자연적 감시가 가능하도록 유도하고 기존의 키큰 수목에 의한 사각지대를 해소하고자 하였으며, 부적절한 파고라 위치를 이동시켜 우범요인을 제거하였다.

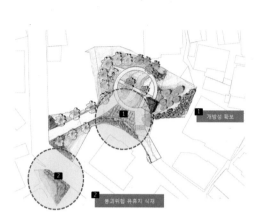

■ 소공원 조성 방향
- 개방공간형성에 의한 자연적 감시 강화
- 식재에 의한 사각 지대 형성, 부적합 파고라 위치 이전
  - 청소년 야간 모임, 흡연 등으로 주민 불안 증가
  - 일부 수목제거 식재(교목) 제거, 파고라 이전 설치 개방성 확보

■ 유휴지 조성 방향
- 붕괴위험이 있는 경사지형의 공유지로 시급한 환경 개선 필요지역
- 식재를 통한 토사 유실 방지 및 환경 개선

┃ 그림 5-25 ┃ 원성1동 셉테드 인프라 사업계획안 / 소공원 및 유휴지
(출처: 천안시 원성1동(2014), 천안 원성1동 안심마을 안전인프라 조상사업 기본 및 실시설계용역 보고서)

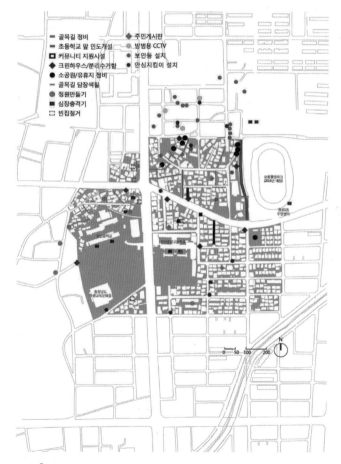

┃ 그림 5-26 ┃ 천안 원성1동 안심마을 안전인프라 공간지도 (출처: 김은희 외, 2014)

215

2) 법무부 법질서 실천운동 시범사업의 셉테드 인프라

(1) 법질서 실천운동 시범사업 셉테드 인프라 개요

법무부는 2000년도부터 추진해온 범국민 준법운동[15]과 법질서 바로세우기[16] 등의 캠페인적 정책사업에서 나아가, 2014년 범국민적 공감을 불러일으킬 수 있도록 일상생활에서 빈번하게 발생하는 위법 사례를 발굴하고 개선하기 위한 법질서 실천운동을 추진하였다.[17] 법질서 실천운동은 크게 세 가지 측면에서 중요한 정책방향을 설정하고 있다. 첫째, 지역별로 산발적으로 실행되어 오던 다양한 법질서 준수 관련 활동들을 체계적으로 조직하고 물리적인 환경을 개선하는 것이다. 둘째, 쓰레기나 낙서 등으로 방치된 공간을 정비하고 범죄취약지역의 방범시설을 강화한다. 셋째, 공공공간, 주거지역, 상업 및 업무지역 등 대상지역 유형에 따른 범죄특성을 분석하고 모델을 정립함으로써 체계적인 사회안전망을 구축하는 것이다. 이의 실현을 위해 지역별 지자체와 지역주민을 중심으로 기초 법질

| 표 5-11 | 법질서 실천운동 세부사항

분야	목적	지원내용
기초 법질서 준수	불법 주정차 쓰레기 무단투기, 광고물 불법부착 등 일상생활에서 발생하는 범법행위 차단	계도, 홍보, 점검, 순찰, 신고, 단속 등
안전법규준수	산업재해, 교통사고, 산불 등 각종 사고 예방과 수질관리	교육, 계도, 홍보, 점검, 순찰, 단속 등
범죄취약지역 환경개선 (셉테드)	방범시설 확충 등을 통해 범죄로부터 안전한 환경조성	우범지역CCTV, 비상벨 설치, 벽화작업, 주민커뮤니티 공간 설치

출처: 유광흠 외, 2014.

---

15 일상 생활 속에서 법과 질서를 지키고, 경우(境遇)에 맞게 살아가자는 생활 실천운동으로 2000년 5월 1일 법무부가 제창하여 시행.

16 국가 경제수준에 비해 낮은 우리나라 시민의식을 배양하여 법과 원칙이 확립된 선진 신뢰사회와 성숙한 시민사회 구현을 위해 범정부 차원으로 시행.

17 2014년 처음 시행된 법질서 실천운동 시범사업은 서울(영등포구, 마포구, 노원구), 경기(구리, 여주, 부천), 충주, 충남(천안, 논산), 대전, 대구, 광주, 군산, 부산(영도구, 진구), 울산, 제주(상도동, 연동), 총 18개 지역을 선도지역으로 선정하면서 추진되었다. 이 중 부산진구, 충북충주시, 제주시 연동, 군산시를 제외한 14개 지역에서 모두 셉테드 인프라를 주요사업으로 선정·추진하였다. 2015년에도 강력범죄 발생지, 외국인범죄 특화지 등 환경개선이 시급한 서울 동작구 등 전국 11개 지역을 시범사업 선도지역이 선정되어 진행되고 있다(법무부 보도자료, 2015년 6월 4일).

서 준수, 안전법규 준수, 셉테드로 구분하여 시범사업을 시행하였으며 특히 셉테드 사업의 경우 우범지역 CCTV 설치, 비상벨 설치, 벽화작업, 주민 커뮤니티 공간 설치 등의 인프라 사업을 지원한다. 안심마을 시범사업과 달리 법질서 실천운동은 셉테드 인프라의 범위를 미리 설정하여 제시하고 있으며 따라서 위험요소 분석에 따른 사업의 종류를 발굴하는 것보다 시설물 설치를 위한 적절한 장소를 파악하고 설치방법을 결정한다는 점에서 차별성을 갖는다.

(2) 마포구 도화동 일대 법질서 실천운동 시범사업[18]

마포구 도화동은 주로 일반 상업지역과 제3종 일반주거지역으로 이루어져 건축밀도가 높다. 주거지역은 대부분 준공 후 20~30년이 경과한 단독 및 다세대 주택으로 구성되어 좁고 어두운 골목길이 많으며, 역세권의 경우 상권 확장과 더불어 유흥업소가 증가하는 등 야간 우범지역 형성 및 여성을 상대로 한 범죄 발생 우려 지역이 방치, 확대되는 상황이다. 이에 도화동은 여성이 안심할 수 있는 환경조성을 법질서 실천운동 시범사업의 기본방향으로, 주민 자치활동 활성화 및 환경개선을 통한 범죄예방 실현을 목표로 설정하였다.

셉테드 인프라 사업 추진을 위한 선행 작업으로는 현장조사, 지역주민설문조사, WVAE 분석 등을 활용하였다. 지역상황에 대한 일반적인 정보를 기반으로 대

┃ 그림 5-27 ┃ 대상지 전체 WVAE 분석 결과 / 시각적 접근 분석도, 시각적 노출 분석도, 사분위 분석도
(출처: 유광흠 외, 2014)

---

18 유광흠 외(2014). 법질서 실천운동을 위한 사례지역 계획안 작성 및 모니터링. 법무부, pp. 57-125 참조.

상지 답사와 주민인터뷰를 실시하고 건축물 등의 물리적인 시설 현황과 범죄 취약요인 및 유발요인을 관찰하였으며, 범죄발생에 대한 주민들의 범죄피해 및 불안감 조사, 지역만족도 및 이웃관계, 범죄피해 경험에 관한 정보 파악을 위한 설문조사도 실시하였다. 또한 범죄발생 위험지역에 대해서는 WVAE 분석을 통해 시각적 접근과 시각적 노출이 높은 지역을 도출하였다.

이러한 조사 · 분석 작업을 통한 첫 번째 셉테드 인프라 사업대상지는 2000년대 이후 건립된 아파트단지(현대 홈타운) 내 놀이터, 노인정 등 일부 시설로서, 거주자들의 민원에 의해 사용이 중단된 보안등과 CCTV 미활용으로 청소년 범죄의 사각지대로 지목된 곳이다. 특히 노인정의 경우 유동인구가 거의 없고, 외진 곳에 위치해 있으나 주변이 어린이 놀이공간으로 이용됨으로써 범죄 위험성이 상존하고 있었다. 어린이놀이터의 경우 높은 담장으로 인해 자연적 감시가 어려운

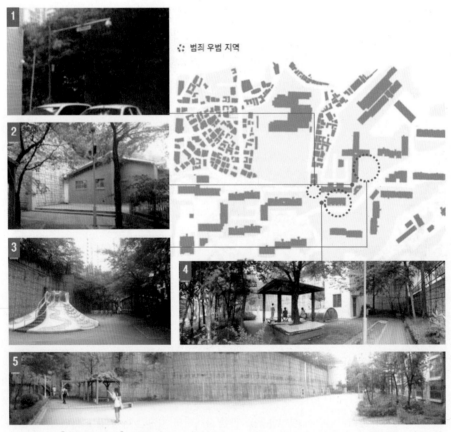

┃ 그림 5-28 ┃ 아파트단지(현대 홈타운) 우범 지역 (출처: 유광흠 외, 2014)

것으로 조사되었다.

두 번째 대상지는 단독주택지로, 가로가 불규칙하고 복잡하여 범죄가 발생하기 쉬운 구조의 골목임에도 불구하고 설치된 CCTV의 개수가 부족하거나 또는

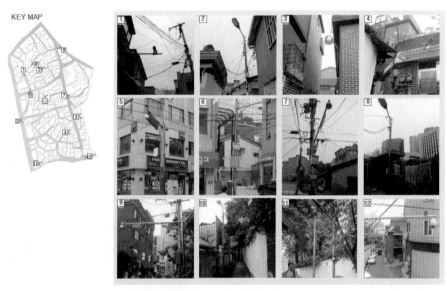

┃ 그림 5-29 ┃ 단독주택지 CCTV 설치 현황 (출처: 유광흠 외, 2014)

┃ 그림 5-30 ┃ 대상지역 내 거점공간과 가로시설 현황 (출처: 유광흠 외, 2014)

범죄를 인지하기 어려운 곳에 설치되어 위험도가 높은 지역으로 파악되었다. 정자 등 마을 거점 공공시설 또한 활용도가 낮아 비행청소년들의 우범 장소로 인식되고 있고 비교적 통행이 많은 가로공간에서도 쓰레기 불법투기가 심각하게 발생하고 있어 대상지 전반에 걸쳐 우범가능 요소가 많은 것으로 조사되었다.

범죄위험요소에 대한 셉테드 인프라 사업으로서 공간조성 및 정비사업으로는, 대상지 내 가로환경 개선사업과 빈 공터 및 거점공간을 활용한 마을쉼터 조성사업이 있다. 가로환경 개선의 경우 어두운 주거지 가로공간을 밝은 색상으로 도색함으로써 깨끗한 분위기로 전환하는 방식으로 추진되었다. 공터 및 거점공간을 활용한 마을쉼터 조성사업은 단기적으로는 기존 마을주민 쉼터 주변 환경을 정비하고 장기적으로 지역 사회 커뮤니티 증진 및 방범순찰 등을 위한 공간으로 변경하고자하는 계획으로 추진되었다.

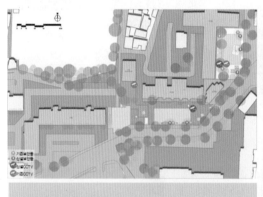

- 적절한 높이의 보안등 설치, 기존 시설은 견고한 재질로 보완
- CCTV, 비상벨, 마이크를 함께 설치하여 청소년 범죄 예방
- 기존 보안등 LED교체로 놀이터와 면한 주민들의 피해를 감소시키고, 범죄 발생가능성 감소
- 아파트 거주민들이 자율방범대 결성 및 운영

▐ 그림 5-31 ▐ 마포구 도화동 현대 홈타운 놀이터 공간 개선안 (출처: 유광흠 외, 2014)

시설물 설치사업은 아파트 단지 내 우범지역을 포함하여 주민설문조사를 통해 불안감을 표시한 장소 및 WVAE 분석결과에 따른 위치에 CCTV를 설치하고, 바닥 도색, 표식 설치 등 셉테스 인프라 시설물의 시인성을 개선하는 사업 중심으로 시행되었다. 특히 CCTV의 경우 감시, 예방과 대처가 동시에 가능한 통합형 디자인이 도입되었다. 또한 반사경, 보안등, 비상벨 등을 골목길 시각 사각지

대에 추가적으로 설치하였으며 기존 시설물 중 사용 되지 않거나 활용도가 낮은 시설물을 수리, 보완하는 등 시범사업에서 지원하는 범위 안에서 다각적인 셉테드 인프라 활용 방안이 강구되었다.

2014년 인프라 사업에 이어 노인정, 교회, 마을정자 등 현재 활용도가 낮은 마을 거점공간은 지역 커뮤니티 공간으로 전환하는 등 각종 우범요인을 근본적으로 차단하기 위한 중장기 계획도 제시되었는데, 이러한 시범사업 결과가 도화동 법질서 실천운동의 지속적인 시행을 위한 기반으로 작용할 수 있다.

| 그림 5-32 | 도화동 셉테드 인프라 사업 / 가로 환경 개선사업 위치 및 실행 현황
(출처: 유광흠 외, 2014)

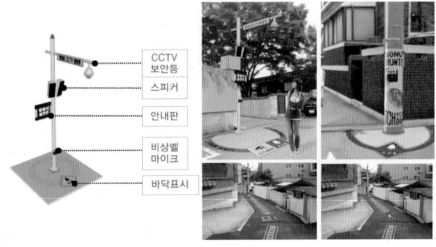

| 그림 5-33 | 통합형 CCTV 지주의 구성 및 바닥 표시 예 (출처: 유광흠 외, 2014)

(3) 영등포구 대림2동 법질서 실천운동 시범사업[19]

영등포구 대림2동은 총 인구 4,765명 중 외국인이 2,587명으로 전체 인구의 반 이상을 차지한다. 또한 대부분이 제2종일반주거지역으로 1980년대~1990년대에 지어진 단독주택과 다세대 주택으로 구성되어 낮은 담장, 건물 사이공간, 각종 배관 노출 등 범죄 유발 요인들이 산재해 있다. 상업가로에 면해서는 위락시설, 노점상, 외국인 점포 등이 다수 입점하여 다민족간 폭력사건 등도 발생하고 있다. 현대 대상지 북서측과 남동측에 주거환경관리사업과 특별계획구역 계획, 다문화 공동체 계획이 진행 중에 있다. 이러한 지역 현황을 고려하여 대림2동은 다문화 공동체형 법질서 실천을 사업의 기본방향으로 설정하고 다문화와 지역특성을 반영한 기초질서 실천 홍보 및 범죄예방의식 고취를 사업목표로 설정하였다.

사업목표에 부합하는 셉테드 인프라 사업실행을 위한 현장조사에서는 대상지의 CCTV, 비상벨 등 시설물 현황을 파악하고 범죄 유발 요인들을 분석하였다.

대림역 12번 출구   중국 상점거리   인력시장

┃ 그림 5-34 ┃   대상지 내 도시계획사업 현황 (출처: 유광흠 외, 2014)

---

19 유광흠 외(2014). 법질서 실천운동을 위한 사례지역 계획안 작성 및 모니터링. 법무부, pp. 57-125 참조.

▌그림 5-35 ▌ 대상지 전체 WVAE 분석결과(시각적 접근 분석도, 시각적 노출 분석도, 사분위 분석도)
(출처: 유광흠 외, 2014)

CCTV, 비상벨의 경우 사업대상지의 면적에 비해 설치 개수가 부족하고 상호 연계성이 없으며, 시인성이 낮아 시설물 설치 여부를 판별하기가 어려운 점이 문제로 제기되었다. 가로환경의 경우 노점적치물 등이 보행자 도로를 점령함으로써 잠재적 범죄발생 여건이 일상적으로 형성되어 있는 것으로 나타났다. 주민설문조사에서는 복잡하고 좁은 골목과 어두운 공간을 범죄불안감이 큰 장소로 인식하는 것으로 조사되었다. 범죄발생 위험지역에 대한 WVAE 분석결과는 대로변에 접해 있는 가로가 시각적 접근, 시각적 노출이 높은 것으로 나타나 CCTV 설치 위치를 결정하는 근거로 활용하였다.

이러한 조사 및 분석을 토대로 영등포구 대림2동의 셉테드 인프라 사업은 상업가로 및 골목길에서 발생할 수 있는 폭력 범죄 예방을 위한 CCTV, 비상벨,

▌그림 5-36 ▌ CCTV 위치도 및 신설 예정지 (출처: 유광흠 외, 2014)

LED 보안등 교체, 반사경 등 시설물 설치사업과, 상업가로 및 관할 경찰서가 있는 가로 교차점에 경찰초소 설치를 통한 방범활동 거점공간 조성사업으로 추진되었다. 또한 대상지 내 가로환경개선사업을 실시하여 인력시장 주변 및 주거지역 내 낡은 벽면, 상업가로와 면한 주거지 진입부 바닥을 깨끗이 도색하여 분위기를 개선하였다.

실제 인프라사업으로 실행되지는 않았으나, 절도범의 침입을 방지하기 위한 방범창 기준, 범죄자의 침입 수단이 될 수 있는 배관의 매입 등에 대한 매뉴얼을 교부하는 등 시설물 관리 방안에 대한 홍보를 연계하여 실시함으로써, 시범사업 이후 대상지역의 법질서 실천운동의 지속과 셉테드 인프라 사업의 유지, 확대를 위한 단초를 마련한 것으로 평가할 수 있다.

| 그림 5-37 | 경찰 초소 위치도 및 인포메이션 센터 예시도 (출처: 유광흠 외, 2014)

2.3 주요 셉테드 주민활동 사례[20]

주민참여 안전활동은 안전 제고를 위한 예방 활동이 존재하는 한편, 다양한 지역공동체 강화를 위한 사업들과 병행된다. 2014년 안심마을 시범사업에서 수행되었던 주민참여 활동들은 크게 (1) 순찰·감시 활동, (2) 안전 캠페인 및 행사, (3) 안전 교육, (4) 안전관련 주민 조직화, 유관기관 연계 등 안전 네트워크 구축,

---

20 본 절에서 소개하는 주민참여 안전활동 사례는 2014년 안심마을 시범사업에 포함되었던 사례로, 정지범, 오윤경(2014); 정지범, 임완수 외(2014); 오윤경(2014)에서 발췌하고, 안심마을 추진 실적자료를 참고하여 재구성하였다.

(5) 기타 주민공동체 역량 강화를 위한 활동으로 구분해 볼 수 있다(오윤경, 2014). '순찰·감시활동'은 감시의 강화라는 측면에서 가장 대표적인 셉테드 주민참여 활동이라 할 수 있으며, '안전네트워크의 구축'은 '안전 캠페인·행사', '안전교육' 과 더불어 셉테드 사업의 기획 및 향후 유지 및 관리를 위해 필요한 활동이라 할 수 있다. '기타 주민공동체 역량 강화를 위한 활동'은 지역사회의 통합과 지역문화 구축을 위해 필요한 활동이다. 본 절에서는 2014년 안심마을 시범사업에서 수행되었던 주민활동을 중심으로 각 활동의 주요 사례를 소개한다.

1) 순찰·감시

가장 대표적인 주민참여 셉테드 활동이라 할 수 있는 것이 바로 순찰 및 감시 활동이다. 영국, 미국 등 셉테드가 발달해온 국가에서도 물리적 계획 및 시설사업과 더불어, 이웃감시프로그램(Neighborhood Watch)과 같은 주민들에 의한 순찰·감시 프로그램을 추진하고 있다. 2014년 안심마을 사업에서도 모든 대상지에서 추진된 사업이었으며, 한편으로 주민의 참여와 의지가 가장 가시적으로 드러나는 활동분야라 할 수 있다.

순찰·감시 활동은 주민들이 방범단, 봉사단 등을 조직하여 정기적으로 방범 활동을 실시하는 형태로 진행되며, '주민방범대', '치안순찰대', '안심순찰대' 등의 이름으로 활동을 추진하였다. 주로 야간에 골목 등을 중심으로 이루어지나, 지역에 따라 등하교 통학지도활동과 결합되는 경우, 여성, 학생, 노인 등을 대상으로 하는 안심 귀가 서비스, 독거노인 등에 대한 안부 서비스와 결합되는 경우, 또는 도로, 가로등 등 지역 내 시설을 점검하고 신고하는 기능 등과 결합하여 이루어질 수 있다.

┃ 그림 5-38 ┃ 서울 은평구 역촌동 안심마을 안심마을활동가 야간순찰 활동(추진실적 자료)
(출처: 정지범 외, 2015)

225

| 표 5-12 | 안심마을 시범사업 중 순찰 · 감시 관련 주민활동 |

	순찰 · 감시활동
서울 은평구 역촌동	• 안심마을활동가 야간순찰 • 마음 안전지킴이 야간순찰 • 역촌동 생활안전거버넌스활동 (전기가스안전점검, 재난 취약지역 순찰)
김포 양촌읍	• 마을 순찰대 조직 및 운영 • 마을 안전모니터링반

수원 송죽동	• 안심귀가를 위한 "행복마을 한바퀴 순찰대"
	   – 주: "행복드리미 순찰대"
	   – 야: "송죽 방범순찰대"
	• 희망 송죽 어린이를 위한 "안전지킴이 봉사단"
	• 노인 스쿨존 안전지킴이(65세 이상)
	• 어린이 "아동안전지킴이 집"운영

천안 원성1동	• 안심순찰대
	   – 토 20:00 야간순찰 실시(주민, 단체, 시민경찰 등)
	• 치안올레길순찰
	   – 범죄취약지역 민관합동순찰
	   – 셉테드에 기초한 업무협약체결

충북 진천읍	• 안심마을 "주민 방범대" 운영 • 안전시설 점검단 활동
강원 고성군	• 포순이 교통안전 지킴이 운영 • 범죄안심포순이 지점 지정/운영 • 재난안심동아리방(산불감시단) 편성
광주 봉선마을	• 봉선노들 안심마을 치안순찰대 • 주민불편조사단 • "부엉이 네트워크 100"운영 • 5분대기 안전 활동가조직/운영

순천 중앙동	• 안전네트워크 마실단구성 · 운영
	  - 마실단방범로 현장조사
	  - 안전순찰대 모집/ 취약가구 안전마실

경남 거창군	• 주민안심봉사단 운영 - 3일 단위 마을 취약계층 및 마을 주변 점검 • 겨울철 제설작업반
부산 연제구	• 청년회 안심마을 지킴이 방범활동 • 청소년 지도자 협의회 안심마을 동네 한바퀴 야간 지킴이 방범활동 • 연1동 주민자치위원 "동네한바퀴, 안전지킴이"활동

출처: 오윤경(2014); 정지범 외(2014), 안심마을 시범사업 평가자료(2014)를 표로 재구성.

순찰·감시 활동은 도보 순찰이 일반적이나, 천안시 원성1동 안심마을의 경우 자전거 순찰대를 구성하여 도보 순찰에 비해 순찰 시간을 단축하고 보다 넓은 범위를 순찰할 수 있도록 하였다. 지자체(동주민센터)는 주민자치회와 협력하여 순찰 지도를 작성하고, 자전거 정거장 등을 지원하여 순찰·감시활동이 이루어질 수 있는 기반을 제공하였다.

광주시 봉선노들 안심마을에서는 심야영업을 하는 상점들이 범죄 취약시간대에 감시 역할을 수행할 수 있도록 하는 「부엉이 Network100 구축 사업」을 추진하였다. 위험상황 시 긴급피난처로도 활용되는 이들 상점들을 감시 거점으로 지정하고 지역 내 감시 네트워크를 구성한 사례이다.

순찰·감시활동은 기본적으로 감시의 강화라는 측면에서 범죄예방적 활동으로 이해될 수 있으나, 활동과정에서 지역사회 내 네트워크가 구축되고 공동체 강화되는 효과를 기대할 수 있다. 부산시 연산1동 안심마을의 연1동 safe봉사단은 기존에 활동하고 있는 조직들(자율방범대, 적십자부녀회, 청년회 등)이 순찰·감시활동에서 역할 분담하고 있는 사례로, 기존 단체 간 네트워크 강화의 효과를 기대할 수 있다.

김포 안심마을에서는 학교와 연계하여 선생님들을 순찰활동에 참여시킴으로써 순찰대의 학생 지도효과를 높일 수 있었다. 활동과정에서 유관기관의 참여를 유도하고 네트워크를 강화한 사례라 할 수 있다.

한편, 순찰·감시 활동의 효과적인 대응 및 대처를 위해서는 경찰, 소방, 행정

그림 5-39 천안 원성1동 안심마을 안심순찰대 순찰코스(추진실적 자료) (출처: 정지범 외, 2015)

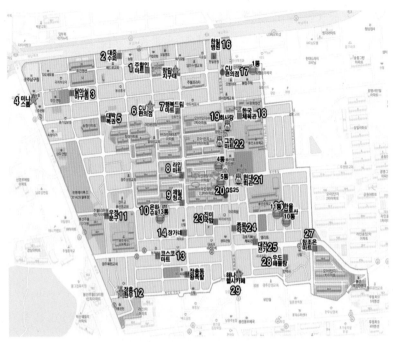

┃ 그림 5-40 ┃ 광주시 봉선노들마을 부엉이 가게 설치현황(30개소)
(출처: 정지범 외(2015), 광주시 봉선노들마을 안심마을 실적 평가자료)

등의 지원과 연계가 필요하다. 안심마을 사업에서는 주민공동체의 활동을 경찰, 지자체 등 유관기관에서 연계하여 대응하거나 대처하는 사례는 찾아보기 어려웠으나, 지속적이고 효과적인 동시에, 순찰·감시활동에 참여하는 주민들의 안전을 확보하기 위해서 경찰, 보안업체, 유관기관 등과의 연계를 고려할 필요가 있다.

2) 유지 및 관리

셉테드 사업에서 주민참여 활동은 지역위험분석과 사업내용의 도출, 인프라 개선 사업의 계획 수립은 물론이고 사업 종료 후 유지 및 관리에 이르기까지의 과정을 포함한다. 따라서 셉테드 사업에서 중요한 주민참여 활동 중 하나는 사전기획-위험분석-사업시행-사후관리의 과정에 의견을 개진하고 의사결정에 참여할 수 있는 안전과 관련한 주민네트워크를 구축하는 것이다. 이러한 안전네트워크 구축 활동은 협의회, 워크샵의 실시에서부터 다양한 행사, 교육, 그리고 지역공동체의 안전 활동에 대한 기록관리 및 평가·환류에 이르는 각종 활동을 포함한다.

| 표 5-13 | 안심마을 시범사업 중 안전관련 주민네트워크 활동

	안전관련 주민네트워크
서울 은평구 역촌동	• 장벽 없는 마을만들기 주민 간담회 • 청소년 안심마을 의제발굴 워크숍 • 안전인프라 조성 위한 주민의견 청취 • 주민욕구조사 및 셉티드 전문가 간담회 • 안전 인프라 조성 T/F
수원 송죽동	• 안심마을 조성 주민 설문조사 • 안심마을 조성 주민 설명회 • 행복마을의 "마을 안심 지도"제작 • 송죽"안심마을"기관 추진 협의회 구축 운영 • 전국 안전(안심)마을 조성지 벤치마킹
천안 원성1동	• 천안 NGO센터, 천안동남자율방범연합대와 MOU체결 • 안심마을 주민 공청회
충북 진천읍	• 안심마을 주민안전교육협의 • "생거진천 행복안심네트워크 센터"운영 (SNS운영) • 안심마을/전기안전공사 협약식 및 현판식
강원 고성군	• 안심마을 인프라구축 주민설명회 • 행복안심 네트워크협의회 운영 • 행복지킴이 본부설치 • 안심 가이드북, 디자인지도 제작
	• 안심마을 워크숍 • 안심 지원센터 운영 • 주민안심 동아리방 (안심지킴이 양성) • 주민화합 안전문화 한마당축제 • 협약기관 연계사업 • 주민건강안전협약 소독사업
광주 봉선마을	• "봉선노들 안심마을 지속발전위원회 구성/운영 – 봉선노들 안심마을 연구소 • 마을안전가이드/디자인맵 제작 • 119(안전) 행복나눔 Festival (봉선노들 안심마을 축제) • 노들마을 13–13 안전 프로젝트
	• 봉선노들 안심마을 안전활동가 다짐대회 • 빛고을 안전체험 한마당 • 안전체험박람회 · 토크콘서트
순천 중앙동	• 안전문화운동 추진협의회 구성 • 안전마을 시범사업 합동 워크숍

	안전관련 주민네트워크
경남 거창군	• 북상면 주민자치박람회 안심마을 홍보
	• 안심마을 발대식 및 주민설명회
	• 복합안심센터 운영
	• 안심마을 추진협의회
	• 경로당 순회 마을 좌담회(사업설명회)
	• 화재피해 가구 물품지원
부산 연제구	• 소외계층 안전네트워크 구축

출처: 오윤경(2014); 정지범 외(2014), 안심마을 시범사업 평가자료(2014)를 표로 재구성.

특히 2세대 셉테드 논의에서 강조하고 있는 주민참여의 중요성과 연계하여, 범죄예방 시설의 설치 이후 지속적인 효과를 낼 수 있도록 유지 및 관리 단계에 관심을 두고 사업을 추진하는 것이 중요하다. 즉, 시설 사업이 시행되는 장소 및 방법의 선정에서부터 지역주민의 인식과 행태를 고려할 수 있도록 주민참여에 의해 계획이 수립되어야 하며 시설 및 환경의 유지 및 관리 방법까지 통합적인 셉테드 사업 계획에 포함되어야 한다.

예를 들어 보면, 쓰레기 투기의 문제가 존재하는 지역사회에서 해결책의 하나로, 한평공원, 한평정원 등 자투리 텃밭, 화단을 조성하는 전략을 취하고 있다. 쓰레기가 무단으로 버려지는 장소에 화단 조성을 통해 환경을 개선하고 이미지를 관리하는 전략을 적용하는 것이다. 그러나 화단 또는 텃밭을 유지 및 관리할 주민공동체의 참여와 관리전략이 부재한 경우, 이 화단 또는 텃밭은 다시 쓰레기 무단투기의 장소로 전락할 수밖에 없다.

천안시 원성1동 안심마을에서는 우범 장소로 사용되고 있어 주민들이 불안해하고 있는 빈집을 철거하여 텃밭을 조성하였다. 빈집은 많은 지역에서 청소년 비행 및 범죄의 장소로 사용되기 때문에 주거지역 셉테드 사업에서 많은 관심을 갖고 있는 인프라 사업 중 하나이다. 천안시 원성1동 안심마을에서는 주민동의서를 얻어 빈집을 철거하고, 이 자리에 '게릴라가드닝'이라는 텃밭조성 주민활동을 추진하였다. 텃밭 조성 사업 종료 이후, 원성1동 주민자치회는 지속적으로 텃밭을 유지 및 관리하였고, 이 텃밭에서 수확한 채소로 주민자치회가 함께 김치담그기 활동을 통해 독거노인을 지원하는 복지 활동을 추진하였다. 인프라 사업 이후 주민활동이 적절하게 결합하여 유지 및 관리되고 있는 사례라 할 수 있다.

빈집철거 전   빈집철거 후

┃ 그림 5-41 ┃ 빈집 철거 전후 (천안시 원성1동 안심마을) (출처: 오윤경,(2014) 천안시 원성1동 안심
마을 시범사업 평가 자료)

2014. 7. 6.(일)   2014. 8. 18.(월)

┃ 그림 5-42 ┃ 게릴라 가드닝(천안시 원성1동 안심마을)
(출처: 오윤경(2014), 천안시 원성1동 안심마을 시범사업 평가 자료)

또한 안전교육, 안전캠페인 및 행사 등의 활동에 참여함으로써, 주민들이 유지
및 관리의 주체로서 역할에 대해 학습할 수 있다. 많은 경우 캠페인 및 교육 활
동이 1회성 행사의 성격으로 추진되는 사례가 많은데, 실제 유지 및 관리 활동에
도움이 될 수 있도록 하기 위해서는 종합적인 기획을 통해 안전 의식 변화 및 실
제 위험상황에 활용할 수 있도록 추진하는 것이 바람직하다.

천안시 원성1동 안심마을에서는 '찾아가는 심장 사랑학교'를 통해 심폐소생술
교육을 실시하였는데, 2000명 이상의 주민이 교육을 받는 성과를 거두었다. 천안
시의 '심장사랑학교' 교육 프로그램은 단순히 1회 교육에 그치는 것이 아니라 주
민 내에서 강사를 양성하여 교육을 실시하는 방식으로 프로그램을 확대하고 있
으며, 또한 심폐제세동기(AED)의 설치와 연계하여 인프라 설치 사업의 활용, 유

| 그림 5-43 | 안심마을 사업 예시(천안시 원성1동 심장사랑학교) (출처: 정지범 외, 2015)

지 및 관리에 주민이 참여할 수 있는 지식과 정보를 제공하였다는 점에서 효과적이었다고 할 수 있다.

유지 및 관리 측면에서 소개하고 있는 천안시 원성1동 안심마을의 사례는 셉테드 사업과 주민참여 활동을 엮어내는 과정을 보여주는 사례이다. 서울시 염리동 소금길 조성 사업 등 많은 셉테드 사업에서 전문적인 셉테드 업체를 선정하여 셉테드 전략에 기반한 디자인 계획을 수립하여 사업을 추진한 반면, 천안시 원성1동 안심마을에서는 지역안전 위협요소들을 중심으로 주민–행정이 문제해결 위주의 사업계획을 수립하였다. 이 과정에서 초기 사업 계획이 수립되기까지 주민들의 의견을 조율하고 사업을 선정하는 과정이 다소 지연되었다는 단점이 있었지만, 인프라 사업에 지역주민의 내부적 시각에서 문제해결지향적인 사업을 추진하게 되었다. 이러한 사업 추진 방식은 셉테드 전문적 디자인의 측면에서 기능성, 심미성 등이 다소 미흡할 수 있으나, 해결하기 어려운 인프라 사업(예: 빈집 철거)에 대한 주민 합의를 이끌어냈으며, 주민활동과 연계하여(예: 빈집철거와 텃밭가꾸기, 소공원 정비와 안심순찰의 연계 등) 유지 및 관리가 가능하게 된 사례라 할 수 있다(오윤경, 2014).

3) 사회통합 및 지역문화 형성

마지막으로, 직접적으로 범죄예방, 안전 제고와 연관되지는 않지만 2세대 셉테드적 관점에서 주민들의 통합과 지역문화의 형성을 도모하고자 하는 지역공동체 강화 사업들을 고려할 수 있다. 2014년 안심마을 시범사업의 경우, 주민자치회 시범사업과 연계되어 실시되었기 때문에 지역 축제, 자원봉사 등 다양한 주민참여 활동이 실시되었다. 안심마을 사업에서 추진하였던 주민활동의 특징 중 하나는 안전 관련 활동과 일반 주민공동체 활동을 명확히 구분하기 어렵다는 점이

| 표 5-14 | 안심마을 시범사업 중 주민조직화 및 공동체 강화 프로그램

	기타 주민조직화 및 공동체 강화 프로그램
서울 은평구 역촌동	• 안심마을 온라인 카페 개설 운영 • 안심마을 마을이름 공모 • 안심마을 현판제막식 개최 • 안심마을 성공적 수행을 위한 주민네트워크 강화 워크숍
김포 양촌읍	• 이웃1촌 맺기 사업 • 나눔 Together 사업
수원 송죽동	• 질병 없는 마음이 건강한 "건강한 마을 만들기" • 주민자치회 및 안심마을 주민 추진협의회 관계자 워크숍 추진
천안 원성1동	• 게릴라 가드닝(마을 꽃밭만들기) • 행복마루 원성 • 1동 제1회 고사리 나눔장터 개최
충북 진천읍	• 주민자치위원 역량강화 교육 • "행복한 동 행" –수혜자와 가족봉사단과 결연하여 이혈봉사 • "도돌이표 봉사단"운영 • 휴경지 농작물 재배 • 주민교육프로그램 "1마을1장기프로젝트" • 읍시가지 정화활동
강원 고성군	• 청소년 놀이문화 지원 • 환경취약 정화활동 • 안심마을 우수사례 벤치마킹 • 안심마을 도로 내 물청소
	• 어버이날 카네이션 달아주기 • 거창군 북상면 주민자치 교류 • 주민자치 컨설팅 방문
광주 봉선마을	• 자원봉사 기초교육 • 자원봉사 인증센터 현장방문 • 희망배달마차 나눔장터 개최 • 봉선노들신문 발간
순천 중앙동	• 주민 안전네트워크 활동(안부 먼저 묻는 안무문화운동) • 중간지원조직(생활공동체 지원센터) 운영
경남 거창군	• 복지 통합서비스 지원단 구성
부산 연제구	• 주민소통 페스티벌 • 연산 1동 "안심마을 희망트리 점등식" • 안심마을 태극기 만세거리 선포식 및 만세운동 제헌 행사

출처: 오윤경(2014); 정지범 외(2014), 안심마을 시범사업 평가자료(2014)를 표로 재구성.

다. 예를 들어, 경남 거창군 북상면에서 실시한 주민자치 박람회의 경우, 인구밀도가 낮고 노령인구 비율이 높은 농촌지역에서 효과적으로 안심마을을 홍보하고 안전 관련 정보를 제공하는 효과가 있기는 하였으나, 실질적으로 다양한 주민들을 위한 이벤트로 구성하여 일반 지역공동체 강화 사업과 명확히 구분하여 안전 제고를 위한 활동으로 분류하기 어렵다(오윤경, 2014). 이와 같이 안전과 복지, 환경개선, 교육 등 지역사회 현안들이 맞물려 함께 계획되고 추진되는 것은 주민들의 관심을 유도하고 지속성을 확보하기 위해 타당한 접근이라 볼 수 있다(정지범, 임완수 외, 2014).

2.4 셉테드 사업의 평가와 한계

셉테드 사업의 평가는 실제로 범죄를 얼마나 줄였는지를 통해 이루어질 수 있다. 그러나 범죄 발생률을 직접 측정한다는 것은 쉬운 일이 아니며, 다양한 외부 요인 및 불확실성이 있기 때문에 범죄 발생을 지표로 잡는 것은 바람직하지 않다는 주장도 있다. 대신 셉테드 사업을 얼마나 체계적으로 기획하고, 적절하게 시공했고, 지역 주민들이 얼마나 유지 및 관리를 잘했는지를 가지고 평가하는 것이 더 바람직할 수도 있다. 전자를 결과평가라고 한다면 후자는 과정평가로 볼 수 있다.

1) 결과평가

셉테드 사업의 목적은 범죄를 예방하는 것이기 때문에 그 성과의 측정은 당연히 범죄를 얼마나 줄였는지를 가지고 평가해야 한다. 그러나 이는 쉬운 일이 아니다. 먼저 범죄통계를 얻는 것이 쉽지가 않다. 특히 사업단위가 읍면동 단위 혹은 그 이하의 소규모일 경우 범죄통계 집계가 이루어지지 않는 경우가 많다. 결과평가가 어려운 보다 중요한 이유는 재난이나 범죄는 그 성격상 외부 요인에 따른 불확실성이 너무 높기 때문이다. 아무리 준비를 잘 한다 하더라도 다가오는 태풍을 막을 수는 없으며(단순히 피해를 줄일 수 있을 뿐이다), 다양한 범죄를 원천 봉쇄할 수 없다. 예를 들어, 셉테드를 통해 외부의 침입자를 막을 수 있다 하더라도 가정 내에서, 혹은 이웃에 의해 발생하는 범죄를 막을 수는 없다.

이러한 이유로 셉테드 사업의 효과를 다룬 많은 연구 결과 역시 일관성이 없는 경우가 많다. 셉테드 사업의 대표적 수단인 CCTV 혹은 가로등의 효과 역시 매우 불규칙적이다. 예를 들어 CCTV의 효과를 다룬 국내외의 연구 결과를 종합한 손봉규(2010)의 논문에 따르면 CCTV의 범죄예방 효과는 매우 모호하다. 또한 가로등의 효과에 대한 국내외 연구 결과들(박준휘 외(2014)의 정리 결과 재인용)의 경우에도 그 효과성은 불확실하다. 셉테드 사업뿐만 아니라 많은 유사 사업들도 성과 측정에 어려움을 가지고 있다. 우리나라에서도 인기를 끌고 있는 WHO 협력 안전도시사업의 경우에도 실제 그 성과에 대해서는 구체적, 정량적 증거가 부족한 상황이다. 스핀크스 등(Spinks, 2009)은 안전도시 사업이 진행된지 20여년이 지났지만, 아직도 그 성과에 대한 정보는 매우 부족하다고 지적하고 있다. 이와 같이 사고, 재난, 범죄 등을 줄이기 위한 다양한 사업들에 대한 성과의 측정은 쉬운 일이 아니다. 종합적으로 셉테드 사업 성과의 모호성은 범죄율에 대한 정확한 측정이 어렵다는 통계의 한계, 그리고 범죄 그 자체가 가지고 있는 외부성 및 불확실성에 기인한다고 볼 수 있다.

따라서 최근에는 직접적인 범죄율보다도 주민들이 느끼는 범죄불안감을 설문조사 등을 통해 측정하는 방법 혹은 전반적인 주민 만족도를 측정하는 방법을 활용하기도 한다. 셉테드 사업이 범죄 예방을 목적으로 하고 있지만 이를 통하여 주민들의 생활여건을 개선하고 '삶의 질'을 개선하는 것이 보다 궁극적인 목적일 수 있다는 점을 고려한다면 단순히 범죄율을 측정하기보다는 전반적인 주민 만족도를 측정하는 것이 보다 적합할 수 있다.

2) 과정평가

1세대 셉테드 사업이 강조하는 물리적 환경 개선은 눈에 쉽게 드러나기 때문에 가장 선호되는 사업방식이다. 예를 들어 서울시의 염리동 소금길 사업은 창의적 아이디어를 가진 디자이너와 서울시의 정책적 노력이 결합된 성공사례로 인정받아 수많은 외부인들의 견학지가 되기도 했다.

그러나 소금길 사업은 2세대 셉테드 사업의 관점에서는 한계가 있었다. 2세대 셉테드가 강조하는 주민참여를 통한 지역공동체의 통합과 연계성 강화가 이 사업에서는 성공적이지 못했다. 비록 설문조사 등을 통해 주민의견 반영을 위해 노력했지만 사업 기획의 대부분이 디자이너의 창의성과 전문성에 과도하게 의존했다. 따라서 다양한 시설물들이 설치되었으나 이 시설들이 주민 활동과 결합되지 못했고, 시설들의 유지 및 관리에도 한계를 드러냈다.

김양규, 강용길(2014)의 최근 연구 결과에 따르면 소금길에 주민활동 강화를 위해 마련된 운동시설들이 거의 활용되지 않고 있으며, 신고용 전신주 번호판 및 지킴이집의 활용성도 매우 낮고, 다양한 시설물들의 유지·관리도 제대로 이루어지지 못하다고 평가했다. 결국 기획 단계부터 주민활동과 밀접하게 결합되지 못한 단순 시설물은 셉테드 사업의 효과를 반감시키며, 시간이 지날수록 유지 및 관리의 문제점만 노출시키곤 한다.

셉테드 사업은 시설의 시공만큼 기획과정에서 이해당사자들의 참여가 중요하고, 어디에 어떤 시설을 어떻게 기획하는지, 그리고 시공이 완료된 후의 유지·관리도 매우 중요하다. 이와 같이 사업의 전체 과정이 얼마나 잘 이루어졌나를 평가하는 것이 단순히 결과를 평가하는 것보다 바람직할 수 있다. 2014년에 실시되었던 안심마을 시범사업에서 안심마을을 안전한 마을이라기보다는 '안전을 위해 노력하는 마을'로 정의한 것도 바로 이러한 이유이다.

따라서 과정평가는 범죄율 등 단순지표를 통한 평가가 아니라 사업의 진행과정에 대한 평가를 한다. 이러한 과정평가는 통계적 혹은 외부적 불확실성에 따른 평가의 왜곡을 방지할 수 있으며, 사업 주체들이 사업의 기획, 운영, 유지·관리 등을 올바른 절차에 따라 수행할 수 있도록 도와준다. 2014년 안전행정부 안심마을 시범사업 역시 결과평가와 함께 과정평가를 실시했다. 이 사업에서 활용했던 평가의 항목은 〈표 5–15〉와 같았다.

┃ 표 5-15 ┃ 2014 안심마을 시범사업 평가요소

구분	평가요소	평가항목
과정 평가 (50)	주도성 (주민) (20)	1. 주민들의 사업 주도성 • 사업 전반에 있어 주민들의 주도적 역할 정도 • 상시적 협의체 운영 정도
	협력성 (지자체) (20)	2. 지자체의 협력 정도 • 행정·재정 지원 등 지자체의 지원 정도 • 지자체가 중앙정부, 타 지자체, 사회공헌기관 등의 활동에 협력하는 정도
	전문성 (10)	3. 안전 전문성의 정도 • 사업의 전반적 진행 과정에서 안전에 대한 전문성 정도 • 사업의 목적이 지역사회 안전제고에 기여하는 정도 (사업의 합목적성)

구분	평가요소	평가항목
결과 평가 (50)	달성도 (진도율) (10)	4. 최종 계획 대비 달성도 • 인프라 사업이 최종 계획에 따라 진행된 정도 • 주민활동이 최초 계획대로 진행된 정도
	효과성 (합목적성) (30)	5. 사업의 효과성 • 전반적인 안심마을 사업이 마을의 안전에 도움이 되는가?
	지속성 (10)	6. 사업의 지속가능성 • 주민활동은 지속가능하게 유지될 수 있는가? • 기록관리에 노력하였는가?

출처: 정지범 외, 2014.

1. 강석진, 이승재, 이경훈(2008). 공동주택단지에서 환경설계를 통한 범죄예방기법 적용성 연구. 대한건축학회 학술발표대회논문집, 제28권 제1호, pp. 505-508.

2. 김양규, 강용길(2014). 물리적 환경개선 사업시행 이후의 유지관리 실태에 관한 연구 : 염리동 소금길을 중심으. 한국셉테드학회지, 제5권 제2호, pp. 37-68.

3. 김은희 외(2014). 주민주도형 안심마을조성 시범사업 모니터링 및 운영지침 마련연구. 건축도시공간연구소.

4. 박준휘 외(2014). 셉테드 이론과 실무. 법무부.

5. 범죄예방 환경설계(CPTED) — 기반표준(KS A 8800: 2012), http://standard.go.kr, 2015년 7월 12일 접속.

6. 송봉규(2010). 방범용 CCTV 정책의 평가와 한계. 한국셉테드학회지, 제1권, pp. 160-182.

7. 수원시 장안구 송죽동(2014). 송죽동안심마을 범죄예방 환경디자인.

8. 수원시 장안구 송죽동(2015). 송죽동 안심마을 만들기 발표자료.

9. 여성가족부(2011.09.15). 아동안전지도 작성 표준매뉴얼 개발·보급. 여성가족부 보도자료

10. 오윤경(2014). 사회안전환경 조성을 위한 안전도시 인프라 및 제도에 관한 연구. 한국행정연구원.

11. 유광흠a 외(2014). 범죄예방 환경설계 매뉴얼 개발 방안 연구. 건축도시공간연구소.

12. 유광흠b 외(2014). 법질서 실천운동을 위한 사례지역 계획안 작성 및 모니터링. 법무부.

13. 유광흠c 외(2014). 실무자를 위한 범죄예방 환경설계 가이드북. 건축도시공간연구소.

14. 이유미, 백혜선(2008). 범죄로부터의 안전성 평가 지표와 범죄불안감간의 상관성 분석에 관한 연구. 대한건축학회 논문집, 제24권 제10호 통권240호, pp. 121-128.

15. 임윤태·이도선(2011). 판교 시민들의 범죄 두려움에 영향을 미치는 요인에 관한 연구: CPTED의 인식을 중심으로. 한국경찰연구, 제10권 제3호, pp. 175-196.

16. 정지범(2013). 지역안전거버넌스의 구축의 한계와 과제: 정책사례분석을 중심으로. 지방행정연구, 제27권 제1호, pp. 25-44.

17. 정지범(2014). 안전사회 실현을 위한 국가 통계 관리 실태 및 개선방안 연구. 한국행정연구원.

18. 정지범, 오윤경(2015). 안심마을 만들기 가이드라인. 한국행정연구원·국립재난안전연구원·국민안전처.

19. 정지범, 오윤경, 최호진, 원소연(2014). 안심마을 시범사업 분석·평가 및 중장기 확산방안 연구. 한국행정연구원.

20. 정지범, 임완수 외(2014). 공동체 기반 생활안전생태계 활성화 방안 연구. 국립재난안전연구원.

21. 천안시 원성1동(2014). 천안 원성1동 안심마을 안전인프라 조상사업 기본 및 실시설계용역 보고서.

22. 한형수 외(2009). 서울시 재정비촉진지구내 환경설계를 통한 범죄예방(CPTED)의 적용방안 실증분석: 목동아파트 입주민 의식조사를 중심으로. 주거환경, 제7권 제2호, pp. 175-198.

23. Armitage, R.(1999). An Evaluation of Secured by Design Housing Schemes Throughout the West Yorkshire Area. Huddersfield: University of Huddersfield,

24. Atlas, Randall I.(2013). 21st Century Security and CPTED, Designing for Critical Infrastructure Protection and Crime Prevention. Second Edition. Boca Raton, FL: CRC Press(Talyor & Francis Group)

25. Colquhoun, I.(2004). Design out crime: creating safe and sustainable communities. Amsterdam: Architectural Press.

26. Crowe, D. Timothy.(2000). Crime Prevention Through Environmental Design, National Crime Prevention Institute, Woburn, MA: Butterworth Heinemann

27. Gibson, C. L., Zhao, J., Lovrich, N. P., & Gaffney, M. J.(2002). Social integration, individual perceptions of collective efficacy, and fear of crime in three cities. Justice Quarterly, 19(3), pp. 537–564.

28. Krug, E., Dahlberg, L. L., Mercy, J. A., Zwi, A.B. and Lozano, R.(eds) (2002). World Report on Violence and Health, Geneva: World Health Organization .

29. Markowitz, F. E., Bellair, P. E., Liska, A. E., & Liu, J.(2001). Extending Social Disorganization Theory: Modeling The Relationships Between Cohesion, Disorder, And Fear. Criminology, 39(2), pp. 293–319.

30. Newman, O.(1996). Creating Defensible Space. Washington, D.C.: US Department of Housing and urban Development, Office of policy Development and Research.

31. Rigakos, G.S. The San Romanoway Commuinty Revitalization Project: Final Report. In Saville, G. & Cleveland, G.(2013). Second-Generation CPTED: Rise and Fall of Opportunity Theory in Atlas, R.(eds) 21st Century Security and CPTED; Designing for Critical Infrastructure Protection and Crime Prevention. 2nd edition. Boca Raton, FL: CRC Press(Talyor & Francis Group).

32. Saville, G. & Cleveland, G.(2013) Second-Generation CPTED Rise and Fall of Opportunity Theory, in Atlas, R.(eds). 21st Century Security and CPTED; Designing for Critical Infrastructure Protection and Crime Prevention. 2nd edition. Boca Raton, FL: CRC Press(Talyor & Francis Group)

33. Skogan, W. G.(1990). Disorder and decline: crime and the spiral of decay in American neighborhoods. New York: Free Press.

34. Spelman, W.(1993). Abandoned buildings: Magnets for crime. Journal of Criminal Justice, 21(5), pp. 481–495.

35. Spinks A, Turner C, Nixon J, McClure RJ.(2009). The 'WHO Safe Communities'model for the prevention of injury in whole populations. Cochrane Database of Systematic Reviews, Issue 3.

36. Whitzman, C.(2008). The handbook of community safety, gender and violence prevention: practical planning tools. Earthscan.

지방자치단체
셉테드 사업 실제

안은희 · 성기호

지방자치단체 셉테드 사업 실제

지방자치단체의 셉테드 운영 방안

1.1 셉테드를 위한 행정조직

1) 셉테드 행정조직의 필요성

셉테드를 통한 범죄예방과 지역 활성화를 위한 각종 사업이 정부부처와 지방자치단체를 중심으로 확산되고 있으며, 이를 뒷받침하기 위한 법제도 개선 및 정책 개발이 계속되고 있음에도 여전히 셉테드에 대한 인식이 낮고 활성화되었다고 보기 어려운 원인은 셉테드를 위한 체계 구축이 미흡하기 때문이다.

셉테드는 법제도에 따른 적용과 시범사업을 통한 적용으로 구분할 수 있다. 먼저 법제도에 따른 적용의 경우 2014년 건축법 개정(53조의 2)과 2015년 4월 건축물 등의 범죄예방 기준 고시를 통해서 일반 건축물에 대한 셉테드 적용이 의무화되었기 때문에 향후 해당 건축물에 대한 셉테드 적용여부를 심의 또는 평가할 위원회가 필요하며, 이를 지원하기 위한 행정조직도 지정해야만 한다. 그러나 아직까지 고시안에 따른 심의대상이 많지 않아서 지방자치단체에서의 별다른 움직임은 확인되지 않고 있다.

한편, 셉테드 시범사업은 정부부처나 지방자치단체에서 별도의 예산을 편성하여 노후주거지역을 중심으로 진행되고 있는데, 사업에 따라서 담당하는 행정조직(부서)이 다르며 시범사업의 특성상 지속되기 어려운 한계가 있어 사업이 단편적으로 진행되고 효율적으로 관리되지 못하는 문제도 나타나고 있다.

결국 셉테드의 정착과 함께 이를 효율적으로 관리하기 위해서는 별도의 행정조직(부서) 구성이나 별도의 조직에서 이를 전담할 부서를 지정하는 것이 필요한데, 다음과 같은 방법을 적용할 수 있을 것이다.

2) 조직 구성과 역할

셉테드의 특성상 전담조직과 함께 다른 조직과의 유기적인 협력체계 구축이 매우 중요하며, 담당조직(공무원)의 셉테드에 대한 이해도 뒷받침되어야 한다.

셉테드 조직은 수직적으로는 광역과 기초자치단체가 연계되는 체계로 구성하며, 수평적으로는 건축, 도시, 전기통신, 주택, 공원녹지, 여성, 복지 등 다양한 부서와 협력할 수 있는 체계로 구성되어야 한다.

셉테드를 위한 행정조직은 조직 개편의 어려움이나 효율적인 운영 등을 종합적으로 고려해서 다음과 같이 구성할 수 있다. 가장 현실적이면서도 효율적인 방법은 기존 조직에서 셉테드를 담당할 부서를 지정하는 것이다. 기존 조직에서 셉테드와 관련이 높고 시범사업을 주도적으로 추진하고 있는 부서는 대부분 건축, 도시, 경관 관련 부서(지방자치단체별로 약간씩 다름)인데, 건축 관련 부서가 셉테드를 담당할 경우 다음과 같은 장점이 있다.

- 셉테드 사업(시범사업 포함)은 건축환경 개선과 밀접한 관련이 있기 때문에, 건축관련 업무에 이해도가 높은 부서에서 셉테드를 이해할 수 있다면 업무의 효율성을 높일 수 있음
- 다양한 건축 관련 사업에 셉테드를 탄력적으로 적용할 수 있음
- 셉테드 심의가 필요한 건축위원회를 효율적으로 운영할 수 있음(위원선정 및 평가방법 결정 등)

물론 지방자치단체의 특성에 따라서는 건축이 아닌 다른 부서에서 셉테드를 담당할 수도 있다. 다만, 이 경우 셉테드 사업이 일반적인 환경개선(또는 경관개선 사업)이 되지 않도록 담당부서에서는 환경개선 사업과 셉테드 사업에 대한 특성을 정확하게 이해해야 하며, 건축도시위원회 등에서 필요한 셉테드 전문가를 지원하기 위한 셉테드 전문가 풀(pool)을 관리할 필요도 있다.

국내에서는 일부 자치단체에서 셉테드 전담부서를 신설하여 운영하고 있다. 서울시 동작구의 경우 도시관리국 산하 도시계획과에서 셉테드를 전담할 '범죄예방디자인팀'을 신설하여 운영하고 있는데, 여기서는 셉테드 시범사업 운영과 함께 각종 건축도시 사업에 필요한 셉테드 자문을 위한 전문가 지원의 역할을 수행하고 있다.

3) 셉테드 조직의 운영

셉테드 담당조직의 기본적인 역할 및 주요 업무범위는 셉테드가 잘 적용될 수 있도록 제도를 개선하거나 정책을 개발하고, 시범사업이 필요한 경우 사업을 기획하고 관리하며, 개별 안건에 대해서 셉테드 적용여부가 심의(평가)될 수 있도록 위원회를 운영하는 것으로 요약할 수 있다. 이러한 내용을 포함한 셉테드 조직의 역할은 다음과 같다.

- 셉테드의 적용과 확산을 위한 관련 법제도(조례 포함) 운영, 사업기획과 관리, 셉테드 기준 보급, 셉테드 관련 위원회 운영과 전문가 집단 관리
- 타 부서(조직)에서 필요한 경우 셉테드 자문 또는 전문가 지원
- 셉테드에 대한 이해와 전문성 강화를 위한 교육 프로그램 기획 및 운영

(1) 셉테드 제도 개선 및 정책 개발

국토교통부나 행정자치부와 같은 중앙정부조직에서는 셉테드 적용 및 활성화를 위한 법령을 제정하고 있으며, 지방자치단체에서는 조례를 제정하고 있다. 현재 우리나라에서는 경기도, 부산시, 광주시, 울산시 등 광역자치단체와 부천시, 부산시 산하 자치구 등 많은 기초자치단체에서 셉테드 조례 및 셉테드 지침을 제정하고 있는 상황이다. 그러나 셉테드 조례나 지침을 실행할 수 있는 구체적인 방법 또는 중장기적 관점의 종합계획 수립이 미흡한 관계로 아직까지 실효성 있

는 제도 및 정책으로서 정착되지는 못한 것으로 평가되고 있다. 따라서 셉테드 담당부서를 중심으로 관련 제도개선과 함께 이를 뒷받침할 수 있는 구체적인 종합계획 수립 등 다양한 정책개발이 필요한 상황이라 할 수 있다.

(2) 셉테드 사업 운영 및 관리

셉테드 사업은 주로 시범사업의 형태로 운영되고 있는데, 일반적으로 자치단체에서 예산을 마련한 뒤 대상지를 선정하고 용역(사업발주)을 통해서 셉테드 계획 수립과 실행하는 체계가 적용되고 있다.

이러한 셉테드 사업을 책임질 담당부서는 셉테드에 대한 이해가 반드시 필요한데, 일반적인 환경개선 사업과는 다르게 셉테드 사업의 경우 현황분석과 함께 주민협의체 구성, 그리고 사업 진행과정에서 발생하는 주민들의 이해관계 조정이나 타 부서와의 협조체계 구축을 위한 셉테드 담당부서의 역할이 매우 중요하기 때문이다.

(3) 셉테드 전문가 지원 및 위원회 운영

셉테드 담당부서의 핵심 역할 중 하나는 관련 전문가로 구성된 위원회 운영 및 개별안건에 대한 셉테드 자문, 그리고 타 부서 관련 사업에 필요한 전문가를 지원하는 것이라 할 수 있다.

여기에서 필요한 셉테드 전문가는 다음과 같은 조건에서 선정될 수 있다.

- 셉테드 전공자 중 해당분야 연구 및 사업, 자문 실적이 있는 자
- 도시계획 및 설계, 건축계획 및 설계, 조경계획 및 설계, 경관디자인 및 공공디자인 전공자 중 셉테드 관련 연구 및 사업, 자문실적이 있는 자
- 경찰행정 및 범죄심리학 전공자 중 셉테드 관련 연구 및 사업, 자문 실적이 있는 자

아직까지 국내에서는 셉테드 전문학과나 전공이 개설 된 사례가 부족하기 때문에 관련 연구나 사업 실적이 있는 사람들 중에서 전문가를 선정하는 것이 필요하며, 가급적 다양한 분야에서 전문가들을 선정하는 것이 바람직하다. 이러한 셉테드 전문가 집단은 지방자치단체에서 필요한 셉테드 정책에 대한 자문, 개별 안건에 대한 심의 및 각종 심의위원회 참여, 셉테드 교육 등 다양한 역할을 수행할 수 있다.

셉테드 심의 및 평가를 위한 위원회의 경우 다음과 같은 두 가지 방안이 선택될 수 있다. 먼저 전문가 집단에서 일부를 건축, 도시위원회 위원으로 위촉하여

셉테드 적용항목에 집중해서 심의하고 평가하는 것이다. 이는 아직까지 셉테드 심의대상이 많지 않은 현실을 고려한 가장 효율적인 방법이라 할 수 있는데, 셉테드 담당부서에서는 심의를 위한 기준 및 방법을 개발하고 전문가 집단을 관리해야만 한다.

두 번째는 별도의 셉테드 전문 위원회를 구성하는 것인데, 건축, 도시위원회와 동일한 위상을 가지면서 개별 위원회의 심의대상 중 셉테드 분야에만 집중해서 심의 및 평가하는 것이다. 이는 셉테드가 정착되고 심의대상(또는 범위)이 확대될 경우 적용할 수 있는 방법으로 중장기적 관점에서 적용할 수 있을 것이다.

(4) 셉테드 교육 운영 및 관리

우리나라 셉테드 특징 중 하나는 공무원을 대상으로 하는 셉테드 교육 프로그램의 운영이다. 현재 공무원의 셉테드 교육 이수율은 지방자치단체 평가지표에 포함되어 있는데, 전문기관에 의한 위탁 교육이나 자치단체에서 자체적으로 개설한 프로그램을 통해서 교육에 참여하고 있다. 셉테드 담당부서가 있다면 셉테드 교육을 위한 장소 및 강사진 섭외, 대상자 모집과 교육시간 조정 등을 효율적으로 운영하고 관리할 수 있다.

1.2 셉테드를 위한 종합계획 수립

셉테드를 위한 법제도 신설 및 개선이 지속되고 있지만, 아직까지 현장에서 셉테드 적용사례를 확인하기 어려운 원인 중 하나는 법제도 및 정책을 구체적으로 실행하고 뒷받침할 수 있는 계획이 마련되지 못했기 때문이다.

따라서 셉테드 활성화를 위해서 지방자치단체별로 특성에 따라 종합계획과 단계별 실천계획을 수립하는 것이 매우 필요한데, 이러한 계획은 다음과 같은 틀과 내용에 의해서 마련될 수 있다.

1) 셉테드 종합계획

셉테드 종합계획은 기본적으로 셉테드 조례를 제정하고 이를 근거로 수립하는 것이 가장 효율적이라 할 수 있다. 종합계획의 성격은 지역의 범죄문제를 최소화시킬 수 있는 방법과 함께 지역을 재생시킬 수 있는 방법을 동시에 포함하는 것이며, 각종 셉테드 사업 및 범죄예방 전략들을 종합적으로 조정하고 관리하는 특성을 가진다.

이를 위해서 지역단위 방범분야의 최상위 계획으로서 위상을 갖추어야 하며, 도시기본계획, 도시관리계획, 건축기본계획, 경관계획, 기타 각종 개발사업 계획 시 필요한 범죄예방 대책수립에 기여하거나 반영될 수 있는 내용으로 구성되며 일정한 주기로 개정 및 보완되어야 한다. '범죄 및 불안감 저감, 지역특성을 고려한 방범환경 조성, 셉테드 정착과 확산'을 기본 목표로 수립되는 셉테드 종합계획의 주요내용을 요약하면 다음과 같다.

- 셉테드 사업의 단계별(도입, 확산, 정착) 추진과 확산방안
- 셉테드 사업을 위한 관계기관, 개발사업자 등의 참여와 협력방안
- 셉테드 사업을 위한 주민참여와 협력유도 방안
- 셉테드 활성화를 위한 지원방안
- 기타 범죄로부터 안전한 환경조성에 필요한 사항

우리나라에서는 국내 최초로 2014년도에 경기도에서 '범죄예방 환경디자인 조례'에 의거해 관련 조례를 지원하는 실천계획의 성격을 가지면서 중장기적 측면에서 경기도 산하 시군지역에 셉테드가 안정적으로 정착될 수 있도록 체계화된 지원방안과 셉테드 선도 모델개발 방안이 포함된 '범죄예방 환경디자인 종합계획'을 수립하였으며, 위에 제시된 내용들을 포함하여 5년 주기로 개정하게 되어 있다.

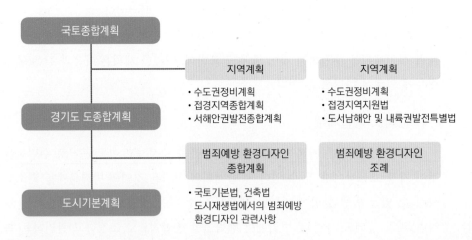

| 그림 6-1 | 경기도 셉테드 종합계획의 제도적 위치 (출처: 경기도 종합계획 2011~2020, 이경훈 재정리)

1.3 셉테드 사업의 기획과 운영, 관리

1) 셉테드 사업의 개요 및 프로세스

지역의 범죄문제 해결과 공동체 활성화를 목표로 진행되는 셉테드 사업의 효과가 지속되기 위해서는 주민들의 관심과 참여가 필수적이며 행정기관의 꾸준한 지원도 뒷받침 되어야만 한다.

현재 국내의 셉테드 사업은 대부분 시범사업의 형태로서 진행되고 있으며, 적은 예산과 짧은 사업기간, 그리고 관련 사업에 대한 사례(도는 표준 모델)가 많지 않은 관계로 사업이 체계화되지 못한 문제가 있다.

이러한 셉테드 사업이 행정기관의 예산편성과 대상지 선정을 통해서 진행되고 있음을 고려한다면, 다음과 같은 틀에 따라 지역상황을 고려하여 유연하게 사업을 적용할 필요가 있다.

- 사업 대상지 및 사업 책임자 선정 : 셉테드 전문가 집단의 자문을 거쳐 예비 대상지를 선정하고 현장조사 결과 및 해당 기초자치단체의 참여 의지를 종합적으로 평가하여 최종 대상지 및 사업 책임자 선정
- 셉테드 계획수립 : 계획수립에 앞서 "사전조사(범죄현황, 주민 만족도 등)"를 시행하고 지역 특성과 주민들의 의견이 충분히 반영된 다양한 셉테드 계획을 수립
- 현장시공 : 현장상황에 따라서 가변적임

기 획	설 계	실 행	평 가
사업목표 설정 지역범죄 분석 우선순위 선정 협력체제 구축	세부목표 설정 기능별 임무분담 예산협의 기술전문성 검토 평가방안 검토	기능별 전략수립 사업의 실행 중간점검 기관간 협의	평가위원회 구성 효과성 평가 효율성 검토 적절성 검토

Feedback(차기사업 반영)

| 그림 6-2 | 셉테드 사업의 실행과 운영과정 요약 (출처: 강용길, 2009)

• 사후조사 : 사업 후 최소 3개월이 지난 시점에서 범죄현황, 범죄예방 효과성 및 주민 만족도 조사를 진행

2) 셉테드 사업자 선정과 관리

일반적으로 셉테드 사업 책임자는 관련 사업 실적이 있는 업체 및 전문기관(학회 등)에서 선정하고 있는데, 사업을 계획수립과 현장시공으로 통합하거나 또는 분리해서 발주할 경우 다음과 같은 장단점이 있기 때문에 지역 상황을 고려해서 사업자를 선정하고 관리할 필요가 있다.

(1) 계획수립과 현장시공 통합 발주(책임자 일원화)

이 경우 사업 공모단계에서 현장시공이 가능한 업체만이 참여할 수 있기 때문에 참여업체가 제한될 수 있으며, 현장시공 가능성(또는 사업예산)만을 고려하여 지역에 필요한 독창적인 셉테드 아이디어 개발이 제한될 수 있으며 경직된 계획안이 제시될 우려가 있다.

그러나 한 업체가 계획수립과 현장시공을 책임짐에 따라서 현장시공의 난이도 및 적용 가능성, 사업예산을 종합적으로 고려하여 효율적인 계획을 수립할 수 있으며 시공단계에서 발생하는 돌발 상황(계획안 변경 등)에도 유연하게 대응할 수 있는 장점이 있다.

이러한 방법의 문제를 해결하기 위해서는 셉테드 전문가 집단 중에서 사업의 MP(master planner)를 지정하여 셉테드 계획안을 평가할 수 있도록 하고, 현장시공 업체를 미리 선정하여 계획안 정리단계에서 셉테드 아이템별 예산 및 적용 가능성 등을 계획 책임자와 함께 논의할 수 있도록 유도하는 것이 필요하다.

(2) 계획수립과 현장시공 분리 발주(책임자 이원화)

계획수립 책임자와 현장시공 책임자를 분리해서 두 개의 용역으로 사업을 발주할 경우 다양한 건축 및 디자인 전문업체의 참여를 통해서 자유롭고 다양한 셉테드 아이디어 및 계획안 도출이 가능한 특징이 있다.

그러나 현장시공의 난이도 및 적용 가능성, 사업예산에 대한 종합적인 고려가 미흡할 경우 실효성 낮은 아이디어 개발이나 현장시공에서 발생하는 돌발 상황에 유연하게 대응할 수 없는 한계도 존재한다.

이러한 문제를 해결하기 위해서는 계획수립 책임자와 현장시공 책임자가 컨소시엄으로 사업에 참여할 수 있도록 유도하고, 셉테드 전문가를 MP로 지정하여

계획과 시공이 관리하는 것이 필요하다.

3) 셉테드 사업의 실행과 관리 및 평가

셉테드 사업은 기본적으로 지역을 기반으로 하여 주민이 참여하는 사업으로 진행되는 것이 바람직하다. 이를 위해서는 주민협의체 구성과 이를 지원하기 위한 행정조직의 역할이 중요하다. 사업지역 주민들이 셉테드 계획수립과 현장시공의 전 과정에 걸쳐 함께 참여할 수 있을 때 사업이 종료된 이후에도 개선된 환경을 지속적으로 안전하게 유지하고 관리할 수 있게 된다.

사업이 종료된 이후 사업에 대한 효과성과 주민 만족도 등을 종합적으로 평가하여 앞선 사업에서 나타난 문제들이 후속 사업에서 반복되지 않도록 관리하는 것이 필요하다.

사업의 효과성은 '범죄율 및 불안감 변화'와 '주민 만족도(지역 애착심)'분야로 구분해서 평가될 수 있다.

범죄율(범죄발생률, 범죄피해경험률) 및 불안감 변화를 평가하기 위해서는 단기적으로 사업 전 3개월~1년 동안의 통계자료와 사업 후 3개월~1년 동안의 통계자료를 비교하고, 중장기적으로는 비교 기간을 넓혀서 분석해야 한다. 이를 위해서는 경찰의 공식통계자료(관할 지구대 범죄신고 건수 등) 분석과 함께 사업 전 주민들을 대상으로 범죄피해경험률 및 불안감을 조사하고 사업(현장시공) 종료 후 최소 3개월이 지난 시점에서 동일한 내용을 조사하여 변화 추이를 분석해야만 한다.

주민 만족도(또는 지역에 대한 애착심)는 사업 전에 설문조사 및 인터뷰를 통해서 진행하고, 사업(현장시공) 종료 후 최소 3개월이 지난 시점에서 동일한 내용을 조사하여 변화추이를 분석해야 한다.

이러한 사업의 평가를 위한 방법은 별도의 예산으로 진행되거나 사업 책임자의 책임으로 진행될 수 있는데, 별도의 예산으로 진행될 경우 중장기적 측면에서 매년 추진되는 사업에 대한 전반적인 평가가 가능하고 향후 범죄예방 관련 정책 개발에도 도움이 될 수 있다.

반면, 시범사업 책임자의 용역 범위에 포함시켜 진행할 경우 예산이 들지 않고 주민들의 협조를 구하기에도 용이한 장점이 있지만 개별적인 사업에 대한 평가만 가능한 한계가 있다.

1.4 범죄예방 환경설계 활성화를 위한 인센티브 제도

범죄예방 환경설계를 활성화시키기 위해서는 물론 적용 의무화 등의 제도화 장치도 필요하지만, 범죄예방 환경설계 인증제도와 인센티브 제도를 통하여 설계자, 건축주 등의 관심과 자발적인 참여를 유도할 필요가 있다.

1) 범죄예방 환경설계 인증제도

범죄예방 환경설계 인증이란 "개별 건축물이나 일정 규모 이상의 도시환경에 범죄예방 환경설계 개념과 원리가 반영되었는지의 여부를 평가"하는 것으로 해외에서는 영국, 네덜란드, 독일, 일본 등에서 인증제도가 실행되고 있으며, 국내에서는 (사)한국셉테드학회의 범죄예방 디자인 인증제도가 유일하다. 한국셉테드학회는 2010년 창립된 이후 공동주택단지의 범죄예방 환경설계 인증제도를 시작으로 학교, 공공가로, 공원 등으로 인증범위의 대상을 확대시켜 나가고 있으며, 자치단체와 공공기관에서 그 수요가 증가하고 있다.

(1) 범죄예방 환경설계 인증방안

지방자치단체의 특성에 적합한 구체적인 인증방안에 대해서는 별도의 연구에 의해 결정될 필요가 있으며, 인증에 대한 실효성 분석을 통해서 구체적인 실행체계와 일정을 재정립할 필요가 있다.

(2) 조직 구성 및 운영방안

인증 평가기준 및 인증방법과 관련된 구체적인 사항들의 개발과 개선 등을 고려할 경우 인증기관은 지방자치단체 산하 연구기관이나 공신력이 확보된 학회 및 협회 등에서 담당하는 것이 효율적이다. 인증기관은 인증 심사단과 인증심의 (자문)위원회 운영 및 관리를 담당하며, 주무기관은 인증기관의 상위개념으로 지방자치단체 내 담당부서를 지정하여 인증운영위원회 관리 및 제반 업무를 담당하는 체계를 구축한다.

2) 인센티브 제도

범죄예방 환경설계 인증제도는 자발적인 신청에 의한 제도로서 인간의 참여를 유도하기 위해서는 인센티브 제도를 운영하는 것이 바람직하다. 더욱이 범죄예방 환경설계를 위해 요구되는 초기 투자 비용부담을 완화하기 위해서는 인센티브 제도는 반드시 필요하다고 할 수 있다. 범죄예방 환경설계의 활성화를 위해 적용할 수 있는 인센티브 기법은 집행방법에 따라 크게 보너스 부여를 통한 구조적 기법과 재정지원 기법으로 분류될 수 있다. 범죄예방 환경설계의 활성화를 위해 적용 가능한 인센티브 방안에는 다음과 같은 방법이 있다.

┃ 표 6-1 ┃ 인센티브 적용기법

구 분	세부 내용
보너스 부여를 통한 구조적 기법	• 용적률 및 건폐율 증가 지원(Density Bonuses) • 신속허가(Expedited and Fast Track Permitting) • 공공공지 판매의 조건(Conditioning of the sale of publicly—owned land) • 판매촉진 마케팅(Marketing for Sale) • 자격표시제도(Logo Certification) • 무료 기술 보조(Free Technical Assistance)
재정지원 기법	• 계획과 디자인 관련 보조금(Planning and Design Grants) • 저리의 재정적 지원(Low—Interest Financing) • 맞춤식 장려금(Matching Grants) • 상 · 상금수여(Awards) • 허가비용 절감 또는 허가비 환불(Reduced Permit Fees or "Feebates")

출처: 유광흠 외, 2009.

(1) 저리 융자 제공

범죄예방 환경설계 예비인증을 받은 사업을 대상으로 자금지원을 하는 방안이 가능하다. 지원방안에는 인증등급[1]에 따라 융자를 지원하고 대출에 대한 이자율을 저렴하게 책정하는 것이다.

> • 최근 3년 이내에 범죄예방 환경설계 인증등급 중 최우수 또는 우수 예비 인증을 받은 후 실시하는 공동주택 건설 사업에 대해
>   – 건물전용단위면적(㎡)당 최우수등급은 OO만원 이내로 융자지원
>   – 건물전용단위면적(㎡)당 우수등급은 OO만원 이내로 융자지원

(2) 건축기준 완화

범죄예방 환경설계 예비인증을 받은 사업 중 최우수, 우수 등급을 받은 사업의

---

1 (사)한국셉테드학회에서는 인증등급을 최우수, 우수 또는 Pass, Fail로 구분하고 있다.

건축주 혹은 사업주체는 기준에 따라 건축기준 완화를 신청할 수 있도록 한다. 적용 가능한 건축완화 기준은 당해 용도구역 및 용도지역에 지방자치단체 조례에서 정한 다음의 기준에 대해 나누어 적용할 수 있다.

- 최대 용적률의 제한기준
- 조경면적 기준
- 건축물 최대 높이의 제한기준

(3) 취 · 등록세 감면

범죄예방 환경설계 예비인증을 받은 사업 중 최우수, 우수 등급을 받은 사업에 대해서는 취득세와 등록세를 경감하여 적용할 수 있다.

제2절 지방자치단체 건축 심의 및 검토 시 착안점 (국토교통부 범죄예방 건축기준을 중심으로)

본 절에서는 최근 국토교통부에서 고시한 범죄예방 건축기준[2] 제3장 건축물의 용도별 범죄예방 기준을 중심으로 건축심의나 지방자치단체에서 검토 시 범죄예방 환경설계가 적절히 적용되었는지 검토하고 확인할 사항을 살펴보고자 한다.

각 용도별로 범죄예방 환경설계를 적용한 건축물의 설계도서 검토 방법과 셉테드의 전략이 어느 설계도면(건축, 토목, 조경, 기계설비, 전기설비, 소방 등)에 표현하고 있는지를 제시하여 보다 효과적으로 검토하고 적용여부를 파악할 수 있도록 본 절에서 제시하고자 하였다.

국토부의 범죄예방 건축기준에서 제시한 용어의 정의 및 범죄예방 공통기준은 제3장 셉테드의 기본원리와 전략을 참고하고 본 절에서는 용도별 범죄예방 기준의 각 항목의 적용여부를 검토하는 방법을 작성하였으며 각 공간별 끝부분에는 국토부의 범죄예방 건축기준에서 제시하고 있지 않지만 추가로 범죄예방 환경설계시 검토하여야 할 부분을 정리하여 제시하였다.

---

2 국토교통부(2015. 4. 1.). 범죄예방 건축기준.

설계도서의 도면명 표기방법에 있어서는 건축사사무소마다 약간의 차이가 있지만 가능한 주택의 설계도서 작성기준[3]을 중심으로 표기하였고 이를 셉테드의 5대전략으로 구분하여 정리하였으며, 셉테드의 5대 전략 중 자연적 감시(Natural Surveillance) 기능을 보완하거나 대체하는 설비관련 시설물(조명, CCTV, 비상벨 등)인 기계적 감시 부분도 자연적 감시 강화부분에 포함하여 정리하였다. 또한 본 절에서 예시한 방법 및 그림 외에도 설계자의 창의적인 적용방법이 제시될 수 있으므로 이에 유의하여 검토하고 확인하여야 한다.

2.1 적용 대상

1) 용도별 적용 대상 건축물

국토부의 범죄예방 건축기준을 적용하는 건축물의 용도는 〈표 6-2〉와 같다.

표 6-2 적용 대상 건축물

구분	내용
기준	1. 「건축법 시행령」(이하 "영"이라 한다) 별표 1 제2호의 공동주택(세대수가 500세대 이상인 주택단지에 한한다)
	2. 영 별표 1 제3호가목의 제1종근린생활시설(일용품 판매점)
	3. 영 별표 1 제4호거목의 제2종근린생활시설(다중생활시설)
	4. 영 별표 1 제5호의 문화 및 집회시설(동·식물원을 제외한다)
	5. 영 별표 1 제10호의 교육연구시설(연구소 및 도서관을 제외한다)
	6. 영 별표 1 제11호의 노유자시설
	7. 영 별표 1 제12호의 수련시설
	8. 영 별표 1 제14호나목2)의 업무시설(오피스텔)
	9. 영 별표 1 제15호다목의 숙박시설(다중생활시설)

2) 용도별 권장 대상 건축물

국토부의 범죄예방 건축기준의 적용의 권장하는 건축물의 용도는 〈표 6-3〉과 같다.

---

[3] 국토교통부(2015. 5. 26.). 주택의 설계도서 작성기준.

│ 표 6-3 │ 권장 대상 건축물

구 분	내 용
기 준	1. 영 별표 1 제1호의 단독주택 2. 영 별표 1 제2호의 공동주택[다세대주택, 연립주택 및 아파트(세대수가 500세대 미만인 주택단지를 말한다)]

2.2 공동주택단지(아파트)

1) 단지출입구

단지의 출입구는 공적 공간에서 아파트 단지로 출입하는 부분으로서 공간의 경계를 명확하게 인식할 수 있도록 영역성 강화(Territorial Reinforcement)와 함께 외부인의 단지 출입에 대한 물리적 접근통제(Access Control)와 자연적 감시가 이루어지는 곳으로 범죄예방 건축기준은 〈표 6-4〉와 같다.

│ 표 6-4 │ 단지출입구 기준

구 분	내 용
기 준	1. 출입구는 영역의 위계(位階)가 명확하도록 계획하여야 한다. 2. 출입구는 자연적 감시가 쉬운 곳에 설치하며, 출입구 수는 감시가 가능한 범위에서 적정하게 계획하여야 한다. 3. 조명은 출입구와 출입구 주변에 연속적으로 설치하여야 한다.

단지의 출입구의 위치나 갯수는 대부분 단지의 크기나 주변지역의 시설물 또는 용도지역과의 관계에 의해 결정되어진다. 이렇게 정해진 출입구의 위치와 갯수는 단지의 안전 즉, 범죄예방 환경설계 관점에서 많은 시사점을 주며, 이는 단지계획에 있어서 반드시 고려해야 할 사항중 하나이다. 단지를 이용하는 주민의 편리성에 너무 치우쳐 외부로부터 단지로 출입하는 출입구를 여러 곳에 설치하다보면 잠재적 범죄자와 같은 불특정 다수가 쉽게 단지로 접근하는 단점이 있다. 이를 보완하기 위해 자연적 감시기능을 가진 경비실 설치나 기계적 감시의 CCTV를 설치하는데, 이는 단지계획상 분명한 한계가 있다.

따라서 아파트 단지출입구의 위치가 적정하게 계획되었는지 확인할 때는 차량이 출입하는 출입구뿐만 아니라 대중교통 이용지점, 주변의 용도지역, 상가 이용

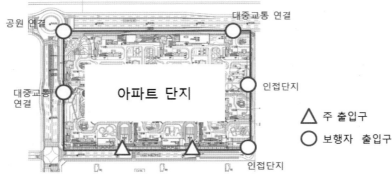

| 그림 6-3 | 출입구의 위치선정과 갯수 결정 (출처: (주)한라 제공)

통로와 공원, 학교 통학로 등 주변의 환경특성을 감안하여 출입구의 위치 및 개수가 적절하게 계획되었는지 확인하여야 하며, 이에 따른 범죄예방 환경설계의 전략이 적용되었는지 검토하여야 한다.

단지출입구의 범죄예방 환경설계의 적용 여부 검토는 각 설계도서에서 제시한 평면의 형태뿐만 아니라 3차원적 사고로 접근하여 식재 또는 시설물 등 주변의 상황을 함께 검토하는 것이 중요하다.

〈표 6-5〉는 단지출입구에서 범죄예방 환경설계 적용여부 검토사항을 단지의 출입구 계획, 자연적 감시, 영역성 강화 및 접근통제로 나누어 검토내용과 이를 확인 할 수 있는 설계 도서를 구분하여 정리하였다.

세부적으로 살펴보면 단지출입구에는 영역성 강화를 위한 방법으로 문주를 설치하는데 문주는 입식 문주보다 [그림 6-4]와 같이 입체적으로 설치하는 것이 유리하며 대형 교목을 출입구의 상징수목으로 식재하는 방법과 또는 교목의 열식, 군식 식재를 통해 영역성을 확보하는데 이는 조경도면의 식재계획평면도를 통해 확인하여야 한다.

| 그림 6-4 | 문주설치 (출처: (주)한라 제공)

단지 내 · 외부를 구분하는 바닥 포장패턴인 경우 공공영역인 인도부분과 단지부분이 포장패턴이나 시각적으로 구분되어 있는지를 확인하여야 하며, 출입구 주변에 단지 안내게시판 설치되어 있는지와 단지 안내판의 경우 주야간 식별이 가능하도록 보안등 및 안내판 전용 조명이 함께 계획되

| 표 6-5 | 단지출입구 검토사항

구 분	검토사항	참고 설계도서
단지출입구 계획	• 단지출입구 위치의 적정성 • 단지출입구 개수의 적정성 • 인접지 토지이용 계획과 출입구의 성격에 따른 대응전략 적용 여부	단지 배치도 토지이용계획도 (지구단위계획) 주차 및 교통체계도
영역성 강화	• 문주 설치 여부 • 단지 내외부 바닥패턴 구분 여부 • 상징수 계획 여부 • 단지 안내표지판 설치 여부(조명과 연계)	단지 배치도 문주 상세도(조감도) 포장 계획(상세) 평면도 시설물 배치도
자연적 감시	• 주출입구 가시성이 확보된 경비실 설치 여부(가급적 3면 시야 확보) • 가시성을 고려한 식재계획(교목은 지하고 확보, 관목인 경우 보행로 및 출입구에서 가시성 확보 및 숨을 수 있는 공간 제거) • 자연적 감시가 가능한 조명설치 및 조도계획	단지 배치도 경비실 평면/입면도 식재계획평면도(조경) 옥외 보안등 계획도 조도 시뮬레이션
접근통제	• 경비실을 통한 보행자 출입통제 여부 • 차량통제시스템(차량번호인식) 설치 여부 • 보행자 출입구 출입문 설치 여부 • CCTV 설치(차량용, 보행자용) 여부	단지 배치도 주차관제 설비 계통도 옥외 CCTV설비 배치도

출처: 성기호 작성.

어 있는지 확인한다.

자연적 감시의 경우 경비실이 출입구를 전반적으로 감시할 수 있는 적절한 위치에 배치되어 있는지 확인하여야 하며, 경비실의 구조는 주 시야방향으로 입면의 3면에 창문이 설치되어 있는지와 주변부와 보행로에 식재되는 교목이나 관목으로 인해 시야가 방해가 되는지 검토한다. 이때 출입구 주변에 식재되는 교목은 지하고를 확보하여야 하는데 일반적으로 2m 이상을 권장하고 있으므로 식재계획평면도에 지하고에 관한 사항이 표기되었는지 검토한다.

야간에도 자연적 감시를 강화하기 위해 일정한 시야확보를 위한 조도계획이 필요하며 출입구 주변에 보안등 또는 가로등을 연속적으로 설치하여 필요한 조도 확보 및 사각지대가 발생하지 않도록 빛이 서로 겹쳐지게 계획했는지 여부와 눈부심 현상이 일어나지 않은 조명계획인지를 옥외 보안등 설비 평면도와 조도 시뮬레이션을 통해 확인한다.

최근에 계획되어지는 아파트 단지는 걸어서 이용하는 단지의 주민 및 방문자

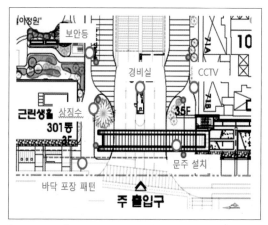

┃ 그림 6-5 ┃ 주출입구 범죄예방 환경설계 적용 사례
(출처: (주)한라 제공)

┃ 그림 6-6 ┃ 보행자 출입구 대문설치 사례
(출처: 서초 래미안 스위트, 성기호 촬영)

의 출입통제보다 차량의 통제에 초점이 맞춰져 있어 외부로부터 오는 특정인(잠재적 범죄자)의 출입에 취약한 구조를 가지고 있다. 범죄예방 환경설계에서 단지 출입구의 접근통제 방법으로 경비실이 가장 효과적이므로 주출입구 및 주요 보행자 출입구(특히 학교, 공원 등에 연결되는)에 경비실이 설치되었는지 확인하여야 하며, 경비실 설치가 곤란한 출입구의 경우 문주 및 CCTV를 통하여 보완하는 방법과 [그림 6-6]과 같이 출입시간을 제한하는 출입문 설치 및 안내판이 계획되어 있는지 확인한다.

차량의 출입통제는 단지를 이용하는 주민과 방문객을 구분하여 차량 번호자동인식과 같은 차량 출입통제 시스템이 계획되어 있는지 주차관제 설비계통도 및 배치도를 통해 확인한다.

CCTV의 설치는 차량뿐만 아니라 외부로부터 진입하는 보행자의 진입공간 부분에 CCTV설치 및 감시각도 확보가 중

단지출입구 추가 고려사항

- 단지의 출입구 부근에 자연적 감시 확보를 위해 경비실 외에 활동성 지원(Activity Support)을 하고 주민들이 상시 이용이 가능한 휴게공간이나 운동시설이 설치하였는지 이러한 공간을 통해 자연적 감시 기능을 확보하는지와 이러한 시설공간이 단지의 보행공간과 유기적으로 연결되어 있는지 확인한다.
- 각 주동의 각 세대에서 단지의 출입구가 조망이 가능한지 확인한다.
- 교목의 지하고 및 출입구 부근에 식재되는 관목의 경우 가시성을 확보하기 위한 식재계획이 경우에 따라 조경설계에 추구하는 계획과 상충되는 경우 최소한 두 방향에서 시야선을 확보하여 숨을 수 있는 공간이 제거되었는지 확인한다.
- 문주는 단지배치도에 평면으로만 표시되는 경우 별도의 상세도, 특화계획도 또는 투시도를 통해 확인할 수 있다.

요하며 일정한 화질(일반적으로 100화소이상을 권장) 확보와 저조도 및 적외선 기능 등 필요한 기능을 갖추고 있는지 확인한다.

2) 담장

담장은 단지의 경계부로서 명확하게 단지의 반공적 공간과 공적 공간을[4] 구분하는 경계선 역할을 하며 단지의 출입을 물리적 환경으로 접근을 통제하므로 단지의 안전에 매우 중요한 부분으로 국토부의 범죄예방 건축기준은 〈표 6-6〉과 같다.

| 표 6-6 | 담장 기준

구 분	내 용
기 준	1. 사각지대 또는 고립지대가 생기지 않도록 계획하여야 한다.
	2. 자연적 감시를 위하여 투시형으로 계획하여야 한다.
	3. 울타리용 조경수를 설치하는 경우에는 수고 1미터에서 1.5미터 이내인 밀생 수종을 일정한 간격으로 식재하여야 한다.

아파트 단지의 담장은 안전을 담보하는 첫 번째 방어적 공간으로서 매우 중요한 역할을 하며 또한 아파트 단지의 미관적 측면에서도 설계에서 중요하게 다루는 부분이다.

아파트 단지에 영역성을 확보하기 위한 방법으로는 경계부에 울타리 설치와 울타리 부분에 일정한 간격으로 교목을 열식 식재하는 방법으로 영역성을 확보하는데 이는 식재계획평면도를 통해 확인할 수 있다.

또한 자연적 감시를 강화하기 위해서는 투시형 담장으로 계획되었는지를 확인하고 이는 단지의 내·외부 관찰이 용이한 구조를 가지고 있는지 조경도면의 시설물 배치도나 울타리 상세도를 통해 확인하며 잘 계획된 투시형 울타리 구조는 단지의 내·외부를 볼 수 있으므로 자연적 감시가 증대된다.

단지의 주변 현황에 따라 공원이나 보행자전용도로와 접한 부분은 [그림 6-7]의 예시와 같이 울타리용 조경수를 계획하기도 하는데 범죄예방 건축기준에서는

---

4 한국셉테드학회의 인증기준에서는 주거단지를 공적 공간, 반 공적 공간, 사적 공간, 반 사적 공간으로 구분하고 있다.

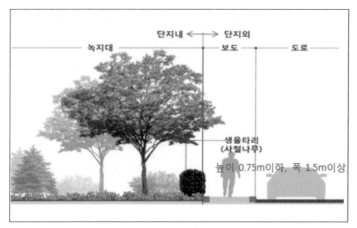

| 그림 6-7 | 생울타리 설치 예시 (출처: (주)한라 제공)

| 그림 6-8 |
동작감지 적외선설비 사례
(출처: 한국셉테드학회 제공)

수고 1.0m에서 1.5m 이내의 밀생수종 색재를 기준으로 하고 있으며, 범죄예방적 관점에서 울타리용 조경수의 효과적인 계획은 울타리용 조경수의 높이보다는 폭이 중요하며 밀생수종으로 계획하여 외부인의 의도적 침입에 어려움을 겪게 하는 방법으로 계획되었는지 확인한다.

또한 단지의 주변 현황에 따라 담장의 설치유무, 형태, 보안시설 계획이 중요하며 사각지대나 고립지대가 생기지 않도록 계획 되었는지 확인하고 특히 외진 곳과 경계를 이루고 있는 부분이거나 상업지역의 유흥시설과 접한 단지의 경계부분은 외부로부터 발생한 예측불가의 범죄에 대처하기 위하여 [그림 6-8]과 같이 동작감지센서 등이 계획되어 있는지 확인한다.

담장의 주위에 연속된 보안등 계획으로 야간에 사각지대가 발생하지 않도록 옥외 보안등 계획도를 통해 필요한 조도가 확보되는지 검토하여야 하며, 단지와 단지의 주위의 레벨차이에 의해 발생하는 토목옹벽 및 울타리는 기어오르거나 뛰어넘을 수 없는 구조로 계획되어 있는지 시설물 배치도나 옹벽계획 평면도를 통해 확인한다.

담장에서 범죄예방 환경설계 검토내용을 정리하면 〈표 6-7〉과 같다.

| 표 6-7 | 담장 검토사항

구 분	검토사항	참고 설계도서
영역성 강화	• 울타리 설치 계획 • 단지 전용공간 안내판 • 교목 열식 식재	식재계획평면도(조경) 시설물 배치도(조경) 특화 계획도
자연적 감시	• 투시형 울타리 계획 • 가시성을 고려한 식재계획(교목은 지하고 확보) • 자연적 감시가 가능한 조명설치 및 조도계획 • 사각지대가 생기지 않도록 계획	단지 배치도 식재계획평면도(조경) 옥외 보안등 계획도 조도 시뮬레이션 시설물 계획 평면도
접근통제	• 기어오르거나 뛰어넘을 수 없는 구조의 울타리 • CCTV , 적외선 센서 등 설치	시설물 계획 평면도 옹벽계획 평면도 옥외 CCTV설비 평면도

출처: 성기호 작성.

담장 추가 고려사항

• 단지의 울타리에 일정한 간격으로 단지전용공간임을 알리는 표식이 계획되어 있는지 확인한다.
• 아파트 단지에 담장이 설치되지 않은 계획인 경우 단지의 영역성 확보, 접근통제 전략, 자연적 감시기능 강화 등 범죄예방 환경설계의 적절한 적용여부를 확인한다.

3) 부대시설 및 복리시설

주택법에서 규정한 부대시설은 주차장, 관리사무소, 담장 및 주택단지 안의 도로 등과 복리시설은 어린이 놀이터, 근린생활시설, 유치원, 주민운동시설 및 경로당 등으로 구분하고[5] 부대복리시설은 활동성 지원을 통한 자연적 감시가 필요하고 국토부의 부대시설 및 복리시설의 범죄예방 건축기준은 〈표 6-8〉과 같다.

| 표 6-8 | 부대시설 및 복리시설 기준

구 분	내 용
기 준	1. 부대시설 및 복리시설은 주민 활동을 고려하여 접근과 감시가 용이한 곳에 설치하여야 한다. 2. 어린이 놀이터는 사람의 통행이 많은 곳이나 주동출입구 주변이나 각 세대에서 조망할 수 있는 곳에 배치하고, 주변에 경비실을 설치하거나 폐쇄회로 텔레비전을 설치하여야 한다.

---

5 국토부(2015). 주택법 제2조 8호 및 9호.

아파트 단지의 부대복리시설은 다양한 연령대와 남녀 구분 없이 이용하는 시설이므로 누구나 이용이 가능하게 계획되어져야 하며, 범죄예방 환경설계 관점에서 검토하면 주거단지의 어디에서나 접근이 쉽고 전체적으로 자연적 감시성이 높은 곳에 배치되어 있는지 단지배치도를 통해 확인한다.

주거단지의 외부공간계획에 있어 [그림 6-9]와 같이 주민들이 이용하는 산책로가 단지의 외곽을 순환하는 형태로 하여 순환 산책로 주변으로 부대복리시설을 설치하는 것이 활동성을 강화하기 위해 좋으므로 단지배치도 및 시설물 배치도를 통해 이를 확인한다.

어린이 놀이터의 위치는 대부분 단지의 중심점에 위치하는데 이는 물리적 중심점이 아닌 단지 주민의 이동 동선과 활동성을 감안한 자연적 감시성이 높은 중심부분으로 계획되었는지 검토하여야 한다.

| 그림 6-9 | 순환형 산책로 계획 (출처: 성기호 작성)

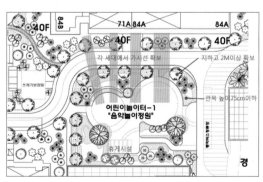

| 그림 6-10 | 어린이 놀이터 가시성 확보 계획
(출처: (주)한라 제공)

특히 어린이 놀이터의 위치가 단지의 외곽이나 외부로부터 쉽게 접근하는 위치에 있으면 다른 위치로 이동하거나 현 위치에 따른 범죄예방 환경설계의 전략의 적용여부를 확인한다.

어린이 놀이터는 각 주동의 세대에서 조망이 가능한 위치에 있는지 확인하여야 하며 시야가 확보되는 식재계획이 되어있는지 식재계획평면도를 통해 확인한다.

특히 어린이 놀이터와 인접하는 단지의 보행로에서 시야선이 확보되는지 [그림 6-10]과 같이 교목의 지하고 및 식재계획을 확인하고 관목의 경우 최소한 두 개의 방향에서 시야가 확보되는지 확인한다.

어린이 놀이터 주변에는 자연적 감시를 위한 주민커뮤니티시설, 경비실, 맘스존, 휴게시설과 같은 부모들이 함께 공유할 수 있는 공간이 계획되어 있는지 검토하여야 한다.

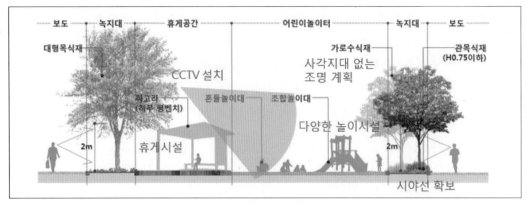

| 그림 6-11 | 어린이 놀이터 범죄예방 환경설계 적용계획 (출처: (주)한라 제공)

CCTV는 주택법에 의거 의무적으로 설치하여야 하지만 사각지대 없이 어린이 놀이터를 전체적으로 감시 각도 안에 포함하고 있는지가 중요하므로 옥외 CCTV 설비 평면도를 통해 확인하며 수목에 의한 간섭이 생기지 않는지 식재계획 평면도를 통해 검토한다.

어린이 놀이터 주변의 보안등 계획은 사각지대 없이 계획되어 있는지와 눈부심을 방지하기 위해서 일정한 균제도를 확보하는 조명계획이 수립되었는지 옥외 보안등 계획도 및 조도 시뮬레이션 계획을 통해 검토한다.

아파트단지의 부대복리시설인 어린이 놀이터의 검토사항과 참고 설계 도서를 정리하면 〈표 6-9〉와 같다

| 표 6-9 | 어린이 놀이터 검토사항

구 분	검토사항	참고 설계도서
영역성 강화	다양한 놀이시설 계획 여부	어린이 놀이터 상세도
자연적 감시	단지의 자연적 감시성이 높은 공간에 위하는지 여부	단지 배치도
	각 주동에서 조망이 가능한 위치에 계획되었는지 여부	식재계획평면도
	놀이터의 주변에 주민커뮤니티시설, 경비실 또는 부모를 위한 시설 배치여부	시설물 배치도(조경)
	가시성을 고려한 식재계획(교목은 지하고 확보)	옥외 보안등 계획도
	자연적 감시가 가능한 조명설치 및 조도계획	조도 시뮬레이션
	CCTV 성능 및 감시 각도 적합 여부	옥외 CCTV설비 평면도
접근 통제	단지의 경계부나 외부로부터 접근이 어려운 곳에 배치하였는지 여부	단지 배치도

출처: 성기호 작성.

4) 경비실

경비실은 단지의 출입에 대한 자연적 감시 전략에 비교적 효과적이며, 단지의 크기나 주출입구와 부출입구의 위치 및 개수 특히, 범죄로부터 비교적 취약한 어린이들이 이용하는 초등학교와 접한 통학로와 불특정 다수가 이용하기 쉬운 공원 및 보행자 전용도로에서 진입되는 출입구에 경비실이 추가 설치되어 있는지 확인하여야 한다.

국토부의 경비실 범죄예방 건축기준은 〈표 6-10〉과 같다.

표 6-10 경비실 기준

구 분	내 용
기 준	1. 경비실은 필요한 각 방향으로 조망이 가능한 구조로 계획하여야 한다.
	2. 경비실 주변의 조경 등은 시야를 차단하지 않도록 계획하여야 한다.
	3. 경비실 또는 관리사무소에 고립지역을 상시 관망할 수 있는 폐쇄회로 텔레비전 시스템을 설치하여야 한다.
	4. 경비실·관리사무소 또는 단지 공용공간에 무인 택배보관함의 설치를 권장한다.

경비실 내부에서 외부로의 각 방향으로 시야선이 확보되는 구조인지와 경비실 주변에 식재되는 교목은 경비실의 조망으로부터 시야선에서 벗어나게 식재하거나 지하고를 확보하여 경비실에서 자연적 감시가 가능한지 검토하여야 하며 각 세대와 통신시설 연결여부와 어린이 놀이터 및 외진 지역을 상시 관망하거나 폐쇄회로 텔레비전 시스템을 통한 모니터링할 수 있는 설비 적용여부를 경비실 평면도, 입면도 및 방범설비 평면도를 통해 확인한다.

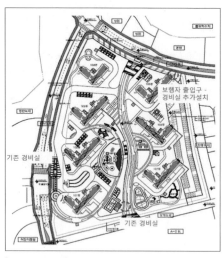

| 그림 6-12 | 보행자 출입구 경비실 추가설치
(출처: (주)기안건축사사무소 제공)

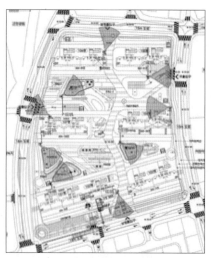

| 그림 6-13 | 단지의 취약한 공간 CCTV
추가설치 계획
(출처: (주)나산종합건축사사무소 제공)

택배 배달에 의한 범죄를 미연에 방지하기 위한 경비실 부근에 무인택배시스템이 계획되어 있는지 확인한다. 또한 경비실은 특색 있는 디자인으로 보다 명확하게 인지될 수 있도록 계획되어 있는지를 확인한다.

경비실의 범죄예방 환경설계 검토기준과 참고 설계도서는 〈표 6-11〉과 같다.

| 표 6-11 | 경비실 검토사항

구 분	검토사항	참고 설계도서
자연적 감시	• 단지의 출입구에 경비실의 위치가 효과적으로 배치되었는지 여부 (각 출입구의 성격과 단지 옥외 공간 특성) • 경비실 내부에서 각 방향으로 시야선이 확보되어 있는지 여부 • 경비실 주변에 시야를 차단하는 수목이나 시설물이 존재하는지 여부 • 경비실에서 통신시설, CCTV 등 방범 모니터링 연계 여부	단지 배치도 경비실 평면도 경비실 입면도 식재계획평면도(조경) 경비실 방범설비 평면도
접근통제	• 무인 택배함 설치 여부	경비실 평면도

출처: 성기호 작성.

5) 주차장

최근의 아파트는 지상주차공간을 줄이고 대부분을 지하주차장으로 계획하고 있는데, 지하공간은 자연적 감시가 취약하여 범죄 발생 수준이 높고 범죄에 대한 불안감을 많이 느끼는 장소이다. 따라서 CCTV나 비상벨과 같은 기계적 설비시설에 비교적 많이 의존하는 공간으로서 이를 효과적인 범죄예방 환경설계를 적용하기 위해서는 건축계획 초기단계에서 디자인적으로 자연적 감시를 강화할 수 있는 디자인이 필요하며 국토부의 주차장의 범죄예방 건축기준은 〈표 6-12〉와 같다.

┃ 표 6-12 ┃ 주차장 기준

구분	내 용
기준	1. 주차구역은 사각지대가 생기지 않도록 하여야 한다. 2. 주차장 내부 감시를 위한 폐쇄회로 텔레비전 및 조명은 「주차장법 시행규칙」에 따른다. 3. 차로와 통로 및 동(棟)출입구의 기둥 또는 벽에는 경비실 또는 관리사무소와 연결된 비상벨을 25미터 이내 마다 설치하고, 비상벨을 설치한 기둥(벽)의 도색을 차별화하여 시각적으로 명확하게 인지될 수 있도록 하여야 한다. 4. 여성전용 주차구획은 출입구 인접지역에 설치를 권장한다.

지상주차장 계획이 있을 때에는 먼저 여성전용(우선, 배려) 주차장으로 계획되어 있는지 확인하고 여성전용 주차구획은 가급적 주동출입구와 인접한 곳이나 각 세대에서 조망이 가능한 곳에 설치하였는지 검토한다. 또한 지상 주차장 부근에 식재되는 교목의 지하고(2m 이상 확보 권장) 확보 여부를 확인한다.

지하주차장과 각 주동이 통합으로 계획되는 경우 사각지대가 발생하기 쉬우며 특히 각 주동 부근에 외진 곳이 발생하는지와 기둥이나 벽체에 의해 시각적으로 사각지대가 발생하는지를 지하주차장 평면도 및 각 주동 지하평면도를 통해 검토한다.

지하주차장에는 자연채광이 유입되는 썬큰(Sunken)이나 천창(Top-Light) 계획 여부를 확인하고 천창이 계획되는 경우 가급적 지하주차장 깊숙한 곳 또는 외진 곳에 우선 배치되도록 검토한다. 또한 지하주차장에 자연적 감시를 늘리는 방법으로 아파트 부대복리시설인 실내체육시설, 작은 도서관, 관리사무소 등을 지하주차장과 연계하여 지하주차장 부분으로 시야가 확보되는 계획을 생각할 수 있으며, 이렇게 계획된 경우 창문 설치의 적정성 여부를 확인한다. 특히 부대복리시설이 지하주차장과 동선이 연결되어 있다면 주민의 이동 동선, 머무는 장소, 휴게시설 등의 위치가 적절한지를 확인하여 주민의 활동성이 강화된 계획인지 검토한다.

| 그림 6-14 | 지하주차장 내외부 가시성 확보 사례
(출처: 한국셉테드학회 제공)

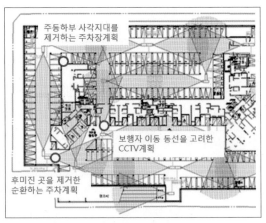

| 그림 6-15 | 지하주차장 가시성 확보계획
(출처: (주)팀엔지니어링건축사사무소 제공)

각 주동의 승강기가 홀로 연결되는 부분은 출입통제시설(인터폰 또는 비디오폰)과 함께 [그림 6-14] 및 [그림 6-15]와 같이 시야가 확보되는 벽체 디자인 즉, 강화유리와 같은 내·외부가 잘 보이는 구조로 되어 있는지 확인한다. 지하주차장 내부에 설치되는 폐쇄회로 텔레비전 및 조명은 관련법에 적합하게 설치되었는지 여부와 범죄로부터 취약한 후미진 곳이나 시야확보가 어려운 곳 특히, 이러한 공간에 보행자 동선이 연결되는 부분은 반드시 추가로 계획된 것을 확인하여야 한다. 또한 지하주차장을 이용하는 주민의 위치를 쉽게 파악할 수 있도록 [그림 6-16]과 같이 지하주차장의 구역별 조닝계획 및 일정한 번호 부여 여부와 지하주차장의 어느 지점에서든지 각 주동의 출입구를 쉽게 알아 볼 수 있는 시인성이 확보된 디자인 및 안내판 계획이 각 주동출입구를 쉽게 인식될 수 있는지 검토한다. 지하주차장 기둥(벽)에 설치되는 비상벨은 보통 25m내외로 설치하는데 비상벨이 설치되는 기둥(벽)은 [그림 6-17]의 예시와 같이 시각적으로 명확히 인지 할 수 있는 색채디자인 계획을 하였는지 확인한다.

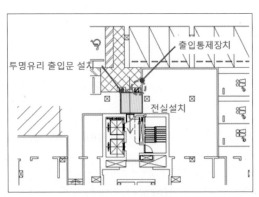

| 그림 6-16 | 지하주차장 전실 투명 재질 적용 사례
(출처: (주)기안건축사사무소 제공)

내외부 가시성을 높인
투명 유리문

시인성을 높인 주동
출입구(보조조명 설치)

주동 출입구 쉽게 인식하게
하는 색채계획

| 그림 6-17 | 지하주차장 주동출입구 적용사례
(출처: (주)기안건축사사무소 제공)

| 그림 6-18 |
비상벨 기둥
(출처: (주)한라 제공)

주차장의 범죄예방 환경설계 검토기준과 참고 설계도서는 〈표 6-13〉과 같다.

| 표 6-13 | 주차장 검토사항

구 분	검토사항	참고 설계도서
영역성 강화	• 주차공간과 주변공간과의 구분 여부(지상 보행공간과의 구분, 지하주차장인 경우 피트공간 및 설비공간과의 구분) • 지하주차장의 각 주동출입구 인식이 쉬운 특화계획 여부	단지 배치도 지하주차장 평면도
자연적 감시	• 주차장이 외진 곳에 배치되어 있는지 여부 • 지하주차장의 경우 각 주동하부에 계획되어지는 주차단위 구획 가시성 확보 여부 • 지하주차장에서 각 주동출입구로 이동하는 통로 및 출입문 가시성 확보 여부 • 자연채광 확보를 위한 썬큰 및 천창 계획 여부 • 자연적 감시가 높은 위치에 여성전용주차장 설치 여부 • 지하주차장에서 주동출입구 쪽으로 이동동선 CCTV 감시각도 확보 여부	단지 배치도 식재계획평면도(조경) 지하주차장 평면도 지하주차장 CCTV설비 평면도 색채 특화계획도
접근 통제	• 비상벨 설치 및 설치기둥(벽) 색채 특화계획 여부 • 차량 출입통제시스템 설치 여부	지하주차장 평면도 지하주차장 비상벨 설비 평면도 색채 특화계획도

출처: 성기호 작성.

주차장 추가 고려사항

1. 자전거 보관소가 필로티 하부에 계획되는 경우 각 주동 벽체에 의한 시야의 방해가 발생하지 않은 위치에 계획되어 있는지 검토하여야 하며 CCTV설치 여부를 확인하여야 한다.
2. 지하주차장이 대공간인 경우 이용자가 쉽게 인식할 수 있도록 각 구역별 조닝여부를 확인한다.

6) 조경

조경은 단지의 경관과 형성에 밀접한 영향을 미치고 있으며 특히 식재계획은 단지 외부공간을 구성하는 핵심적인 요소로서 범죄예방 환경설계에서도 매우 중요하며 지속적인 유지 및 관리(Maintenance & Management)가 필요한 부분이다. 잘 계획된 조경공간은 단지 외부공간을 매력적인 공간으로 만들어 주민들의 이용을 활성화시켜 활동성 지원으로 인한 자연적 감시가 강화된다. 국토부의 조경 범죄예방 건축기준은 〈표 6-14〉와 같다.

| 표 6-14 | 조경 기준

구 분	내 용
기 준	조경은 주거 침입에 이용되지 않도록 건축물의 창문 등 개구부와 나뭇가지가 1.5미터 이상 떨어지도록 식재하여야 한다.

범죄예방 환경설계에서는 관목이나 교목 또는 시설물 등이 보행자의 시야가 방해되지 않도록 계획되었는지가 중요하며 식재계획 평면도를 통해 각 수종별 식재계획과 지하고 확보여부를 확인하여야 한다.

교목은 2m 높이 정도의 지하고를 확보하여 보행자의 시야가 차단되지 않도록 계획하고 있는지와 관목은 숨을 수 있는 공간을 제거하기 위해 관목의 수고를 일정한 높이 이하로 계획하고 있는지 확인하여야 하며 식재계획상 불가피한 경우 보행자가 걸어가면서 최소한 2개의 방향에서 시야선이 확보되어 있는지 검토하여야 한다. 또한 교목을 주동과 근접하여 식재할 때에는 1.5m 이상의 간격을 둔 식재계

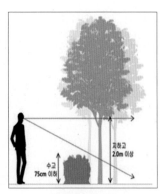

| 그림 6-19 |
자연적 감시를 확보하는 식재계획
(출처: (주)한라 제공)

획인지와 이러한 교목을 통해 건축물의 창문이나 개구부를 통한 주거침입이 불가능하게 식재되는지를 확인한다.

휴게시설이 단지의 외진 곳에 설치될 때에는 휴게시설로 출입하는 보행동선이 막다른 동선으로 계획되지 않도록 검토하고 보행동선을 [그림 6-20]과 같이 통과 동선으로 유도하여 주민들의 보행을 활성화시키고 외져있는 휴게시설이 범죄기회의 장소로 이용되지 않도록 하여야 한다.

| 그림 6-20 | 휴게시설의 보행로 연결
(출처: 이지건설 제공)

| 그림 6-21 |
주동과 식재계획
(출처: (주)한라 제공)

조경부분 범죄예방 환경설계 검토기준과 참고 설계도서는 〈표 6-15〉와 같다.

| 표 6-15 | 조경 검토사항

구 분	검토사항	참고 설계도서
자연적 감시	• 교목의 경우 보행자의 가시성 확보를 위해 지하고(H=2.0) 확보 여부 • 보행로나 휴게시설 주변에 식재되는 관목은 숨을 수 없게 수고의 높이를 0.75m 이하로 계획 여부 • 군식 식재되는 관목은 보행로 각 공간에서 최소 2방향에서 가시성을 확보하였지 여부 • 주동과 인접하여 식재되는 교목은 일정한 거리(1.5m 이상)를 이격거리 확보 여부 • 옥외 보안등과 간섭이 되지 않도록 식재계획을 수립하였지 여부	단지 배치도 식재계획평면도(조경) 식재 총괄 수량표 옥외 보안등 설비 평면도

출처: 성기호 작성.

7) 주동출입구

주동출입구는 반사적공간(semi-Private space)의 진입부분으로서 같은 코아(엘리베이터 홀, 계단실)를 공유하며 실질적으로 좀 더 친근한 주민들의 커뮤니티가 일어나는 공간이다. 오래된 아파트 단지는 각 주동출입구마다 경비실을 설치하여 일정한 접근통제 및 자연적 감시가 가능하였지만 현대의 아파트 단지는 기계장비에 의한 접근통제와 건축디자인을 통한 자연적 감시 강화가 필요하며 국토부의 범죄예방 건축기준은 〈표 6-16〉과 같다.

┃ 표 6-16 ┃ 주동출입구 기준

구 분	내 용
기 준	1. 주동출입구는 접근통제시설을 활용하여 통제와 인지가 용이하도록 계획하여야 한다.
	2. 주동출입구는 자연적 감시를 할 수 있도록 하되, 여건상 불가피한 경우 반사경 등 대체 시설을 설치하여야 한다.
	3. 주동출입구에는 주변보다 밝은 조명을 설치하여 야간에 식별이 용이하도록 하여야 한다.

주동출입구의 접근통제에 관한 설비 적용여부를 확인하여야 하며 주로 인터폰/비디오폰, 보안카드, CCTV 등이 설치되어 있는지 각 주동 정보통신설비 평면도 및 각 주동 CCTV설비 평면도를 통해 확인한다.

주동출입구의 자연적 감시를 강화하기 위해서는 출입구 내외부의 자연적 감시가 가능하도록 승강기 홀까지 직선으로 계획되었는지 여부와 여건상 불가피하게 직선으로 계획이 어려운 경우 승강기 홀 부분과 이동 동선상에 있는 공간의 벽부분에 창문 또는 반사경 설치로 보완여부를 각 주동 1층 평면도 또는 코아 상세 평면도를 통해 확인한다. 특히 주동출입이 필로티를 통하여 이루어지는 경우에는 필로티를 형성하는 기둥이나 벽으로 인해 시야가 방해 받지 않는지 검토하고 필로티의 벽체에 의한 굴절로 숨을 수 있는 공간이 제거되었는지 확인하여야 한다.

주동출입구는 야간에는 식별이 용이하도록 보안등 외에 식별이 용이하게 별도의 외등 설치여부를 옥외 보안등 설비 평면도와 1층 전등설비 평면도를 통해 확인한다. 또한 주동출입구 부근에 주민들이 활동성 지원을 통한 자연적 감시기능을 높이기 위한 공간 즉, 휴게시설, 간이 운동시설 등이 설치되어 있는지 확인한다.

필로티 계획은 [그림 6-22]와 같이 가급적 보행자의 통과동선을 유도하거나 주민들의 활동성 지원을 위한 공간으로 계획여부를 확인하며, 필로티 공간을 이용하여 자전거 보관소를 설치 할 때는 필로티 내부의 기둥이나 벽을 단순하게 계획하여 최소한 두 방향에서 시야선이 확보되도록 계획하였는지를 검토하고 CCTV와 범죄예방에 효과가 있는 안내판 설치여부를 확인한다.

또한 필로티 조명으로 [그림 6-23]과 같이 일반등과 동작감지등을 함께 설치하면 움직임에 의한 인식과 심야시간에 조명등 소등 시 동작감지등에 의해 필로

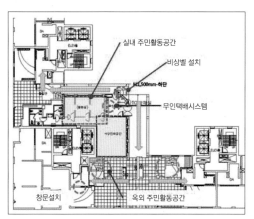

| 그림 6-22 | **주동출입구 적용 계획**
(출처: (주)한라 제공)

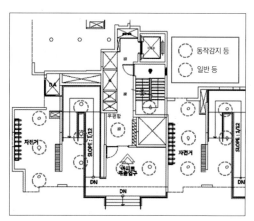

| 그림 6-23 | **필로티 조명등 설치 계획**
(출처: 성기호 작성)

티 이용자를 인식함으로 범죄예방 및 범죄불안감(The Fear of Crime) 해소에 효과가 있으므로 각 주동 1층(필로티) 전등설비 평면도와 전등설비 범례 및 주기사항에서 확인한다.

주동출입구 범죄예방 환경설계 검토사항 및 참고 설계도서는 〈표 6-17〉과 같다.

| 표 6-17 | **주동출입구 검토사항**

구분	검토사항	참고 설계도서
영역성 강화	• 출입문 접근통제 장치를 통한 반사적공간 구분 여부 • 주동출입구 부근 활동성강화 시설 설치여부(휴게공간 등) • 주동출입구 부근에 별도 조명 설치 여부	단지 배치도 지하주차장 평면도 코아 상세 평면도
자연적 감시	• 주동출입구 내외부가 잘 보이는 구조로 계획 여부 • 승강기 홀까지 직선 계획 여부 • 승강기 홀이나 복도에 창문설치 여부 • 필로티 출입인 경우 벽이나 기둥으로 시야가 방해 받는지 여부 • 필로티에 설치하는 조명은 일반등과 동작감지등 교차설치 여부	1층 전체평면도 코아 상세 평면도 필로티 상세 평면도 1층(필로티) 전등설비평면도 전등설비 범례 및 주기사항
접근통제	• 비디오폰/ 인터폰, 보안카드 설치 여부 • CCTV 설치 여부 • 우편물 수취함 위치 및 방식 적정성 여부	코아 상세 평면도 각 주동 1층 정보통신설비 평면도 각 주동 CCTV설비 평면도

출처: 성기호 작성.

- 필로티를 주동출입구로 이용하는 경우 주동출입구의 인식에 대한 문제가 발생한다. 따라서 필로티로 통하여 출입을 하더라도 주동출입에 대한 문주 설치가 검토되어야 하며 이에 따른 별도의 조명계획이 필요하다.
- 주동출입구 부근에 필로티가 계획된 경우 후미진 곳이나 버려지는 공간이 되지 않도록 주민 휴게시설이나 여성 친화공간 등 주동 주민들의 작은 커뮤니티가 일어나는 장소로 계획되었는지와 자연적 감시를 강화할 수 있는 주민 활동성 있는 공간으로 계획되었는지 검토한다.
- 우편물 수취함의 경우 주민의 생활 정보를 일정부분 드러나지 않게 하기 위해 양방향 우편물 수취함을 검토할 수 있다.

8) 세대 현관문 및 창문

단위세대의 출입문과 창문은 택배 및 배달 직원을 사칭한 절도범과 빈집털이범의 주요 통로로 이용되기 때문에 접근통제 강화가 필요하며 국토부 범죄예방 건축기준은 〈표 6-18〉과 같다.

┃ 표 6-18 ┃ 세대 현관문 및 창문 기준

구 분	내 용
기 준	1. 세대 창문에는 별표 1 제1호의 기준에 적합한 침입 방어 성능을 갖춘 제품과 잠금장치를 설치하여야 한다.
	2. 세대 현관문은 별표 1 제2호의 기준에 적합한 침입 방어 성능을 갖춘 제품과 도어체인을 설치하고, 우유투입구 등 외부 침입에 이용될 수 있는 장치의 설치는 금지한다.

단위세대의 출입문 및 창문은 범죄예방 건축기준 〈별표 1〉에서 제시한 성능의 출입문 및 창문으로 계획하였는지 검토하고 특히 저층세대의 창문계획은 주변지역에서 가시선이 확보되도록 보행로, 식재계획 등이 적절히 적용되었는지를 확인한다.

또한 [그림 6-24]와 같이 저층세대 (일반적으로 1, 2층을 가리킴) 및 최상층세대인 경우 침입절도를 예방하기 위한 발코니 및 거실 부분에 동체감지기

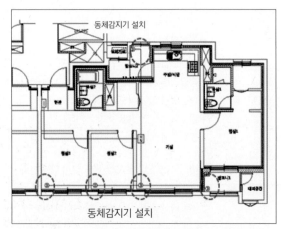

┃ 그림 6-24 ┃ 저층, 최상층세대 동체감지기 계획
(출처: 성기호 작성)

가 설치되었는지를 단위세대 홈네트워크 평면도 또는 단위세대 동체감지기 설비 평면도를 통해 확인한다.

세대 현관문 및 창문 범죄예방 환경설계 검토사항 및 참고 설계도서는 〈표 6-19〉와 같다.

표 6-19 | 세대 출입문 및 창문 검토사항

구 분	검토사항	참고 설계도서
영역성 강화	• 전실 공간(승강기 홀) 설치 여부	각 주동 전체 평면도 코아 상세 평면도
자연적 감시	• 승강기 홀에 창문설치 여부	코아 상세 평면도
접근통제	• 비디오폰/ 인터폰, 보안키 설치 여부 • 신문, 우유투입구 투입장치 미설치 여부 • 출입문 – KS F 2637, KS F 2638 기준 충족 여부 • 창문 – KS F 2637, KS F 2638 기준 충족 여부 • 셔터 –KS F 2637 기준 충족 여부 • 편복도에 면한 창문에는 방범창 설치여부	코아 상세 평면도 단위세대 정보통신설비 평면도 범죄예방 건축기준 〈별표1〉

출처: 성기호 작성.

9) 승강기, 복도 및 계단 등

승강기, 복도, 계단은 반사적 공간으로써 어느 정도 개인적 공간이 형성되는 반면에 범죄로부터 노출되기 쉬운 공간이기도 하다. 승강기와 계단은 수직 이동 통로로써 주민들의 범죄불안감을 유발하는 장소이며 이러한 공간은 자연적 감시 강화가 필요하며 국토부의 범죄예방 건축기준은 〈표 6-20〉과 같다.

표 6-20 | 승강기, 복도 및 계단 기준

구 분	내 용
기 준	1. 지하층(주차장과 연결된 경우에 한한다) 및 1층 승강장, 옥상 출입구, 승강기 내부에는 폐쇄회로 텔레비전을 설치하여야 한다. 2. 계단실에는 외부공간에서 자연적 감시가 가능하도록 창호를 설치하고, 계단실에 폐쇄회로 텔레비전을 1개소 이상 설치하여야 한다.

계단실 및 승강기 홀에는 외부에서 자연채광이 유입되고 자연적 감시가 가능한 창문을 설치하였는지 여부를 확인하고 출입구와 연결되는 부분에는 CCTV 설

치를 검토한다.

특히 계단실의 창문은 내·외부 관찰이 용이한 구조(창문 위치 및 크기)로 계획되어 있는지 코아 상세 평면도 및 입면도를 통해 확인한다. 옥상으로 연결된 출입문은 출입통제시스템 설치여부와 자동풀림장치를 통해 열리는 구조로 계획되어 있는지 각 주동 옥탑 1층 자동화재 탐지설비 평면도를 통해

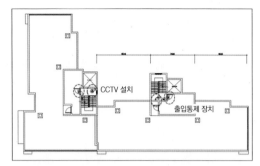

┃그림 6-25┃ **최상층 접근통제 계획**
(출처: 성기호 작성)

확인한다. 또한 비상벨 또는 CCTV 설치 여부를 확인한다.

승강기, 복도 및 계단의 범죄예방 환경설계 검토사항 및 참고 설계도서는 〈표 6-21〉과 같다.

┃표 6-21┃ **승강기, 복도 및 계단 검토사항**

구 분	검토사항	참고 설계도서
영역성 강화	• 전실 공간(승강기 홀) 설치 여부	각 주동 전체 평면도 코아 상세 평면도
자연적 감시	• 승강기 출입문에 창문 설치 여부 • 승강기 홀, 계단실, 복도 창문 설치여부 • 계단실 동작감지등 설치 여부	코아 상세 평면도 각 주동 입면도 전등설비 평면도
접근통제	• 승강기 내부에 CCTV 설치 여부 • 1층 승강기 홀에 CCTV 모니터링용 모니터 설치 여부	각 주동 CCTV 설비 평면도 단위세대 정보통신설비 평면도

출처: 성기호 작성.

10) 수직 배관설비

주동에 설치되는 수직배관 중 가스배관은 침입절도의 이동 통로로 사용되기 쉬우며 이를 타고 오르내릴 수 없도록 접근통제를 통한 계획이 중요하다.

국토부 범죄예방 건축기준은 〈표 6-22〉와 같다.

┃표 6-22┃ **수직 배관설비 기준**

구분	내 용
기준	수직 배관설비는 지표면에서 지상 2층으로 또는 옥상에서 최상층으로 배관을 타고 오르거나 내려올 수 없는 구조로 하여야 한다.

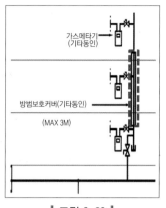

│ 그림 6-26 │
옥외배관 가스설비 계통도
(출처: 성기호 작성)

수직배관설비(도시가스 배관 등)는 지표면 또는 최상층에서 오르내릴 수 없는 구조로 디자인하거나 배관덮개와 같은 시설이 계획되어 있는지 가스배관 계통도를 통해 확인한다. 또한 가스배관이 단위세대 창문과 근접하여 침입이 용이한 부분에 설치되어 있는지 검토하여야 하며 보통 1.5m정도 이격하거나 발코니 내부의 공간을 이용하여 통합배관 형식으로 계획하므로 단위세대 가스배관 평면도 및 옥외 가스배관 평면도를 통해 확인한다.

또한 저층세대를 기준층보다 후퇴한 계획으로 건축 디자인상으로 원천적으로 가스배관을 타고 오르내릴 수 없는 구조로 계획되었는지 확인한다.

수직배관설비의 범죄예방 환경설계 검토사항 및 참고 설계도서는 〈표 6-23〉과 같다.

│ 표 6-23 │ 수직 배관설비 검토사항

구 분	검토사항	참고 설계도서
자연적 감시	• 주동 주위에서 가스배관이 잘 보이는 곳에 계획되어 있는지 여부	단지배치도 각 주동 전체 평면도
접근통제	• 가스배관을 잘 오르내릴 수 없도록 덮개 등 설치 여부 • 가스배관 라인이 단위세대 창문과 근접하게 계획되었는지 여부 • 통합발코니를 통한 가스배관 계획 여부 • 저층세대의 후퇴 등 건축 디자인적으로 오르내릴 수 없는 구조 적용여부	옥외 가스배관 평면도 가스배관 계통도 단위세대 가스배관 평면도

출처: 성기호 작성.

2.3 단독주택, 다세대주택, 연립주택

도심에서 건축되는 다세대(다가구), 연립주택은 계획적 특성상 도로 및 인접건축물과 근접하게 건축되어 범죄로부터 취약한 구조이므로 영역성 강화, 자연적 감시 및 접근통제의 전략이 필요하며 국토부 범죄예방 건축기준은 〈표 6-24〉와 같다.

| 표 6-24 | 단독주택. 다세대주택, 연립주택 기준

구 분	내 용
기 준	1. 창호재는 별표 1의 제1호의 기준에 적합한 침입 방어성능을 갖춘 제품을 사용한다.
	2. 출입문은 별표 1의 제2호의 기준에 적합한 침입 방어 성능을 갖춘 제품을 설치한다.
	3. 주 출입구는 자연적 감시를 위하여 가급적 도로 또는 통행로에서 볼 수 있는 위치에 계획하되, 부득이 도로나 통행로에서 보이지 않는 위치에 설치하는 경우에 반사경, 거울 등의 대체시설을 설치한다.
	4. 수직배관은 지표면에서 지상 2층으로 또는 옥상에서 최상층으로 배관을 타고 오르거나 내려올 수 없는 구조로 설치한다.
	5. 건축물의 측면이나 뒷면, 출입문, 정원, 사각지대 및 주차장에는 사물을 식별할 수 있는 적정한 조명 또는 반사경을 설치한다.
	6. 전기 · 가스 · 수도 등 검침용 기기는 주택 외부에 설치하여 세대 내에서 검침하지 않는 구조로 계획한다.

주택의 창문 및 출입문은 범죄예방 건축기준〈별표 1〉에서 제시한 성능의 출입문 및 창문으로 계획하였는지 검토하고 주 출입구는 자연적 감시가 높은 위치나 도로 또는 통행로에서 잘 볼 수 있는 위치에 계획되었는지 확인하며, 여건상 가시범위에 벗어난 경우 반사경 및 CCTV 설치여부를 확인한다.

공동 출입문은 외부인의 접근이 용이하지 않도록 비디오폰/인터폰, 번호 키, CCTV 등 접근통제시설을 설치하였는지 확인하고 특히 범죄예방을 위해 무인택배시스템이나 양방향 우편물 수취함이 적절한 위치에 계획되었는지 배치도, 1층 평면도, 정보통신설비평면도 등을 통해 확인한다.

승강기가 설치될 경우에는 범죄예방 효과를 높이기 위해 승강기 출입문을 내 · 외부가 잘 볼 수 있는 투시형 출입문의 설치여부를 확인하고 계단실은 외부와 접한 계획인지 여부와 창문을 설치하였는지를 확인한다.

저층주거지의 도로는 비교적 좁은 도로가 많으므로 특별한 사정이 있는한 도로 쪽에 창문설치를 권장하여 도로를 이용하는 보행자에게 범죄불안감 수준을 낮추는 계획이 되도록 검토한다. 또한 지역차원에서 안전한 공간으로 만들기 위해서는 옥상난간이 근접하고 있어 인접 건축물에서 쉽게 넘어 올 수 없는 구조로 설계되었는지 확인한다.

다세대, 연립주택 등이 밀집된 저층주거지는 건축물과 건축물 사이의 공간이 범죄발생 공간으로 이용되기 쉬우므로 위치와 건축물의 활용성 측면에서 접근통제할 부분과 그렇지 않은 부분이 명확히 구분되었는지 확인하고 접근통제는 [그

| 그림 6-27 | 반사경 설치 사례
(출처: 서울 관악구 행운동, 성기호 촬영)

| 그림 6-28 | 건축물 사이 접근통제 전략
(출처: 양주시 그린마을, 성기호 촬영)

림 6-28]과 같이 투시형 울타리로 설치하여 안쪽이 잘 보일 수 있는 구조로 계획 되었는지 확인한다. 또한 개방되어지는 부분은 주민들이 적극적으로 사용할 수 있도록 물리적인 계획이 병행되어 있는지 확인한다.

주택의 건축물 1층이 필로티 계획인 경우 건축물 내부 깊숙한 곳에 사각지대 가 발생하지 않았는지, 부득이 이러한 공간이 발생하게 되면 이를 해소하는 반사 경이나 미러시트(Mirror-sheet) 등이 설치되어 범죄기회의 장소가 되지 않도록 계 획되었는지 확인한다.

저층주거지에서 1층 필로티는 공공영역의 성격을 가지고 있으며, 물리적 구분

| 그림 6-29 | 1층 필로티 주차장
(출처: 서울 관악구 행운동, 성기호 촬영)

뿐만 아니라 매우 근접하게 시각적으로 연 결되는 공간이므로 야간에 도로를 이용하 는 보행자의 범죄불안감과 밀접한 영향을 가지고 있다. 따라서 야간에 일정한 조도확 보를 위하여 아파트의 필로티와 마찬가지 로 일반등과 동작감지등이 함께 설치되었 는지를 확인하고 심야시간에 전체를 소등

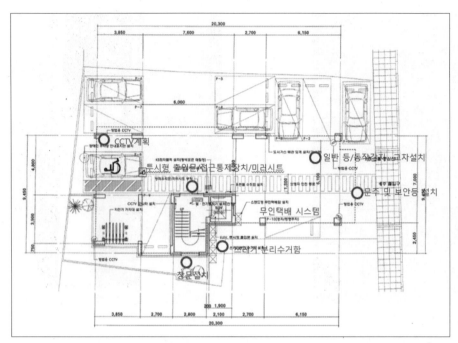

┃ 그림 6-30 ┃ 1층 필로티 다세대주택 적용사례 (출처: 동작구청 제공)

하여도 주변(측벽)이나 필로티 하부에 최소조도를 유지하는 보안등 또는 전등 계획여부를 전등설비 평면도를 통해 확인한다.

저층 주거건축물의 도시가스 배관은 주거 침입의 주요 수단으로 이용되므로 건축물의 배관위치 선정 및 잡고 오를 수 없는 구조로 계획되었는지를 옥외 가스배관 평면도를 통해 확인한다.

단독주택, 다세대주택 및 연립주택이 밀집되어 있는 저층주거지의 경우 공공영역인 도로뿐만 아니라 건축물 주변으로 쓰레기 투기 등 물리적 무질서가 범죄불안감에 영향을 주므로 효과적인 유지 및 관리가 필요하다. 이를 위해 건축계획시 쓰레기 분리수거함 위치 및 디자인 계획을 배치도 또는 1층 평면도에 표기하도록 하여 이를 확인한다.

주택의 범죄예방 환경설계 검토사항 및 참고 설계도서는 〈표 6-25〉와 같다.

┃ 표 6-25 ┃ 단독주택, 다세대주택, 연립주택 검토사항

구 분	검토사항	참고 설계도서
영역성 강화	• 문주 설치 여부 • 문주 주위에 조명등 설치 여부 • 쓰레기 분리수거함 설치 여부	문주 계획 평면도 옥외 전등설비 평면도 배치도/1층 평면도
자연적 감시	• 도로 측 창문설치 여부 • 건축물 출입구 가시성이 높은 위치 계획여부 • 필로티 하부 사각지대가 생기지 않는 구조 계획 여부 • 필로티 하부 조명(일반등과 동작감지등 교차 설치) 설치 여부 • 계단실 창문 설치 여부 • 승강기 출입문 투시형 설치 여부 • 계단실 동작감지등 설치 여부	배치도 각 층 평면도 1층 평면도 필로티 평면도 계단실 전등 설비 평면도
접근통제	• 도시가스 배관 덮개 설치 여부 • 공용 출입문에 접근통제시스템 설치 여부 • 무인택배시스템 설치 여부 • 인접건축물과의 사이 공간 투시형 담장 설치 여부 • 1층 출입구에 CCTV 설치 여부 • 신문, 우유투입구 투입장치 미설치 여부 • 출입문 – KS F 2637, KS F 2638 기준 충족 여부 • 창문 – KS F 2637, KS F 2638 기준 충족 여부 • 셔터 –KS F 2637 기준 충족 여부	배치도 1층 평면도 각 주동 CCTV 설비 평면도 단위세대 정보통신설비 평면도 범죄예방 건축기준 별표1

출처: 성기호 작성.

단독, 다세대, 연립주택 추가 고려사항

1. 단독주택, 다세대주택, 연립주택도 영역성 확보를 위해 문주 설치를 검토하고 문주 주위에 별도의 조명을 설치한다.
2. 인접 건축물과 자투리공간을 활용한 주민 커뮤니티 시설계획을 검토한다.

2.4 불특정 다수 이용 시설

1) 출입구

문화 및 집회시설, 교육연구시설, 노유자시설, 수련시설, 오피스텔 등에서 출입구는 비교적 불특정 다수가 이용하는 시설로 자연적 감시와 접근통제 전략이 필요하며 국토부 범죄예방 건축기준은 〈표 6-26〉과 같다.

| 표 6-26 | 출입구 기준

구 분	내 용
기 준	1. 출입구는 자연적 감시를 고려하고 사각지대가 형성되지 않도록 계획하여야 한다.
	2. 출입문, 창문 및 셔터는 별표 1의 기준에 적합한 침입 방어 성능을 갖춘 제품을 설치하여야 한다. 다만, 건축물의 로비 등에 설치하는 유리출입문은 제외한다.

자연적 감시를 강화하기 위해 출입구는 자연적 감시성이 높고 도로나 주변공간에서 쉽게 인지되는 곳에 위치하는지와 계단이나 승강기 홀까지 시선연결이 가능한 구조로 계획하였는지 확인하고 야간에도 쉽게 알아볼 수 있도록 조명을 함께 설치하는 것이 필요하므로 옥외 보안등설비 평면도 또는 1층 전등설비 평면도를 통해 확인한다.

또한 출입구 및 상부 캐노피 디자인을 통해 출입자가 쉽게 알아보는 계획인지를 확인하고 출입구 주변에는 은신하거나 숨을 수 있는 공간이 없는지 확인한다.

접근통제 방법으로는 경비실과 출입구가 상호 연계되게 배치되어 있는지와 CCTV 등 설비시설물을 통해 효과적으로 출입구가 관리되는지를 1층 CCTV설비 평면도를 통해 확인한다.

출입구의 범죄예방 환경설계 검토사항 및 참고 설계도서는 〈표 6-27〉과 같다.

| 표 6-27 | 출입구 검토사항

구 분	검토사항	참고 설계도서
자연적 감시 강화	• 주변공간에서 쉽게 볼 수 있는 곳에 위치여부	배치도
	• 출입구에서 승강기 홀, 계단실까지 시선연결 여부	1층 평면도
	• 출입구 디자인을 통해 쉽게 관찰 가능 여부	입면도
	• 출입구 주변에 은신공간 제거 여부	코아 평입단면도
접근통제	• 경비실과 연계 설치 여부	1층 평면도
	• CCTV 등 설비시설물 설치 여부	CCTV 설비 평면도

출처: 성기호 작성.

2) 주차장

다중이 이용하는 시설물의 주차장은 범죄로부터 쉽게 노출되며 범죄예방 환경설계 전략으로 자연적 감시 전략이 필요하며 국토부 범죄예방 건축기준은 〈표 6-28〉과 같다.

구 분	내 용
기 준	주차장의 계획에 대하여는 제10조 제5항을 준용한다.

표 6-28 ┃ 주차장 기준

┃ 그림 6-31 ┃ 주차빌딩 외벽 적용 사례
(출처: 서울대병원 주차장, 성기호 촬영)

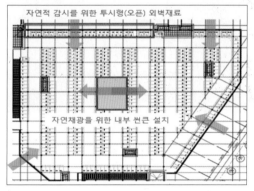

┃ 그림 6-32 ┃ 주차빌딩 적용 사례
(출처: 성기호 작성)

주차장의 출입구는 자연적 감시를 고려하고 있는지 사각지대가 형성되지 않도록 계획되었는지를 확인하고 주차장 계획 및 출입문과 창호관련 사항은 아파트 단지의 기준과 동일하게 적용되었는지 확인한다.

지상 주차 빌딩으로 계획한 경우 [그림 6-31]과 같이 자연채광 및 자연적 감시확보를 위해 외장 재료의 선택을 확인하고 외부로의 오픈부분을 최대화하여 자연적 감시성을 확보하였는지 여부와 건축물의 깊이가 내부로 깊은 시설이면 [그림 6-32]와 같이 자연채광 유입을 위해 천장이나 중정 개념의 썬큰 도입 여부를 각 층 평면도 및 단면도를 통해 확인한다.

또한 주차로가 순환형으로 계획되어 주차구획 단위가 외진 곳이 없도록 계획되었는지 검토한다.

주차장의 범죄예방 환경설계 검토사항 및 참고 설계도서는 〈표 6-29〉와 같다.

표 6-29 ┃ 주차장 검토사항

구 분	검토사항	참고 설계도서
자연적 감시	• 아파트 단지 기준 동일하게 적용 여부 • 주차장 내부에 사각지대 제거 여부 • 외장재료는 자연채광에 유리한 구조 적용 여부 • 주차장 내부의 썬큰 또는 천창 도입 여부 • 지하주차장인 경우 승강기 홀과 주차장이 잘 보일 수 있는 구조 적용 여부 • 주차로가 순환형으로 계획되어 있는지 여부	주차장 평면도 주차장 입면도 주차장 단면도

출처: 성기호 작성.

3) 차도 및 보행로 등

차도 및 보행로는 여러 사람이 이용하는 시설물로 전방에서 오는 사람의 인식과 주변의 시설물이나 수목에 의해 숨을 수 없는 공간을 제거하는 범죄예방 환경설계가 중요하며 주로 자연적 감시 전략이 필요하고 국토부 범죄예방 건축기준은 〈표 6-30〉과 같다.

| 표 6-30 | 차도 및 보행로 기준

구분	내용
기준	차도와 보행로가 함께 있는 보행로에는 보행자등을 설치하여야 한다.

차도 및 보행로는 보행자용 등을 별도로 설치하였는지 확인하고 주변의 시설물 또는 수목으로 인해 전방에서 오는 사람을 인식하기 어려운 구조인지를 확인한다.

계단실 및 복도는 외기에 접하게 계획하였는지 자연적 감시를 위해 창문 설치 여부를 확인하고 각 층에 설치되는 화장실의 출입문은 투시가 가능한 유리재질

| 그림 6-33 | 화장실 사례
(출처: 광주광역시청, 성기호 촬영)

로 계획하였는지를 확인한다. 건축물 주변에 계획하는 휴게시설의 경우 외진 곳에 설치되지 않도록 단지배치도 및 식재계획(휴게실 상세도)도를 확인하고 조명계획과 함께 자연적, 기계적 감시가 확보되는지 확인한다.

불특정 다수가 이용하는 옥상정원이 설치되는 경우에는 후미진 곳이 없는지 계획여부와 옥상 출입문 부근 및 주요지점에 CCTV 설치 및 감시각도 확보 여부를 확인한다.

차도 및 보행로 등 범죄예방 환경설계 검토사항 및 참고 설계도서는 〈표 6-31〉과 같다.

┃ 표 6-31 ┃ 차도 및 보행로 등 검토사항

구 분	검토사항	참고 설계도서
자연적 감시	• 보행자용 등 설치 여부 • 보행로 주변은 은신처 제거 여부 • 계단실 및 복도 창문설치 여부 • 화장실의 출입문 투명재질로 설치 여부 • 휴게시설은 적절한 설치 장소	옥외 보안등 계획 평면도 식재계획평면도 각 층 평면도 창호 입면도
접근통제	• 옥상정원 CCTV 설치 적합 여부	CCTV 설비 평면도

출처: 성기호 작성.

4) 일용품 소매점

일용품 소매점은 대중이 언제나 쉽게 이용할 수 있도록 구조적 형태를 가지고 있는 특징이 있으며 대부분이 24시간 영업을 하므로 인적이 드문 심야시간에 범죄에 노출되기 쉬운 반면 주변 거리를 밝혀주어 일정부분 보행자의 범죄불안감을 줄여주기도 한다. 범죄예방 환경설계의 전략 중 자연적 감시, 접근통제 전략을 적용할 수 있으며 국토부 범죄예방 건축기준은 〈표 6-32〉와 같다.

┃ 표 6-32 ┃ 일용품 소매점 기준

구 분	내 용
기 준	1. 출입문 또는 창문은 내부 또는 외부로의 시선을 감소시키는 필름이나 광고물 등을 부착하지 않도록 권장한다.
	2. 출입구 및 카운터 주변에 폐쇄회로 텔레비전을 설치하여야 한다.
	3. 카운터는 배치계획상 불가피한 경우를 제외하고 외부에서 상시 볼 수 있는 위치에 배치하고, 관할 경찰서와 직접 연결된 비상연락시설을 설치하여야 한다.

24시간 일용품을 판매하는 소매점의 카운터는 외부에서 잘 관찰되어지는 구조인지 확인하고 창문에 시선을 감소시키는 필름이나 광고물 부착 금지여부를 확인한다.

출입구과 더불어 카운터 주변에 CCTV 설치 여부와 관할 경찰서와 직접 연결된 비상연락 시스템을 갖췄는지 정보통신 설비 평면도와 CCTV설비 평면도를 통해 확인한다.

일용품 소매점 범죄예방 환경설계 검토사항 및 참고 설계도서는 〈표 6-33〉과 같다.

표 6-33 | 일용품 소매점 검토사항

구 분	검토사항	참고 설계도서
자연적 감시	• 카운터는 주변으로부터 잘 관찰되는 부분에 위치하고 있는지 여부 • 창문에 설치된 필름 등으로 시선차단 되는지 여부 • 건축물의 전체적인 평면도에서 일용품 소매점 위치의 적정성 여부	각 층 평면도 창호 입면도
접근통제	• CCTV 설치 적합 여부 • 비상연락시스템 설치여부	정보통신 설비 평면도 CCTV 설비 평면도

출처: 성기호 작성.

5) 다중생활시설

다중생활시설은 대학 기숙사와 같이 여러 명의 사람이 한 건축물에서 생활하는 공간으로 범죄예방 환경설계의 전략 중 자연적 감시, 영역성 강화, 접근통제 적용이 필요하고 국토부 범죄예방 건축기준은 〈표 6-34〉와 같다.

표 6-34 | 다중생활시설 기준

구 분	내 용
기 준	1. 출입구에는 출입자 통제 시스템이나 경비실을 설치하여 허가받지 않은 출입자를 통제하여야 한다. 2. 건축물의 출입구에 폐쇄회로 텔레비전 시스템을 설치한다. 3. 다른 용도와 복합으로 건축하는 경우에는 다른 용도로부터의 출입을 통제할 수 있도록 전용출입구의 설치를 권장한다. 다만, 오피스텔과 복합으로 건축하는 경우 오피스텔 건축기준(국토교통부고시)에 따른다.

다중생활시설인 경우 출입구에 출입자를 통제하는 출입자 통제시스템 계획여부와 출입구와 관리실(경비실)이 시각적으로 연계되어 있는지를 검토하고 다중생활시설 건축물의 주요 공용공간 지점에는 범죄예방용 CCTV 설치여부를 확인한다. 각 층에 공용으로 사용하는 휴게소나 세탁실 공용주방 등 서비스 공간은 외진 곳이 아닌 계단실이나 승강기 홀 부근 등 이용자가 쉽게 접근할 수 있는 곳에 계획하였는지 확인한

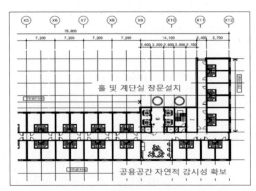

그림 6-34 | 다중생활시설 공공공간 계획
(출처: 성기호 작성)

다. 또한 서비스 공간의 출입문과 벽은 내외부의 시야선을 확보할 수 있는 투시형 구조인지 각 층 평면도와 창호 입면도를 통해 확인한다.

다중생활시설 범죄예방 환경설계 검토사항 및 참고 설계도서는 〈표 6-35〉와 같다.

표 6-35 다중생활시설 검토사항

구 분	검토사항	참고 설계도서
자연적 감시	• 출입구의 위치 적정성 여부 • 승강기 홀과 계단실 창문 설치 여부 • 주요 서비스 공간(세미나실, 휴게소, 세탁실 등) 위치 및 구조의 적정성 여부	각 층 평면도 창호 입면도
접근통제	• 출입문 출입자 통제장치 설치 여부 • CCTV 설치 적합 여부 • 출입구와 경비실의 연계 여부	정보통신 설비평면도 CCTV 설비 평면도

출처: 성기호 작성.

1. 강석진(2013). 서울시 주거환경관리사업 범죄예방설계 가이드라인. 서울: 서울특별시청.
2. 경기도(2015). 경기도 범죄예방 환경디자인 종합계획. 경기: 경기도청.
3. 국토교통부(2013). 건축물 범죄예방 설계 가이드라인. 서울: 국토교통부.
4. 유광흠, 조상규, 오성훈, 성은영(2009). 친환경 근린개발을 위한 도시설계 기법연구. 건축도시공간연구소 연구보고서, p. 121.
5. 한국셉테드학회(2010). 범죄예방 디자인 인증 매뉴얼. 서울: 한국셉테드학회.
6. 한혜심, 장철용, 이진숙(2011). 건축물 에너지효율등급 인증제도 인센티브 개선방안에 관한 연구. 대한건축학회 논문집, 제27권 제5호, pp. 13–20.
7. 강용길(2009). CPTED 지역협의체 운영모형에 관한 연구. 경찰학연구, 제9권 제2호. p. 152.

저자 약력

1장
하미경

Oklahoma State University에서 박사학위(환경디자인)를 받았으며, 동 대학교에서 조교수로 근무하였다. University of Southern California 건축학과에서 방문교수를 지냈으며, 현재 연세대학교 실내건축학과(주거환경학과) 교수로 근무하고 있다. 시설경영과 설계(Facility Management & Design)가 전문분야이다. 셉테드 및 범죄예방 관련 논문을 학술지에 지속적으로 발표하여 왔으며, 최근 셉테드 관련 책임연구과제로 '친인간적 교육환경조성을 위한 연구: 범죄안전성 증진을 중심으로, 2009~2011', '범죄안전 환경조성을 위한 상업지역 건축물의 조명계획에 관한 연구, 2010~2011', '안전한 주거환경 조성을 위한 공동주택 계획기준 연구, 2011', '도시안전을 위한 교육환경 조성에 관한 연구: 초등학교 교육환경의 범죄안전을 중심으로, 2012~2013', '어린이 안전환경 조성을 통한 보육복지 실현에 관한 연구: 유아시설의 안전성 증진을 중심으로, 2014~2016' 등이 있다. 또한, '주거복지 실현을 위한 정책기반 구축 및 주거환경 개선기술 개발(어린이 안전을 위한 주거환경 계획기술), 2014~2016' 연구에 참여하고 있다.

최진혁

국립경찰대학교 행정학과를 졸업하고 연세대학교 행정대학원 석사, 영국 Kent 대학교 국제관계론 석사과정을 수료 후 용인대학교에서 산업보안 전공으로 경호학 박사학위를 취득하였으며, 현재 모교인 국립경찰대학교 법학과 교수로 재직 중이다. 산업보안과 CPTED(셉테드), 그리고 사이버범죄 등이 전문 연구 분야이며, 범죄수사 전공 주임교수를 맡고 있다. 2014년 이후 한국셉테드학회 회장[임기: 2014년 7월 ~ 2016년 12월]으로서 행정자치부, 법무부, 국토교통부, 여성가족부, 경찰청, 그리고 지방자치단체 및 기관들과 셉테드 관련 자문, 업무협약(MOU) 체결, 시범사업을 비롯, 셉테드 분야의 연구 장려와 학술 진흥 및 인증평가 사업 등 다양한 부문에서 학회의 성장과 발전을 위해 활동하고 있다. 2001년 이후 국내 및 해외에서 정부/공공기관과 기업 및 교육/연구기관 등을 대상으로 100여 회 이상 강연을 하였고, 2010년 이후 산업보안/셉테드/사이버범죄/범죄예방 분야 주제로 총 20여 편의 논문을 국제/국내학술지에 게재하였다. 2006년부터 UN(국제연합) 사이버범죄 예방을 위한 디지털 포럼 국제전문가그룹 Infra(보안) 자문위원장 및 국가정보원 산업보안 정책자문위원으로 재임 중이며, 2010년부터 4년 간 한국기업보안협의회 제2대 회장을 역임하였다.
이메일: justintheman@naver.com

김도우

동국대학교에서 범죄학 박사학위를 받고(논문: 온라인 게임중독 청소년의 비행원인) (사)목명사회과학원 연구원 및 한국형사정책연구원 위촉연구원을 거쳐, 현재 경남대학교 경찰학과 교수로 근무하고 있다. 범죄분석, 범죄지표의 개발 및 평가, 범죄위험도 평가가 전문분야이며, 셉테드 및 범죄예방과 관련한 논문으로는 '편의점 방범인증제에 대한 예비효과성 분석(2014)', '범죄유발 지역·공간에 대한 위험성평가도구 개발·적용 및 정책대안 연구(II)/(III)(2013/2014)', '범죄안전 지표개발에 관한 시론: 「한국의 사회지표」의 활용을 중심으로 (2013)'가 있고, 그 외 범죄분석 및 범죄이론 분야와 관련한 논문과 보고서가 있다.

박노섭

독일 뮌헨 대학교에서 형사법 박사학위를 받고(논문: 수사상 실체적 진실 확보방안) 경찰대학 경찰학과 교수를 거쳐, 현재 한림대학교 국제학부(정보법과학전공) 주임교수로 근무하고 있다. 범죄수사 및 사건분석을 전문연구 분야로 하고 있으며, 주요 논문으로는 '과학적 증거의 증거능력에 관한 연구', '경찰의 물리력 행사의 한계에 관한 연구', '범죄수사학의 학문성에 관한 연구' 등이 있고, 그 외 범죄수사경찰관의 소양교육을 위한 직무분석 등의 연구 보고서가 있다.

이경훈

고려대학교 건축공학과를 졸업하고 미국 노스캐롤라이나주립대학교 건축학 석사, 위스콘신−밀워키 대학교에서 건축학 박사를 취득하였으며, 현재 고려대학교 건축학과 교수로 재직 중이다. 1992년 8월 'Community and Burglary in Urban Residential Block'이라는 주제로 박사학위를 취득한 이후 20여 년 간 줄곧 셉테드 연구 및 디자인 개발에 매진해 왔다. 한국셉테드학회를 창립하여 초대회장을 역임했으며, 안전행정부 '안심마을 만들기 시범사업' 자문위원, 법무부 '법질서 실천운동 시범사업' 자문위원, 경기도 '셉테드 시범사업'의 고양시, 평택시 Master Planner, 서울시 '셉테드 시범사업'의 성북구 Master Planner, 서울시 범죄예방디자인위원회 위원장 등을 맡아서 주요 셉테드 관련 사업에 참여해 왔다. 주요 저서로는 '사례로 이해하는 실무자를 위한 범죄예방디자인', '실무자를 위한 범죄예방 환경설계 가이드북', '셉테드의 이론과 실무(I)', '공동주택 범죄예방설계의 이론과 적용', '건축디자인과 인간행태', '건축설계의 이론과 실행', 'Building Security Design: An Annotated Research Bibliography' 등이 있으며, 'Cross-Cultural Analysis of Perceptions of Environmental Characteristics in the Target Selection Process for Residential Burglary' 등 총 100여 편의 국제/국내학술지에 논문을 게재하였다. 이메일: kh92lee@korea.ac.kr

이유미

연세대학교 건축공학과를 졸업하고 동 대학원에서 석사학위와 박사학위(논문: 공동주택단지에서 옥외환경 질의 평가방법에 관한 연구)를 취득하였다. 그 뒤 대한주택공사 주택도시연구원에 10년 간 재직하면서 다수의 연구와 설계(초고층아파트의 병리현상, 디자인 컨트롤과 설계협력체제, 인텔리전트아파트 개발, 능곡택지개발지구 기본계획 등)를 하였다. 현재 상명대학교 소비자·주거학과 교수로 재직 중이며 주거(단지)계획 및 환경평가에 대한 연구에 매진하면서 가좌 뉴타운 자문 Master Architect, 파주 운정 신도시 Master Planner 등을 역임했다. 최근에 수행한 과제와 저서로는 '입체복합 공간계획 및 설계매뉴얼 개발', '공동주택단지의 디자인 매뉴얼', '도시, 인간과 공간의 커뮤니케이션' 등이 있다. 논문으로는 '공동주택단지의 범죄 예방 설계를 위한 평가방법', '범죄 안전성 평가지표와 범죄불안감간의 상관성 분석', '공동주택단지의 옥외환경에 대한 정성적 평가지표', '입체복합 건축물 매개공간 분석', 'The defensible space theory for creating safe urban neighborhoods', 'Intermediary Spaces Linking Urban Space to Buildings' 등 범죄예방 환경설계뿐 아니라 주거단지 계획/평가와 입체복합 건축물 관련 총 70여 편의 국제/국내학술지에 논문을 게재하였다. 이메일: lym0627@smu.ac.kr

4장

강석진

고려대학교 건축공학과를 졸업하고 동 대학원에서 범죄예방디자인을 주제로 석사 및 박사학위(논문: 안전한 도시관리를 위한 범죄위험도 평가 연구)를 받은 뒤 고려대학교 연구교수를 거쳐 현재 국립경상대학교 건축학과 교수로 재직하고 있다. 범죄위험도 분석 및 평가, CCTV 최적화, 셉테드 가이드라인 개발, 셉테드 마을 만들기 등이 전문분야이며, 저서로 '사례로 이해하는 실무자를 위한 범죄예방디자인(2015, 기문당)', '셉테드 이론과 실무(I)(2014, 한국형사정책연구원)', '서울시 안전마을 가이드라인(2014, 서울시청)', '서울시 주거환경관리사업 범죄예방 환경설계 가이드라인(2013, 서울시청)', '공동주택 범죄예방 설계의 이론과 적용(2011, 문운당)' 등이 있으며, '디자인 서울거리의 공공디자인에 대한 CPTED 적용연구(2015)', '서울시 지하철 역사에서의 범죄예방에 관한 연구(2015)', 'CPTED 활성화를 위한 교육 프로그램에 관한 연구(2013)', 'Crime Prevention in Ethnic Areas Focusing on Crime Prevention Through Environmental Design(2103)', '공공구문론을 이용한 도시 주거지 방범용 CCTV 배치방법에 관한 연구(2012)' 등 약 50여 편의 셉테드 관련 연구자료가 있다.

배기범

동아대학교 산업디자인학과(제품 및 환경디자인 전공)를 졸업한 뒤 일본의 큐슈대학교에서 석사 및 박사학위(인간공학 전공)를 취득하고, 현재는 부산디자인센터 디자인 지원팀장(부장)으로 근무하고 있다. '부산도시안전디자인 워킹그룹 총괄(2012)', '도시안전디자인 포럼 총괄(2012)', '부산시 셉테드 도입을 위한 제안 보고서 발간 총괄(2013)', '범죄신고구역 표지판 디자인 개선 및 해운대구 시범사업 총괄(2013)', '부산일보 셉테드 공동기획 연재 총괄(2013)', '부산시 셉테드 가이드라인 개발 TF(2013)', '부산시 셉테드 시범사업 총괄(2013~2015)' 등과 같은 셉테드 관련 실적이 있다.

5장

정지범

서울대학교 원자핵공학과를 졸업하고, KAIST 원자력공학과 석사, 연세대학교 도시공학과 박사학위를 취득하였다. 현재 한국행정연구원 안전통합연구부장으로 재직 중이다. 연세대학교 도시공학과 겸임교수(2008~2013), 안전도시시범사업 평가위원(2009), 국무총리실 기후변화대응재난관리 민간TF위원(2011), Brookings Institution visiting fellow(2013), 국민안전처 안심(안전)마을 중앙컨설팅단 · 평가위원(2014~15) 등을 역임했다. 위험관리 및 갈등관리 관련 연구들을 주로 수행하고 있으며, '공동체 기반 생활안전생태계 활성화 방안 연구(2014)', '안전사회 실현을 위한 국가 통계 관리 실태 및 개선방안 연구(2014)', '지역안전거버넌스 구축의 한계와 과제(2014)' 외 다수의 연구 및 논문실적이 있다.

김은희

경상대학교 건축공학과를 졸업하고, 경기대학교에서 건축설계 및 계획분야 석사, 박사학위를 취득하였다. 현재 국토연구원 부설 건축도시공간연구소 건축도시연구본부에서 부연구위원으로 재직 중이다. 사람과건축설계연구소, 무영건축에서 건축설계실무를 수행하였고, '주민주도형 안심마을 조성 시범사업 모니터링 및 운영지침 마련 연구(2014)', '여건변화에 따른 공공청사 계획기준 합리화 방안연구(2014)', '안전한 실내건축 가이드라인 마련연구(2013)', '공공건축디자인품질관리시스템 시범적용 및 제도화연구(2012)', '도시공간조직에 대응하는 주거지 정비방안연구(2011)' 외 다수의 연구실적과 논문실적이 있다.

오윤경

연세대학교 행정학과를 졸업하고 University of Southern California에서 도시계획 및 행정학 석사, 행정학 박사를 취득하였다. Southern California Associateion of California에서 Associate Regional Planner로 근무한 바 있으며, 서울연구원 초빙 부연구위원을 거쳐 현재 한국행정연구원 부연구위원으로 재직 중이다. 도시행정, 커뮤니티개발, 주민참여, 재난안전관리 등의 분야 연구를 수행하였으며, 셉테드 관련 연구 경력으로는 '안심마을 만들기 가이드라인(2015)', '안심마을 시범사업 분석 · 평가 및 중장기 확산방안 연구(2014)', '공동체 기반 생활안전생태계 활성화 방안 연구(2014)', '사회안전환경 조성을 위한 안전도시 인프라 및 제도에 관한 연구(2014)' 등이 있다.

6장

안은희

고려대학교에서 건축학 박사학위를 받고(논문: 대규모 상업시설의 환경특성과 길찾기 성능에 관한 연구) 현재 경남과학기술대학교 건축학과 교수로 근무하고 있다. 셉테드 및 범죄예방과 관련한 논문으로는 '공동주택단지 외부공간을 중심으로 한 안전한 생활환경 조성방안에 관한 연구(공저, 2005)'가 있으며, 복합상업시설, 노인복지시설, 학교시설에 대한 연구를 전문으로 한다. 주요 논문으로는 'AHP를 활용한 노인요양공동생활가정의 치유환경 요소 분석(2014, 대한건축학회 논문상 수상)', '가로형 소비공간의 환경특성이 길찾기에 미치는 영향에 관한 연구(2009)' 등이 있다. 경남도청 건축위원, 진주시 건축위원, 사천시 건축위원 등을 역임했으며, 조달청 설계자문위원, 국방부 자문위원, 고성군 건축위원 등을 수행하고 있다.

성기호

연세대학교에서 도시공학 박사학위를 받았고(논문: An Analysis of the Relationship between the Pedestrian Environments and the Fear of Crime in Lower-Density Housing Areas) 현재 한국셉테드학회 사업부회장이며, (주)일진종합건축사사무소에서 대표 건축사로 근무하고 있다. 주 전공분야는 도시설계 및 단지계획이며, 주요 연구로 '공동주거단지의 범죄취약 공간 분석(2009)', '셉테드 이론과 실무(I)' 등이 있다.

셉테드 원리와 운영 관리

발 행 / 2015년 9월 10일
발행처 / 사단법인 한국셉테드학회
　　　　서울특별시 노원구 공릉로 232
　　　　0502-988-3843
인 쇄 / ㈜**박영사**
　　　　02) 733-6771
ISBN / 979-11-303-0242-3　　　93330

파본은 바꿔 드립니다. 본서의 무단복제 행위를 금합니다.

정 가 22,000원